应用型本科财务管理、会计学专业精品系列规划教材

基础会计

主 编 薛 琳
副主编 陈 龙 赵 静 王亚蓓
　　　　任 志 陈 佳

北京理工大学出版社
BEIJING INSTITUTE OF TECHNOLOGY PRESS

内 容 简 介

本书以《中华人民共和国会计法》《企业财务会计报告条例》以及新会计准则为法律法规依据，以公司制企业为主要对象，阐述企业会计核算的基础理论、基本方法和基本操作技术，强调对会计信息的理性认识和逻辑理解，突出对会计概念的整体认识和系统把握，兼顾会计基础理论与方法操作的有机结合。通过对本书的学习，学生能够比较全面地了解、掌握会计的基本原理、基本方法和基本技能，为后续专业课程的学习打下基础。本教材的主要内容有：会计的概念、对象、职能、任务及核算方法；会计科目与账户；复式记账原理、借贷记账法、账户对照关系和会计分录；会计确认与计量、会计六大要素的确认与计量；会计凭证的意义与作用；会计账簿的设置和登记、账簿的试算与记账错误的更正；账簿的结账与对账；财产清查的意义、种类和盘存制度、方法以及财产清查结果的处理；会计报表的编制；会计循环、会计核算形式；会计规范体系、会计法律、会计准则、会计制度；会计机构、会计人员化等。

在编写过程中，我们根据近几年来会计实践的发展、会计教学的实际需要，对各章节的内容进行了更深入的讲解和逻辑勾勒，真正起到辅助教学和深化教学的作用。本书除作为高等院校会计学本科专业的教材或教学参考书外，还可以作为会计实务工作者的工作参考用书。

版权专有　侵权必究

图书在版编目（CIP）数据

基础会计/薛琳主编 . —北京：北京理工大学出版社，2019.7（2024.8 重印）
ISBN 978-7-5682-7130-1

Ⅰ.①基…　Ⅱ.①薛…　Ⅲ.①会计学　Ⅳ.①F230

中国版本图书馆 CIP 数据核字（2019）第 119327 号

出版发行 /	北京理工大学出版社有限责任公司
社　　址 /	北京市海淀区中关村南大街 5 号
邮　　编 /	100081
电　　话 /	（010）68914775（总编室）
	82562903（教材售后服务热线）
	68948351（其他图书服务热线）
网　　址 /	http：//www.bitpress.com.cn
经　　销 /	全国各地新华书店
印　　刷 /	廊坊市印艺阁数字科技有限公司
开　　本 /	787 毫米×1092 毫米　1/16
印　　张 /	18
字　　数 /	423 千字
版　　次 /	2019 年 7 月第 1 版　2024 年 8 月第 3 次印刷
定　　价 /	46.00 元

责任编辑 /	王晓莉
文案编辑 /	王晓莉
责任校对 /	周瑞红
责任印制 /	李志强

图书出现印装质量问题，请拨打售后服务热线，本社负责调换

前言

随着社会主义市场经济的不断深入，经济体制改革不断发展，我国会计准则体系特别是企业会计准则也在不断完善。会计理论和方法不断丰富，要求比较详细地规范会计科目和主要账务处理程序，这就对高等学校会计专业人才培养提出了新要求。如何培养适合社会需要的应用型会计人才是会计教学工作者面临的重要任务，教材是人才培养质量的基础。

"基础会计"课程是财经类专业的入门课程，是高等院校经济与管理类专业的公共必修课，也是财务管理专业和会计学专业的专业基础课，该课程是根据初学者对会计职业认知的要求和会计核算岗位的基本工作流程设置的。"基础会计"课程主要学习会计职业认知内容、会计基本理论和会计核算基本方法，重点是会计核算基本方法，难点是借贷记账法的应用。通过本课程的学习，第一，可使学生正确认识会计职业在社会经济发展中的重要作用，理解会计的职能、目标、对象，会计核算的前提条件，会计核算基础、会计信息质量要求等基本理论，树立会计职业感；第二，使学生学会运用借贷记账法反映会计业务的增减变动情况；第三，使学生能够对小型制造业企业的日常活动正确规范地进行核算，包括填制、审核原始凭证，编制、审核记账凭证，登记会计账簿，结账，对账和编制会计报表。

"基础会计"课程所培养的专业能力、方法能力和社会能力是学习后续课程——财务会计、成本会计学、出纳实务、财务管理、管理会计实务等的基础能力，也是从事会计职业应具备的基础能力。本课程按照工作系统化课程的设计思路，依据"会计职业认知与会计基本理论理解"和"会计核算的基本方法"的职业认知基本规律形成两大部分教学内容，其中，以"会计核算的基本方法"作为学习的主要内容。"会计核算的基本方法"教学内容以小型制造业企业日常业务为载体，按照会计核算的工作过程"设置会计科目→设置账户→借贷记账法运用→填制、审核原始凭证→编制、审核记账凭证→建立并登记会计账簿→对账与结账→财产清查→编制会计报表"分设学习情境，并以实务操作过程为序，有机整合理论与实践教学内容，形成学习情境，实行教、学、做一体化教学。

"基础会计"课程的教学设计应遵循下列原则：第一，注重引导学生在各个学习环节认识会计职业的意义、职能和目标，树立会计职业感；第二，按照小企业资金循环的过程进行业务排序，使学生熟悉小企业的资金运作过程，熟悉小企业的经营过程，更好地认知企业的经济业务内容；第三，注重规范化教学，保证实务教学的规范性；第四，遵循由浅入深的认知规律，把握教学内容的深度。

本教材有以下几个特点：紧密结合最新的《中华人民共和国会计法》《企业会计准则——应用指南》《财务会计报告条例》等法规制度，吸收了近几年会计研究的最新成果，内容新颖实用，便于学生把握学习重点、难点；引导学生深入思考，对培养学生的实际操作能力、分析能力和解决问题的能力具有很大的帮助。

本教材由桂林电子科技大学信息科技学院管理系老师编写，薛琳老师担任主编，负责全书写作大纲的拟定和编写的组织工作，并总纂定稿；陈龙、赵静、王亚蓓、任志、陈佳老师担任副主编。各章编写分工如下：薛琳编写了第六、十一章，陈龙编写了第三、四、十章，赵静编写了第二、九章，王亚蓓编写了第五、七章，任志编写了第八章，陈佳编写了第一章。本教材在编写的过程中，得到了很多老师和领导的大力支持与帮助，同时得到了桂林电子科技大学信息科技学院2015级财务管理专业尹福智、2016级专升本财务管理专业莫林英和陆露等学生的大力帮助，在此深表感谢！

由于编者水平有限，对会计学发展的认知还不够深入，书中难免有不妥之处，恳请专家、学者、教学工作者和学员提出宝贵意见和建议，以日臻完善。

编　者

2019年2月

目 录

第一章 总 论 (1)
第一节 会计概述 (1)
一、会计的产生与发展 (1)
二、会计的概念 (2)
三、会计的特征 (2)
第二节 会计对象与目标 (3)
一、会计对象 (3)
二、会计目标 (5)
三、会计职能与会计方法 (5)
四、会计基本假设 (8)
第三节 会计基础 (10)
一、会计基础的概念与种类 (10)
二、权责发生制 (11)
三、收付实现制 (11)
第四节 会计信息质量要求 (12)
一、可靠性 (12)
二、相关性 (12)
三、可理解性 (12)
四、可比性 (12)
五、实质重于形式 (13)
六、重要性 (13)
七、谨慎性 (14)
八、及时性 (14)
第五节 会计准则体系 (14)
一、会计准则的构成 (14)
二、企业会计准则 (14)

三、小企业会计准则 ……………………………………………………… (15)
　　四、事业单位会计准则 …………………………………………………… (16)
第二章　会计核算基础 …………………………………………………………… (19)
　第一节　会计要素 ……………………………………………………………… (19)
　　一、会计要素的概念及分类 ……………………………………………… (19)
　　二、会计要素的计量 ……………………………………………………… (25)
　第二节　会计等式 ……………………………………………………………… (26)
　　一、会计等式的表现形式 ………………………………………………… (26)
　　二、经济业务对会计等式的影响 ………………………………………… (27)
　　三、会计等式之间的钩稽关系 …………………………………………… (29)
第三章　会计科目与账户 ………………………………………………………… (33)
　第一节　会计科目 ……………………………………………………………… (33)
　　一、设置会计科目的意义 ………………………………………………… (33)
　　二、设置会计科目的原则 ………………………………………………… (35)
　　三、会计科目的内容和级次 ……………………………………………… (36)
　第二节　会计账户 ……………………………………………………………… (40)
　　一、设置账户的意义 ……………………………………………………… (40)
　　二、账户的作用 …………………………………………………………… (41)
　　三、账户的格式 …………………………………………………………… (41)
第四章　复式记账原理及其应用 ………………………………………………… (51)
　第一节　复式记账原理 ………………………………………………………… (51)
　　一、记账方法的发展 ……………………………………………………… (51)
　　二、单式记账法 …………………………………………………………… (52)
　　三、复式记账法 …………………………………………………………… (52)
　第二节　借贷记账法 …………………………………………………………… (54)
　　一、理论基础 ……………………………………………………………… (54)
　　二、记账符号和账户结构 ………………………………………………… (55)
　　三、记账规则 ……………………………………………………………… (57)
　　四、借贷记账法的会计分录 ……………………………………………… (60)
　　五、试算平衡 ……………………………………………………………… (61)
　第三节　账户按用途和结构分类 ……………………………………………… (63)
　　一、盘存账户 ……………………………………………………………… (64)
　　二、资本账户 ……………………………………………………………… (64)
　　三、结算账户 ……………………………………………………………… (64)
　　四、损益计算账户 ………………………………………………………… (66)
　　五、跨期摊提账户 ………………………………………………………… (67)

　　　　六、成本计算账户 ··· (67)
　　　　七、财务成果账户 ··· (68)
　　　　八、调整账户 ··· (68)
　第四节　总分类账户和明细分类账户 ··· (71)
　　　　一、总分类账户和明细分类账户的设置 ··· (71)
　　　　二、总分类账户和明细分类账户的关系 ··· (71)
　　　　三、总分类账户和明细分类账户的平行登记 ································· (72)
　　　　四、总分类账户和明细分类账户的核对 ··· (75)

第五章　工业企业基本业务核算 ··· (80)
　第一节　工业企业的主要经济业务 ·· (80)
　第二节　资金筹集业务的核算 ··· (81)
　　　　一、投入资本的核算 ··· (81)
　　　　二、借入资金的核算 ··· (83)
　第三节　生产准备业务的核算 ··· (84)
　　　　一、购入固定资产的核算 ··· (84)
　　　　二、材料采购业务的核算 ··· (87)
　第四节　产品生产业务的核算 ··· (92)
　　　　一、产品生产业务概述 ··· (92)
　　　　二、产品生产业务的核算 ··· (93)
　第五节　产品销售业务的核算 ··· (98)
　　　　一、主营业务收支的核算 ··· (98)
　　　　二、其他业务收支的核算 ··· (102)
　第六节　财务成果业务的核算 ··· (104)
　　　　一、财务成果业务概述 ··· (104)
　　　　二、利润形成过程的核算 ··· (105)
　　　　三、利润分配的核算 ··· (112)

第六章　会计凭证 ··· (123)
　第一节　会计凭证概述 ··· (123)
　　　　一、会计凭证的概念 ··· (123)
　　　　二、会计凭证的作用 ··· (124)
　　　　三、会计凭证的种类 ··· (124)
　第二节　原始凭证的填制与审核 ··· (124)
　　　　一、原始凭证的概念和内容 ··· (124)
　　　　二、原始凭证的分类 ··· (125)
　　　　三、原始凭证的填制 ··· (128)
　　　　四、原始凭证的审核 ··· (130)

第三节　记账凭证的填制与审核 …………………………………………… (131)
　　　　一、记账凭证的基本内容 ………………………………………………… (131)
　　　　二、记账凭证的种类 ……………………………………………………… (132)
　　　　三、记账凭证的填制 ……………………………………………………… (138)
　　　　四、记账凭证的审核 ……………………………………………………… (143)
　　第四节　会计凭证的传递与保管 …………………………………………… (144)
　　　　一、会计凭证的传递 ……………………………………………………… (144)
　　　　二、会计凭证的保管 ……………………………………………………… (146)

第七章　会计账簿 ………………………………………………………………… (151)
　　第一节　会计账簿的作用、分类与基本内容 ……………………………… (151)
　　　　一、会计账簿的概念和作用 ……………………………………………… (151)
　　　　二、会计账簿与账户的关系 ……………………………………………… (152)
　　　　三、会计账簿的分类 ……………………………………………………… (152)
　　　　四、会计账簿的基本内容 ………………………………………………… (154)
　　第二节　会计账簿的启用与记账规则 ……………………………………… (154)
　　　　一、会计账簿的启用 ……………………………………………………… (154)
　　　　二、会计账簿的记账规则 ………………………………………………… (155)
　　第三节　总分类账和明细分类账的格式与登记方法 ……………………… (156)
　　　　一、总分类账的格式和登记方法 ………………………………………… (156)
　　　　二、明细分类账的格式和登记方法 ……………………………………… (157)
　　第四节　序时账的设置与登记 ……………………………………………… (159)
　　　　一、现金日记账的格式和登记方法 ……………………………………… (159)
　　　　二、银行存款日记账的格式和登记方法 ………………………………… (161)
　　第五节　对账与结账 ………………………………………………………… (161)
　　　　一、对账 …………………………………………………………………… (161)
　　　　二、结账 …………………………………………………………………… (162)
　　第六节　错账更正方法 ……………………………………………………… (163)
　　　　一、划线更正法 …………………………………………………………… (164)
　　　　二、红字更正法 …………………………………………………………… (164)
　　　　三、补充登记法 …………………………………………………………… (165)
　　第七节　会计账簿的更换与保管 …………………………………………… (165)
　　　　一、会计账簿的更换 ……………………………………………………… (165)
　　　　二、会计账簿的保管 ……………………………………………………… (166)

第八章　财产清查 ………………………………………………………………… (173)
　　第一节　财产清查概述 ……………………………………………………… (173)
　　　　一、财产清查的概念 ……………………………………………………… (173)

二、财产清查的意义 ……………………………………………………………… (173)
　　三、财产清查的种类 ……………………………………………………………… (174)
　　四、财产清查的程序 ……………………………………………………………… (175)

第二节　财产清查的方法 …………………………………………………………… (176)
　　一、货币资金的清查 ……………………………………………………………… (176)
　　二、实物资产的清查 ……………………………………………………………… (178)
　　三、往来款项的清查方法 ………………………………………………………… (180)

第三节　财产清查结果的账务处理 ………………………………………………… (180)
　　一、财产清查结果的处理程序 …………………………………………………… (181)
　　二、财产清查结果处理应设置的主要账户 ……………………………………… (181)
　　三、财产清查结果的账务处理 …………………………………………………… (182)

第九章　财务报表 …………………………………………………………………… (192)

第一节　财务会计报告概述 ………………………………………………………… (192)
　　一、财务会计报告的含义 ………………………………………………………… (192)
　　二、财务报表的种类 ……………………………………………………………… (193)
　　三、财务会计报告的目标 ………………………………………………………… (193)
　　四、财务报表编制的基本要求 …………………………………………………… (194)

第二节　资产负债表的编制 ………………………………………………………… (195)
　　一、资产负债表概述 ……………………………………………………………… (195)
　　二、资产负债表的结构 …………………………………………………………… (196)
　　三、资产负债表的编制方法 ……………………………………………………… (198)

第三节　利润表的编制 ……………………………………………………………… (207)
　　一、利润表概述 …………………………………………………………………… (207)
　　二、利润表的结构 ………………………………………………………………… (207)
　　三、利润表的编制方法 …………………………………………………………… (209)

第四节　其他财务报表及附注 ……………………………………………………… (214)
　　一、现金流量表 …………………………………………………………………… (214)
　　二、所有者权益变动表 …………………………………………………………… (217)
　　三、附注 …………………………………………………………………………… (219)

第十章　账务处理程序 ……………………………………………………………… (224)

第一节　账务处理程序概述 ………………………………………………………… (224)

第二节　记账凭证账务处理程序 …………………………………………………… (225)
　　一、记账凭证账务处理程序的特点 ……………………………………………… (225)
　　二、记账凭证账务处理程序的基本步骤 ………………………………………… (225)
　　三、记账凭证账务处理程序的优缺点及适用范围 ……………………………… (226)

第三节　汇总记账凭证账务处理程序 ……………………………………………… (226)

　　　　一、汇总记账凭证账务处理程序的特点 …………………………………… (226)
　　　　二、汇总记账凭证账务处理程序的基本步骤 ……………………………… (226)
　　　　三、汇总记账凭证的种类与编制方法 ……………………………………… (227)
　　　　四、汇总记账凭证账务处理程序的优缺点及适用范围 …………………… (231)
　　第四节　科目汇总表账务处理程序 ……………………………………………… (231)
　　　　一、科目汇总表账务处理程序的特点 ……………………………………… (231)
　　　　二、科目汇总表账务处理程序的基本步骤 ………………………………… (232)
　　　　三、科目汇总表的编制 ……………………………………………………… (232)
　　　　四、科目汇总表账务处理程序的优缺点及适用范围 ……………………… (234)
　　　　五、科目汇总表账务处理程序的应用 ……………………………………… (235)

第十一章　会计工作组织 …………………………………………………………… (254)
　　第一节　会计工作组织的意义与原则 …………………………………………… (254)
　　　　一、会计工作组织的意义 …………………………………………………… (254)
　　　　二、会计工作组织的原则 …………………………………………………… (255)
　　第二节　会计机构 ………………………………………………………………… (256)
　　　　一、会计机构的设置 ………………………………………………………… (257)
　　　　二、会计机构的任务 ………………………………………………………… (257)
　　　　三、会计机构负责人与会计主管 …………………………………………… (258)
　　　　四、会计岗位设置与职责 …………………………………………………… (259)
　　第三节　会计人员 ………………………………………………………………… (260)
　　　　一、会计人员的职责与权限 ………………………………………………… (260)
　　　　二、会计专业技术职务 ……………………………………………………… (262)
　　第四节　会计档案 ………………………………………………………………… (264)
　　　　一、会计档案概述 …………………………………………………………… (264)
　　　　二、会计档案保管 …………………………………………………………… (265)

参考文献 ……………………………………………………………………………… (272)

第一章

总 论

本章学习目标

1. 了解会计概述,包括会计的产生与发展、会计的概念、会计的特征。
2. 了解会计对象与目标,包括会计对象、会计目标、会计职能与方法、会计基本假设。
3. 掌握会计基础的分类与应用。
4. 掌握会计信息质量要求。
5. 了解我国会计准则体系,包括《企业会计准则》《小企业会计准则》和《事业单位会计准则》。

第一节 会计概述

一、会计的产生与发展

会计作为人们提供经济信息的一种活动,有着悠久的历史。会计是随着人类社会生产的发展和经济管理的需要而产生、发展并不断完善的。

会计经历了漫长的发展过程。根据现有的资料,世界上著名的文明古国,如古巴比伦、古埃及、古希腊、古罗马和中国周王朝等都有类似于会计的记录、会计官制或会计活动。《周礼》记载,周王朝已设立"司会"这一会计官职来掌管国家和地方的财政收支。在我国秦汉时期,开始使用"入、出"作为记账符号并创立了用于登记会计事项的账簿,西汉时采用的"计簿"可视为中式会计报告的基本形态。唐宋时期会计得到进一步发展,其突出成就是发明了"四柱清册"的结账与报账方法。经过元朝到明朝的广泛应用,我国传统的单式簿记达到比较完善的程度。明朝末期,由于商业和手工业的空前繁荣,产生了比"四柱清册"更加完备的、能满足商业上核算盈亏需要的"龙门账"。

在西方，10世纪前后一般也采用单式簿记记账。但从12世纪到15世纪，地中海沿岸某些城市的商业、手工业和银钱兑换业得到迅速发展，迫切要求从簿记中获得有关经济往来和经营成果的重要信息，于是，簿记方法出现了重大的突破，科学的复式记账在意大利产生了。15世纪，复式簿记在威尼斯一带已相当流行，其记账方法也比较完备。1494年，意大利传教士、数学家卢卡·帕乔利（Luca Pacioli）出版了一本著作《算术、几何、比及比例概要》，其中一章"簿记论"，全面系统地介绍了威尼斯的复式记账方法，并从理论上给予必要的阐述。该书推动了复式记账在全球范围内的广泛传播，从而影响了许多国家的会计发展。因此，该书的出版被誉为会计发展史上重要的里程碑，并标志着近代会计的开始。随着18世纪末和19世纪初产业革命的发展，出现了股份有限公司这种经营形式，从而对会计提出了更高的要求，并诞生了注册会计师这一职业。从19世纪50年代起到20世纪50年代的一百年里，会计的地位和作用、会计目标、会计原则、会计方法和技术等各个方面，都获得了突飞猛进的发展，相继出现了成本会计、财务报表分析等内容，并逐步形成各自的理论和方法体系。20世纪50年代以后，会计的面貌又焕然一新：传统的会计逐渐形成了相对独立的财务会计与管理会计两大分支，构成了比较完善的现代会计体系；随着电子计算机在会计领域的应用，会计的方法和程序发生了巨大变化，扩大了会计信息的范围，提高了会计信息的准确性和及时性。

我国直到清朝末期，才从国外引进复式记账。中华人民共和国成立后，我国引进了苏联的会计制度，以复式记账为基础的现代会计在我国得到迅速而全面的推广。改革开放后，由于传统的会计管理体制和会计核算模式与社会主义市场经济的运行机制极不适应，我国从20世纪90年代初开始了会计改革，逐步建立和完善了企业会计准则体系。在此期间，我国的注册会计师职业以及会计理论研究和会计教育事业都得到了很大的发展。2006年2月15日，财政部发布了新的《企业会计准则》，新的准则体系由一项基本会计准则和38项具体准则组成，标志着此前我国会计准则与会计制度并存的局面已经改变。截至2014年7月，我国又修订了5项、新增了3项具体准则，具体准则增至41项。新准则的全面出台标志着我国财务会计进入了一个与国际会计趋同的新时期。

二、会计的概念

会计是以货币为主要计量单位，运用专门的方法，核算和监督一个单位经济活动的一种经济管理工作。

随着经济的发展，会计已经成为现代企业一项很重要的管理工作。企业的会计工作主要是会计人员通过一系列会计程序，对企业的经济活动和财务收支情况进行核算和监督，反映企业财务状况、经营成果和现金流量，反映企业管理层受托责任履行情况，为会计信息使用者提供有用的信息，并积极参与经营管理决策，提高企业经济效益，促进市场经济的健康有序发展。

三、会计的特征

会计的基本特征主要表现在以下5个方面。

1. 会计是一种经济管理活动

现代会计由财务会计和管理会计组成，从管理会计的角度看，会计是对一个单位的经济活动进行确认、计量和报告，作出预测，参与决策，实行监督，旨在实现最佳经济效益的一种管理活动。从职能属性看，核算和监督本身是一种管理活动；从本质属性看，会计本身就是一种管理活动。

2. 会计是一个经济信息系统

从财务会计的角度看，会计侧重于对外提供信息。通过会计工作，将分散的经营活动转化为货币化的会计信息，提供有关业绩、问题以及企业资金、劳动、所有权、收入、成本、利润、债权、债务等信息。可见，会计是以提供财务信息为主的经济信息系统，是企业经营的记分牌，是企业内部管理者和外部利益相关者进行相关经济决策的重要依据，因而会计又被称为"企业语言"。

3. 会计以货币作为主要计量单位

会计主体的经济活动是多种多样、错综复杂的。为了实现会计目的，必须综合反映会计主体的各项经济活动，这就要求有一个统一的计量尺度。经济活动中通常使用劳动计量单位、实物计量单位和货币计量单位，劳动计量单位和实物计量单位只能从不同的角度反映企业的生产经营情况，通常无法将计量结果直接进行汇总、比较；而货币计量单位便于统一衡量和综合比较，能够全面反映企业的生产经营情况，因此会计需要以货币作为主要计量单位。

4. 会计具有核算和监督的基本职能

会计的基本职能是对经济活动进行核算和监督。会计核算是指为经济管理搜集、处理、存储和输送各种会计信息。会计监督是指通过调节、指导、控制等方式，对特定主体的经济活动的真实性、合理性和合法性进行考核与评价，并采取措施，施加一定的影响，以实现预期的目标。

5. 会计采用一系列专门的方法

会计方法是反映和监督会计对象、完成会计凭证的手段，是从事会计工作所使用的各种技术方法，一般包括会计核算方法、会计分析方法和会计检查方法等。其中，会计核算方法是会计方法中最基本的方法；会计分析方法和会计检查方法等主要是在会计核算方法的基础上，利用提供的会计资料进行分析和检查所使用的方法。各会计方法相互依存、相辅相成，形成了一个完整的体系。

第二节　会计对象与目标

一、会计对象

会计核算和监督的内容，就是会计对象。会计以货币为主要计量单位，对特定主体的经济活动进行核算和监督，因此，凡是特定主体能够以货币表现的经济活动，都是会计核算和监督的内容，即会计对象。以货币表现的经济活动，通常又称为价值运动或资金运动。

由于各企业的性质不同，经济活动的内容不同，会计的具体对象也就不尽相同。下面以工业企业为例，说明工业企业会计的具体对象。工业企业的资金运动通常表现为资金投入、资金运用和资金退出三个过程，可概括为如图1-1所示。

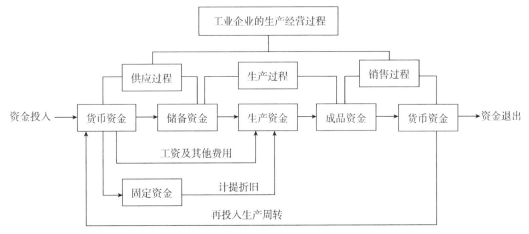

图1-1 工业企业资金运动图

（一）资金的投入

资金的投入包括企业所有者（投资者）投入的资金和债权人投入的资金两部分，前者属于企业所有者权益，后者属于债权人权益即企业负债。投入企业的资金一部分构成流动资产，另一部分构成非流动资产。

（二）资金的运用（资金的循环和周转）

企业将资金运用于生产经营过程，就形成了资金的运用。资金的运用又可分为供应、生产、销售三个阶段。

（1）供应过程。这是生产的准备过程。在供应过程中，企业要购买原材料等劳动对象，发生材料费、运输费、装卸费等材料采购成本，并与供应单位发生货款的结算关系。

（2）生产过程。在生产过程中，劳动者借助劳动手段将劳动对象加工成特定产品，发生原材料消耗的材料费、固定资产磨损的折旧费、生产工人劳动耗费的人工费等；同时，还将发生企业与工人之间的工资结算关系、与有关单位之间的劳务结算关系等。

（3）销售过程。在销售过程中，企业将生产的产品销售出去，发生有关销售费用、取得销售收入等，并同购货单位发生货款结算关系、同税务机关发生税务结算关系等。

（三）资金的退出

资金的退出包括偿还各项债务、上交各项税费、向所有者分配利润等，这部分资金在这些过程中离开企业，退出企业的资金循环与周转。

综上所述，从任一时点上看，资金运动总是处于相对静止的状态，即企业的资金在任一时点上均表现为资金占用和资金来源两方面，这两个方面既相互联系，又相互制约。

二、会计目标

会计目标是指在一定的客观环境和经济条件下,会计工作人员通过会计实践活动期望达到的结果。会计作为经济管理活动的组成部分,其总体目标是提高经济效益,这与经济管理的总目标是一致的。就会计的具体目标而言,我国《企业会计准则——基本准则》中明确规定,会计的目标是"向财务会计报告使用者提供与企业财务状况、经营成果和现金流量等有关的会计信息,反映企业管理层受托责任履行情况,有助于财务会计报告使用者作出经济决策"。

财务会计报告使用者包括内部信息使用者和外部信息使用者两类。内部信息使用者包括会计主体内部的管理人员和职工;外部信息使用者包括政府有关部门、投资者和潜在投资者、债权人、一般大众等。各类使用者对会计信息的需求各不相同。

(1)会计主体内部的管理人员需要掌握单位经济活动的经营成果、财务状况及其变化等会计信息。会计信息是企业管理当局管理企业、进行经济决策的重要依据,据此分析经营决策的正确性、发现经营管理中存在的问题,在加强内部控制的同时提高企业经济效益。

(2)投资者和潜在投资者需要掌握会计主体的经营状况、盈利能力和发展趋势,以预测投资风险和投资报酬,作出投资决策。

(3)政府有关部门需要掌握各经济单位对国家政策的执行情况,以便利用价格、税率等经济杠杆和法律手段进行国民经济宏观调控。

(4)债权人则更关心会计主体的资产质量、获利能力和偿债能力,以此确定是否贷款给债务人以及贷款的金额、时间等。

(5)会计主体内部的员工不仅关心会计主体目前的经营状况和获利能力,更关心其经营前景和发展趋势。

因此,针对不同使用者的需求,会计目标的定位应该是满足会计信息使用者的需要。

三、会计职能与会计方法

(一) 会计职能

会计职能是指会计在经济管理中客观上所具有的功能和发挥的作用。随着生产力水平的不断提高,社会经济关系的日益复杂和管理理论的不断深化,会计所发挥的作用也日益重要,其职能也在不断地丰富和发展。会计除核算和监督两大基本职能以外,还包括预测经济前景、参与经济决策、评价经营管理等拓展职能。

我国现行《中华人民共和国会计法》(以下简称《会计法》)对会计的基本职能作出了明确的规定,即会计的基本职能是进行会计核算和实行会计监督。

1. 会计核算职能

会计核算职能也称会计反映职能。它贯穿于经济活动的全过程,是会计最基本的职能。会计核算职能是指会计以货币为主要计量单位,通过确认、计量、记录、计算、报告等环节,用会计的方法(如借贷记账法)对会计主体的经济活动进行描述,以便客观地记录会计事项，为使用者提供经济信息。

确认，是运用特定会计方法，以文字和金额同时对某交易或事项进行描述，使其反映在特定主体财务报表中的会计程序。计量，是确定某一交易或事项的金额的会计程序。记录，是对特定主体的经济活动采用一定的记账方法，在账簿中进行登记的会计程序。报告，是在确认、计量和记录的基础上，针对特定主体的财务状况和经营成果向信息使用者报告的过程。

会计的核算职能具有以下特征。

（1）会计核算以货币作为主要计量单位。在商品经济条件下，任何经济活动都同时表现为价值的运动。货币作为一般等价物，便于从价值量方面对经济活动进行综合反映，为经济管理提供客观的会计信息。会计核算中，在采用货币计量的同时还辅之以实物计量、劳动计量和相关文字说明等。

（2）会计是对客观事实的反映和描述。客观事实是指过去已经发生的经济活动，会计是对已经存在的事实作出反映，是一种事后的记录，其主要形式是记账、算账和报账。随着管理要求的不断提高，为了加强经营管理的计划性和预见性，会计利用其信息反馈，对经济活动进行事前核算和事中核算。

（3）会计核算具有连续性、系统性和全面性。连续性是指会计核算要按经济活动发生的时间先后顺序不间断地进行记录；系统性是指对经济活动记录的同时要进行分类、整理和汇总，以便提供各种会计信息；全面性是指对会计主体的各项经济活动的来龙去脉都必须进行全面记录、计量，既不能遗漏也不能任意取舍。

2. 会计监督职能

会计监督职能也称会计控制职能，是指按照一定的目的和要求，以国家的法律规范为准绳，利用会计信息系统所提供的信息，对会计主体经济活动的合法性和合理性进行控制和监督，以便规范会计行为，使之达到预期的目标。会计监督是会计主体内部的一种自我约束机制，会计核算的过程也是会计监督的过程。会计监督具有以下特征。

（1）会计监督具有强制性和严肃性。会计监督以国家的财经法规和财经纪律为准绳，要求企业的各项经济业务既要遵守国家的财经法规和财经纪律，也要遵守企业单位的经营方针政策。《会计法》不仅赋予会计机构和会计人员实施监督的权利，还规定了相关的法律责任，具有强制性和严肃性。

（2）会计监督以会计核算为基础。会计监督从提高单位经济效益出发，将监督贯穿于经济活动的全过程，以评价各项经济活动是否有效。因此，在会计核算的同时，会计机构和会计人员有权利并且有义务审查经济活动的真实性和合法性，确保会计信息真实有效。

（3）会计监督具有完整性。会计监督与经济活动过程紧密联系，不仅是对已经发生的经济活动的监督，还涉及经济活动发生之前和发生过程中的监督，即包括事前监督、事中监督和事后监督。

会计的两项基本职能是相辅相成、辩证统一的关系。会计核算是会计监督的基础，没有会计核算提供的各种信息，会计监督就失去了依据；同时，会计监督又是会计核算的质量保证，没有会计监督就难以保证会计核算信息的真实性和可靠性。

（二）拓展职能

随着生产力水平的日益提高、社会经济关系的日益复杂和管理理论的不断深化，会计所发挥的作用日益重要，其职能也在不断丰富和发展。除了上述基本职能外，会计还具有预测经济前景、参与经济决策、评价经营业绩等拓展职能。

1. 预测经济前景

会计预测是根据已有的会计信息和相关资料，对生产经营过程及其发展趋势进行判断、预计和估测，找到财务方面的预定目标，作为下一个会计期间实行经济活动的指标。

2. 参与经济决策

会计决策是指会计按照提供的预测信息和既定目标，在多个备选方案中，帮助主管人员选择最佳方案的过程。

3. 评价经营业绩

会计评价是以会计核算资料为基础，结合其他相关资料，运用专门的方法，对经济活动的过程和结果进行分析，为企业生产经营管理提供与决策有关的信息。

（三）会计核算方法

会计核算方法是指对会计对象连续、系统、全面、综合地进行确认、计量和报告所采用的各种方法。

会计核算方法体系由填制和审核会计凭证、设置会计科目和账户、复式记账、登记会计账簿、成本计算、财产清查、编制财务会计报告等专门方法构成。这些方法相互联系、紧密结合，确保会计工作有序进行。

1. 填制和审核会计凭证

会计凭证是记录经济业务、明确经济责任的书面证明，是会计登记账簿的依据。填制和审核会计凭证是会计核算工作的起点，正确填制和审核会计凭证，是进行会计核算和实施会计监督的基础。

2. 设置会计科目和账户

会计科目是对会计对象的具体内容进行进一步的科目分类。账户是根据会计科目开设的账页户头，账户具有一定的格式，是连续、系统地登记某一项经济业务的增减变动情况及其结果的载体。

3. 复式记账

复式记账是对企业发生的每一笔经济业务，都在两个或两个以上相互联系的账户中，以相等的金额反映这一经济业务来龙去脉的一种专门记账方法。复式记账是会计核算方法体系的核心。

4. 登记会计账簿

账簿是由若干相互联系、具有一定结构的账页所组成的簿籍。登记账簿是会计人员运用复式记账的原理，将数量繁多的会计凭证分门别类地在账簿上连续、完整地进行记录和反映各项经济业务的一种专门方法。账簿记录所提供的各种核算资料,是编制财务报表的直接依据。

5. 成本计算

成本计算是指将生产经营过程中发生的产品生产费用,按不同的成本计算对象进行归集和分配,进而计算产品的总成本和单位成本的一种专门方法。通过成本计算,可以反映和监督生产经营过程中发生的各项费用是节约还是超支,并据以确定企业经营成果。

6. 财产清查

财产清查是对企业的各项财产物资进行清查、盘点和核对,查明其实有数,并将实有数与账存数进行核对,确定账实是否相符;如果账实不符,查明原因、提出处理意见,并根据实有数调整账务,以确保账实相符的一种专门方法。通过财产清查,可以查明各项财产物资的保管和使用情况,以及往来款项的计算情况,监督各项财产物资的安全与合理使用。

7. 编制财务会计报告

编制财务会计报告是以账簿资料为依据,全面、系统地反映企业在某一特定日期的财务状况或某一会计期间的经营成果和现金流量的一种报告性文件。

以上会计核算的七种方法,虽各有特定的含义和作用,但并不是孤立的,而是相互联系、相互依存、彼此制约的,它们构成了一个完整的方法体系。

四、会计基本假设

会计基本假设是进行会计确认、计量和报告的前提,是对会计核算所处时间、空间环境等所作的合理设定。单位的经济活动复杂多样,会计工作需要根据经济业务发生的不同情况,选择恰当的会计方法进行处理。但是由于一些不确定因素的存在,会计人员很难从正面作出肯定的判断和估计,从而无法进行适当的会计处理。因此需要首先设定一些基本假设,并在这些假设下进行会计核算。会计基本假设包括会计主体、持续经营、会计分期和货币计量。

(一) 会计主体

会计主体是指会计工作为之服务的特定单位或组织,即在经营或经济上具有独立性或相对独立性的单位。企业是典型的会计主体。

会计核算的对象是企业的生产经营活动,由于社会经济关系错综复杂,企业本身的经济活动也总是与其他企业或单位的经济活动相关联。因此,会计人员首先应明确会计核算的空间范围,明确哪些经济活动应当予以确认、计量和报告,哪些不应包括在其核算范围内,即要确定会计主体,明确为谁记账。我国《企业会计准则——基本准则》规定:"企业应当对其本身发生的交易或者事项进行会计确认、计量和报告。"

会计主体不同于法律主体。一般来讲,法律主体必然是一个会计主体,任何企业,无论是独资、合资还是合伙企业,都是会计主体;但会计主体不一定是法律主体。例如,在企业集团中,一个母公司拥有若干个子公司,企业集团在母公司的统一领导下开展经营活动。母公司、子公司虽然是不同的法律主体(母公司、子公司分别也是会计主体),但为了全面地反映企业集团的财务状况、经营成果和现金流量，就有必要将这个企业集团作为一个会计主体，编制合并财务报表（此处的企业集团不是一个法律主体）。又如，独立核算的生产车间、销售部门等也可以作为一个会计主体来反映其财务状况，但它们都不是法律主体。

（二）持续经营

持续经营是指会计主体的生产经营活动将无限期地延续下去，在可以预见的将来，企业不会面临清算、解散、倒闭而不复存在。

企业是否持续经营对会计政策的选择、正确确定和计量收益影响很大。例如，采用历史成本计价，应设定企业在正常的情况下运用其所拥有的各种经济资源和依照原来的偿还条件偿付其所负担的各种债务；否则，就不能继续采用历史成本计价。在持续经营的前提下，企业取得机器设备时，能够确定这项资产在未来的生产加工活动中可以给企业带来经济利益，因此可以按支付的所有价款作为固定资产的账面成本，该固定资产在以后的使用中磨损的价值，在一定时期内按一定的折旧方法计提折旧，并将其磨损的价值计入成本费用。如果企业面临清算，那么这项固定资产只能按当时的公允价值抵偿债务。由于持续经营是根据企业发展的一般情况所做的设定，企业在生产经营过程中缩减经营规模乃至停业的可能性总是存在的。为此，往往要求定期对企业持续经营这一前提进行分析和判断。一旦判定企业不符合持续经营前提，就应当改变会计核算的方法。

（三）会计分期

会计分期是指将一个会计主体持续的生产经营活动划分为若干个较短的相对等距的会计期间，以便分期结算账目和编制财务会计报告。我国《企业会计准则——基本准则》规定："企业应当划分会计期间，分期结算账目和编制财务会计报告。"

会计分期的目的在于通过会计期间的划分，据以结算账目，编制财务会计报告，从而及时向有关方面提供反映企业经营成果和财务状况及其变动情况的会计信息，及时满足企业内部加强经营管理及其他有关方面进行决策的需要。从理论上讲，在企业持续经营情况下，要反映企业的财务状况和经营成果，只有等到企业所有的生产经营活动结束后，才能通过收入和费用的归集和比较，进行核算，但这样做在平时的经营管理中就不能及时得到会计信息，从而无法有效地管理经营活动。因此，为了及时取得会计信息，必须人为地将持续经营过程划分为较短的会计期间，并按会计期间进行会计核算。会计期间假设是持续经营假设的必要补充，同样是对会计核算时间范围的规定。

我国《企业会计准则——基本准则》规定："会计期间分为年度和中期。"我国以日历年度作为会计年度，即每年的1月1日至12月31日为一个会计年度。会计中期是指短于一个完整的会计年度的报告期间，包括半年度、季度和月度。

会计期间的划分对会计核算有重要作用。有了会计期间，才出现了本期和非本期的区别，产生了权责发生制和收付实现制的区别，从而需要划分收益性支出和资本性支出，产生了配比原则等。只有正确划分会计期间，才能准确地提供财务状况和经营成果的资料，才能进行会计信息的比较。

（四）货币计量

货币计量是指会计主体在会计确认、计量和报告时以货币作为计量尺度，反映会计主体的经济活动。

在会计的确认、计量和报告过程中之所以选择以货币为基础进行计量，是由货币的本身属性决定的。货币是商品的一般等价物，是一般商品价值的共同尺度，具有价值尺度、流通手段、贮藏手段和支付手段等特点。其他计量单位，如重量、长度、容积、台、件等，只能从一个侧面反映企业的生产经营情况，无法在量上进行汇总和比较，不便于会计计量和经营管理。只有选择货币尺度进行计量才能充分反映企业的生产经营情况，所以，我国《企业会计准则——基本准则》规定："企业会计应当以货币计量。"

在有些情况下，统一采用货币计量也有缺陷。某些影响企业财务状况和经营成果的因素，往往难以用货币来计量，但这些信息对于使用者决策而言也很重要。为此，企业可以在财务会计报告中补充披露有关非财务信息。

《会计法》中规定："会计核算以人民币为记账本位币。"考虑到外商投资企业等业务收支以人民币以外的货币为主的企业，根据会计核算的实际需要，可以选定某种外币作为记账本位币进行会计核算，但这些企业编报的财务会计报告，应该折算成人民币。在境外设立的中国企业向国内报送的财务会计报告，应当折算为人民币。

上述四项会计基本假设相互依存、相互补充。首先是会计主体，有了会计主体，会计核算才有了明确的空间范围，使会计核算和监督有针对性地进行，从而避免了将企业财产和职工个人财产相混淆，而且也区分了本企业和其他企业的业务；其次是明确会计核算和监督的时间范围，会计核算和监督是在企业持续经营的基础上进行的，但持续经营假设界定了一个首尾相连的时间范围，所以为便于定期算账、结账、报账，提出了会计分期的假设；最后，在会计核算和监督的过程中为便于统一计量，提出了货币计量假设。所以，没有会计主体，就不会有持续经营；没有持续经营，就不会有会计分期；没有货币计量，就不会有现代会计。

第三节　会计基础

一、会计基础的概念与种类

会计确认、计量和报告的基础，简称会计基础，是企业在会计确认、计量和报告的过程中所采用的基础，是确认一定会计期间的收入和费用，从而确认损益的标准。企业在一定会计期间，为进行生产经营活动而发生的费用，可能在本期已付出货币资金，也可能在本期尚未付出货币资金；所形成的收入，可能在本期已经收到货币资金，也可能在本期尚未收到货币资金；同时，本期发生的费用可能与本期收入的取得有关，也可能与本期收入的取得无关。诸如此类的经济业务应如何处理，必须以所采用的会计基础为依据。会计基础主要有两种：权责发生制和收付实现制。《企业会计准则——基本准则》第九条规定："企业应当以权责发生制为基础进行会计确认、计量和报告。"

二、权责发生制

权责发生制又称应计制、应收应付制,是以"应收应付"为标准来确认本期收入和费用的方法。权责发生制下,凡是当期已经实现的收入和已经发生或应负担的费用,无论款项是否收付,都应作为当期收入和费用处理;凡是不属于当期的收入和费用,即使款项在当期已经收付,也不能作为当期的收入和费用处理。采用权责发生制,能使企业同一会计期间的收入和费用之间存在相对合理的比例关系,能较为准确地计算各期的成本和利润指标,而且各期指标之间具有可比性。

三、收付实现制

收付实现制又称现金制或实收实付制,是以"款项的实际收付"为标准来确定本期收入和费用的方法。收付实现制下,凡是本期收到的款项,无论是否归属本期,都作为本期收入处理;凡是本期付出的款项,无论是否归属本期,都作为本期费用处理。在收付实现制下,企业各期指标忽高忽低,不能准确衡量各期的经营业绩,但由于其核算简单,现仍被一些行政事业性单位采用。

为了更好地说明权责发生制和收付实现制下对收入和费用的不同确认原则,以及对利润的影响,举例如下。

【例1-1】某企业7月发生了下列经济业务。

(1)销售产品取得收入4 000元,货款存入银行。
(2)用银行存款支付本月水电费900元。
(3)预收销货款12 000元,从本月末起分3个月各按三分之一交货。
(4)预付7-12月的租金6 000元。
(5)销售产品取得收入20 000元,货款尚未收到。
(6)本月应计提银行借款利息1 000元。

分别按权责发生制与收付实现制计算企业当月的收入和费用,结果如表1-1所示。

表1-1 权责发生制与收付实现制下收入与费用的处理

单位:元

业务号	权责发生制		收付实现制	
	收入	费用	收入	费用
(1)	4 000		4 000	
(2)		900		900
(3)	4 000		12 000	
(4)		1 000		6 000
(5)	20 000			
(6)		1 000		
合计	28 000	2 900	16 000	6 900

第四节　会计信息质量要求

会计信息质量要求是对企业财务会计报告中所提供的会计信息质量的基本要求，是使财务会计报告提供的会计信息对信息使用者决策有用所应具备的基本特征。会计信息质量要求包括可靠性、相关性、可理解性、可比性、实质重于形式、重要性、谨慎性和及时性。

一、可靠性

可靠性要求企业应当以实际发生的交易或者事项为依据进行会计确认、计量、记录和报告，如实反映符合确认和计量要求的各项会计要素及其他相关信息，保证会计信息真实可靠、内容完整。企业的会计信息要满足会计信息使用者的决策需要，就必须内容真实、数字准确、资料可靠。如果企业的会计核算不是以实际发生的交易或事项为依据，没有如实反映企业的财务状况、经营成果和现金流量，就是不可靠的，就会误导会计信息使用者，会计工作也就失去了意义。

二、相关性

相关性要求企业提供的会计信息应当与财务会计报告使用者的经济决策需要相关，有助于财务会计报告使用者对企业过去、现在或者未来的情况作出评价或者预测。

会计信息是否有用、是否有价值，在于其是否与会计信息使用者的决策需要相关，是否有助于决策或者提高决策水平。一般认为，具备相关性的会计信息应当在保证及时性的前提下，具备反馈价值和预测价值，即能够有助于信息使用者评价企业过去的决策，证实或者修正过去的有关预测，并根据会计信息预测企业未来的财务状况、经营成果和现金流量。通常，我国企业的会计信息必须满足三方面的需要：一是符合国家宏观经济管理的要求；二是满足有关各方面了解企业财务状况和经营成果的需要；三是满足企业内部加强经营管理的需要。

值得注意的是，会计信息的相关性应以可靠性为基础，应在可靠性的前提下尽可能做到相关性，不能把两者对立起来。

三、可理解性

可理解性要求企业的会计信息应当清晰明了，便于财务会计报告使用者理解和使用。可理解性要求会计记录和财务会计报告必须清晰明了、简明扼要，数据记录和文字说明能一目了然地反映出经济活动的来龙去脉。可理解性要求的前提是信息使用者必须具备一定与企业经营活动相关的会计知识，并愿意付出努力去研究这些信息。

四、可比性

可比性要求企业提供的会计信息应当具有可比性，具体包括下列要求。

（一）同一企业不同时期可比（即纵向可比）

同一企业对于不同时期发生的相同或者相似的交易或事项，应当采用一致的会计政策，不得随意变更。但是，当企业按照规定或会计政策变更后可以提供更可靠、更相关的会计信息时，就有必要变更会计政策，以便向财务会计报告使用者提供更为有用的信息，同时，有关会计政策变更的情况应当在附注中予以说明。

（二）不同企业相同会计期间可比（即横向可比）

不同企业相同会计期间发生的相同或相似的交易或事项，应当采用规定的会计政策，确保会计信息口径一致、相互可比。对于相同或相似的交易或事项，不同企业应当采用一致的会计政策，以使不同企业按照一致的确认、计量和报告基础提供有关会计信息，便于企业之间财务信息的对比分析。

五、实质重于形式

实质是指经济实质，形式是指法律形式。实质重于形式要求企业应当按照交易或者事项的经济实质进行会计确认、计量和报告，不应仅以交易或事项的法律形式为依据。如果企业仅仅以交易或事项的法律形式为依据进行会计确认、计量和报告，那么就容易导致会计信息失真，无法如实反映经济现实和实际情况。

企业发生的交易或事项在多数情况下其经济实质和法律形式是一致的，但有些时候也会出现不一致。例如，企业以融资租赁方式租入的固定资产，从法律形式上，企业并不拥有其所有权，但是由于租赁合同中规定租赁期较长，接近于该资产的使用寿命，租赁期结束时承租方有优先购买该资产的选择权，在租赁期内承租方有权支配该资产并从中取得收益等。从其经济实质看，承租方能够控制融资租入规定资产所创造的未来经济利益，所以，承租方依据"实质重于形式"的要求，将融资租入的固定资产确认为本企业资产，反映在资产负债表中。

六、重要性

重要性是指如果企业会计信息的省略或错报会影响使用者据此作出经济决策，则该信息就具有重要性。

重要性要求企业在会计核算过程中，对于重要的经济业务或事项应当重点核算，充分披露；对于不重要的经济业务或事项，可以简化、合并反映。即在符合全面性要求的前提下企业会计核算要有侧重。

重要性的应用需要依赖职业判断，企业应当根据所处环境和实际情况，从项目的性质和金额两方面来判断其重要性。从项目性质来看，当某一项交易或事项会影响使用者据以作出决策时，该交易或事项就具有重要性；从项目金额来看，当某一项交易或事项的金额达到一定规模时，该交易或事项就具有重要性。

七、谨慎性

谨慎性要求企业对交易或事项进行会计确认、计量和报告时应当保持应有的谨慎，不应高估资产或者收益、低估负债或者费用。

谨慎性要求企业在面临不确定性因素的情况下作出职业判断时，应当保持应有的谨慎，充分估计各种风险和损失，既不高估资产或收益，也不低估负债或费用。例如，企业计提相关资产的减值准备，就体现了谨慎性的要求。

但是，谨慎性的应用并不允许企业设置秘密准备。如果企业故意低估资产或者收益，或者故意高估负债或者费用，就不符合会计信息的可靠性和相关性要求，会损害会计信息质量、扭曲企业实际的财务状况和经营成果，从而对使用者的决策产生误导。

遵循谨慎性原则，要求对企业存在的经营风险应加以合理估计，可对防范风险起到预警作用，有利于企业作出正确的经营决策，有利于保护投资者和债权人的利益。

八、及时性

及时性要求企业对于已经发生的交易或事项，应当及时进行确认、计量和报告，不得提前或者延后。及时性主要包括以下三方面要求。

（1）及时收集会计信息。在有关交易或事项发生时，及时收集和整理有关原始单据或凭证。

（2）及时处理会计信息。要按企业会计准则的规定，及时对有关交易或事项进行确认、计量，及时编制财务会计报告。

（3）及时传递会计信息。要按照国家规定的有关时限，及时将编制的财务会计报告传递给财务会计报告使用者，便于其及时使用和决策。

会计信息具有时效性。及时性要求在会计确认、计量和报告过程中及时收集会计信息、及时处理会计信息、及时传递会计信息，其价值在于帮助使用者作出经济决策。

第五节　会计准则体系

一、会计准则的构成

会计准则是反映经济活动、确认产权关系、规范收益分配的会计技术标准，是生成和提供会计信息的重要依据，也是政府调控经济活动、规范经济秩序和开展国际经济交往等的重要手段，会计准则具有严密和完整的体系。我国已颁布的会计准则有《企业会计准则》《小企业会计准则》和《事业单位会计准则》。

二、企业会计准则

《企业会计准则》由财政部制定，于2006年2月15日发布，自2007年1月1日起在上市公司范围内施行，并鼓励其他企业执行。本准则对加强和规范企业会计行为，提高企业经营管理水平和会计规范处理，促进企业可持续发展起到指导作用。我国的企业会计准则体系包括基本准则、具体准则、应用指南和解释公告等。

（一）基本准则

基本准则是企业开展会计核算工作必须遵守的基本要求，是企业会计准则体系的概念基础，是制定具体准则、会计准则应用指南、会计准则解释的依据，也是解决新的会计问题的指南，在企业会计准则中具有重要的地位。基本准则包括总则、会计信息质量要求、财务会计报表要素、会计计量、财务会计报告、附则等十一章内容。

（二）具体准则

具体准则是在基本准则的指导下，处理会计具体业务标准的规范。具体准则可分为一般业务准则、特殊行业和特殊业务准则、财务会计报告准则三大类。

（1）一般业务准则是规范普遍适用的一般经济业务的确认、计量要求，如存货、固定资产、无形资产、职工薪酬、所得税等。

（2）特殊行业和特殊业务准则是对特殊行业的特定业务的会计问题作出的处理规范，如生物资产、金融资产转移、套期保值、原保险合同、合并会计报表等。

（3）财务会计报告准则主要规范各类企业通用的报告类准则，如财务报表列报、现金流量表、合并财务报表、中期财务会计报告、分部报告等。

（三）会计准则应用指南

会计准则应用指南从不同角度对企业具体准则进行细化，解决实务操作问题，是对具体准则相关条款的细化和对有关重点、难点问题提供的操作性规定，包括具体准则解释部分、会计科目和财务报表部分。

（四）企业会计准则解释

企业会计准则解释的制定主要是为了深入贯彻实施企业会计准则，解决执行中出现的问题，同时，实现会计准则持续趋同和等效。财政部于 2007 年 11 月至 2012 年 11 月陆续制定了《企业会计准则解释第 1 号》（财会〔2007〕14 号）、《企业会计准则解释第 2 号》（财会〔2008〕11 号）、《企业会计准则解释第 3 号》（财会〔2009〕8 号）、《企业会计准则解释第 4 号》（财会〔2010〕15 号）、《企业会计准则解释第 5 号》（财会〔2012〕19 号）。财政部又于 2014 年 1 月到 2017 年 6 月相应增加了《企业会计准则解释第 6 号》（财会〔2014〕1 号）、《企业会计准则解释第 7 号》（财会〔2015〕19 号）、《企业会计准则解释第 8 号》（财会〔2015〕23 号）、《企业会计准则解释第 9 号》（财会〔2017〕16 号）、《企业会计准则解释第 10 号》（财会〔2017〕17 号）、《企业会计准则解释第 11 号》（财会〔2017〕18 号）、《企业会计准则解释第 12 号》（财会〔2017〕19 号）。

三、小企业会计准则

小企业一般是指规模较小或处于创业和成长阶段的企业，包括规模在规定标准以下的法人企业和自然人企业。

小企业具有一些共同的特点：一是规模小，投资少，投资与见效的周期相对较短，同样的投资使用劳动力更多；二是对市场反应灵敏，具有以新取胜的内在动力和保持市场活力的能力；三是环境适应能力强，对资源获取的要求不高，能广泛地分布于各种环境条件中；四是在获取资本、信息、技术等服务方面处于劣势，管理水平较低。

为了促进小企业发展以及财税政策日益丰富完善，我国形成了以税费减免、资金支持、公共服务等为主要内容的促进中小企业发展的财税政策体系。

2011年10月18日，财政部发布了《小企业会计准则》，该准则分为总则、资产、负债、所有者权益、收入、费用、利润及利润分配、外币业务、财务报表、附则共10章90条内容，要求符合条件的小企业自2013年1月1日起执行，并鼓励提前执行。《小企业会计准则》一般适用于在我国境内依法设立、经济规模较小的企业，具体标准参见《小企业会计准则》和《中小企业划型标准规定》。

四、事业单位会计准则

2012年12月6日，财政部修订发布了《事业单位会计准则》，自2013年1月1日起施行。该准则对我国事业单位的会计工作予以规范，分为总则、会计信息质量要求、资产、负债、净资产、收入、支出或者费用、财务会计报告、附则共9章49条内容。与《企业会计准则》相比，《事业单位会计准则》要求事业单位采用收付实现制进行会计核算，部分另有规定的经济业务或事项才能采用权责发生制核算。事业单位会计要素划分为资产、负债、净资产、收入（或费用）5类，在编制会计报表时至少应包括资产负债表、收入支出表（或收入费用表）和财政补助收入支出表。

练习题

一、单项选择题

1. 会计的本质是（　　）。
   A. 生产管理活动　　　　　　　　B. 生产经营的附属活动
   C. 价值管理活动　　　　　　　　D. 经济统计活动
2. 在会计核算的基本前提中，界定从事会计工作和确定会计核算空间范围的是（　　）。
   A. 会计主体　　　B. 持续经营　　　C. 会计分期　　　D. 货币计量
3. 会计的基本职能是（　　）。
   A. 记账和算账　　B. 核算和监督　　C. 分析和检查　　D. 考核和评价
4. 明确会计工作时间范围的会计基本前提是（　　）。
   A. 会计主体　　　B. 持续经营　　　C. 会计分期　　　D. 货币计量
5. 要求前后期间会计核算方法应当保持一致的会计信息质量要求是（　　）。
   A. 可比性原则　　B. 相关性原则　　C. 可靠性原则　　D. 重要性原则
6. 下列各项中体现谨慎原则的是（　　）。

A. 无形资产摊销 B. 应收账款计提坏账准备
C. 存货采用成本计价 D. 当期销售收入和费用配比

7. 相关性原则是指会计核算所提供的信息资料应与（ ）。
   A. 会计信息使用者的决策相关 B. 运用会计核算方法的选择相关
   C. 企业内部设置管理机构的需要相关 D. 企业会计人员的水平相关

8. 企业本月收到上月销货款 2 000 元；本月实现销售 3 000 元，款项尚未收到；预收下月销货款 4 000 元。采用权责发生制本月应确认的收入是（ ）元。
   A. 9 000 B. 7 000 C. 6 000 D. 3 000

9. 根据上题资料，若企业采用收付实现制，则本月应确认的收入是（ ）元。
   A. 9 000 B. 7 000 C. 6 000 D. 3 000

10. 企业将融资租入的固定资产列报于资产负债表，是依据（ ）原则。
    A. 可靠性 B. 相关性 C. 重要性 D. 实质重于形式

二、多项选择题

1. 会计的发展大致经历了（ ）主要阶段。
   A. 古代会计 B. 近代会计 C. 现代会计 D. 网络会计

2. 会计目标是为财务会计报告使用者提供对决策有用的信息，财务会计报告使用者包括（ ）。
   A. 企业内部管理人员和职工 B. 政府及其相关部门
   C. 投资人和债权人 D. 社会公众

3. 会计核算职能是通过（ ）环节，为财务报告使用者提供信息。
   A. 确认 B. 计量 C. 记录和计算 D. 报告

4. 我国《企业会计准则——基本准则》规定，会计核算的前提包括（ ）。
   A. 会计主体 B. 持续经营 C. 会计期间 D. 货币计量

5. 下列说法正确的有（ ）。
   A. 法律主体一定是会计主体
   B. 会计主体一定是法律主体
   C. 企业内部销售部门可以是会计主体
   D. 以母子公司组成的企业集团是会计主体，也是法律主体

6. 我国《企业会计准则》规定的会计中期是指（ ）。
   A. 月份 B. 季度 C. 半年 D. 年度

7. 下列属于会计信息质量要求的有（ ）。
   A. 重要性 B. 持续经营 C. 实质重于形式 D. 货币计量

8. 可比性要求企业提供的会计信息应当具有可比性，具体要求有（ ）。
   A. 企业应当以实际发生的交易和事项为依据进行确认、计量和记录
   B. 企业提供的会计信息应当清晰明了，便于财务报告使用者理解和使用
   C. 同一企业对不同时期发生的相同或相似交易或事项应当采用一致的会计政策

D. 不同企业发生的相同或相似的交易或事项应当采用规定的会计政策，确保会计信息口径一致，相互可比

9. 下列经济业务的处理不符合权责发生制的有（　　）。

A. 本月根据销售合同发出一批商品，售价10 000元，货款未收到，因此不能将其确认为本月收入

B. 本月收到上月销售商品款50 000元，均确认为本月收入

C. 本月发生广告费用3 000元，尚未支付，本月确认销售费用3 000元

D. 本月根据销售合同预收客户定金80 000元，均确认为本月销售收入

10. 会计按其报告的对象不同可分为（　　）。

A. 财务会计　　　　B. 管理会计　　　　C. 成本会计　　　　D. 预算会计

三、判断题

（　　）1. 会计是人类社会生产经营活动发展的必然产物。

（　　）2. 剩余产品的出现，使会计的管理职能逐渐从生产职能中分离出来，会计成为一项独立的活动，标志着会计的诞生。

（　　）3. 可靠性要求企业提供的会计信息应当清晰明了，便于财务会计报告使用者了解和使用。

（　　）4. 会计核算以货币作为主要计量单位，同时辅之以实物计量、劳动计量和相关文字说明等。

（　　）5. 会计核算基本前提之所以称之为会计假设，是由于其缺乏客观性及人们无法对其进行证明。

（　　）6. 企业对其所使用的机器设备、房屋建筑物等固定资产，只有在持续经营的前提下才可以在其使用年限内，按照其价值和使用情况，确定采用某一折旧方法计提折旧。

（　　）7. 会计主体和法律主体不完全对等，法律主体可以作为会计主体，但会计主体不一定是法律主体。

（　　）8. 我国《企业会计准则》规定，会计核算以人民币作为记账本位币。业务收支以外币为主的企业，也可以选择某种外币作为记账本位币，但编制的财务会计报告应当折合为人民币。

（　　）9. 某外贸企业因业务需要可以选择美元和人民币两种货币作为记账本位币。

（　　）10. 企业对于已经发生的交易或事项，应当及时进行会计确认、计量、记录和报告，不得提前或延后。

第二章

会计核算基础

本章学习目标

1. 掌握会计要素，包括会计要素的概念及分类、会计要素的计量。
2. 掌握会计要素的计量属性，包括历史成本、重置成本、可变现净值、现值和公允价值。
3. 了解会计等式，包括反映财务状况的会计等式和反映经营成果的会计等式。

第一节 会计要素

一、会计要素的概念及分类

为了具体实施会计核算，需要对会计核算和监督的内容进行分类。会计要素是对会计对象按经济特征进行的最基本分类，也是会计核算对象的具体化。企业会计要素分为六大类，即资产、负债、所有者权益、收入、费用和利润。其中，资产、负债和所有者权益反映企业在某一时点的财务状况，是对企业资金运动的静态反映，属于静态要素，是资产负债表的构成要素；收入、费用和利润反映企业在一定时期内的经营成果，是对企业资金运动的动态反映，属于动态要素，是利润表的构成要素。

（一）反映财务状况的会计要素

财务状况是指企业某一时点的资产及权益情况，是资金运动相对静止状态时的表现。反映财务状况的会计要素包括资产、负债、所有者权益三项。

1. 资产

(1) 资产的定义及基本特征。

资产是指企业过去的交易或者事项形成的、由企业拥有或者控制的、预期会给企业带来经济利益的资源。

一般来说，企业从事生产经营活动必须具备一定的物质资源，如货币资金、厂房、机器设备、原材料等，这些都是企业从事生产经营活动的物质基础，都属于企业的资产。此外，专利权、商标权等不具有实物形态却有助于生产经营活动进行的无形资产，以及企业对其他单位的投资等，也都属于资产。

根据资产的定义，资产具有以下基本特征。

①资产是由企业过去的交易或事项形成的。资产是过去已经发生的交易或事项所产生的结果；资产必须是现实的资产，而不能是预期的资产。未来的交易或事项可能产生的结果不能作为资产确认。例如，企业计划在年底购买一批机器设备，9月与销售方签订了购买合同，但实际购买行为发生在12月，则企业不能在9月将该批设备确认为资产。

②资产是企业拥有或控制的资源。企业拥有或控制的资源是指企业享有某项资源的所有权或者企业虽然不享有某项资源的所有权，但该资源能被企业控制。例如，融资租入的固定资产，对承租方而言，尽管其并不拥有该资源的所有权，但租赁合同规定的租赁期相当长，接近于该资产的使用寿命，承租方实际上控制了该资产的使用及其所能带来的经济利益，所以承租方应将其作为资产确认。

③资产预期会给企业带来经济利益。资产会直接或者间接导致现金或现金等价物流入企业，带来的经济利益可以是直接增加未来的现金或现金等价物流入，也可以是节约未来的现金或现金等价物流出。如果某一项目预期不能给企业带来经济利益，那么就不能将其确认为企业的资产。

(2) 资产的分类。

资产按流动性进行分类，可以分为流动资产和非流动资产。

流动资产是指预计在一个正常营业周期中变现、出售或耗用，或者主要为交易目的而持有，或者预计自资产负债表日起一年内（含一年）变现的资产，以及自资产负债表日起一年内交换其他资产或清偿负债的能力不受限制的现金或现金等价物。流动资产主要包括货币资金、交易性金融资产、应收票据、应收账款、预付账款、应收利息、应收股利、其他应收款、存货等。

非流动资产是指流动资产以外的资产，主要包括长期股权投资、固定资产、在建工程、工程物资、无形资产等。其中，固定资产是指同时具有以下特征的有形资产：①为生产商品、提供劳务、出租或经营管理而持有的；②使用寿命超过一个会计年度。无形资产是指企业拥有或者控制的没有实物形态的可辨认的非货币性资产，如专利权、非专利技术、商标权、著作权、土地使用权、特许权等。

资产的分类如图2-1所示。

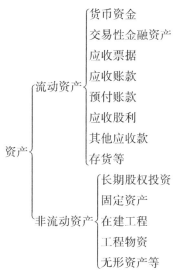

图 2-1 资产的分类

2. 负债

负债是指企业过去的交易或者事项形成的，预期会导致经济利益流出企业的现时义务。负债是债权人对企业资产的要求权，是企业对债权人承担的一种经济责任。

（1）负债的基本特征。

根据负债的定义，负债具有以下基本特征。

①负债是企业承担的现时义务。现时义务是指企业在现行条件下已承担的义务。负债是企业过去的交易或事项形成的后果，企业预期在将来要发生的经济业务可能产生的债务不能作为负债。

②负债是由企业过去的交易或事项形成的。过去的交易或事项包括购买货物、使用劳务、接受银行贷款等，即只有过去发生的交易或事项才形成负债；企业将发生的承诺、签订的合同等交易或事项，不形成负债。

③清偿负债须在未来通过转让资产或提供劳务来履行债务责任，会导致企业未来经济利益的流出。例如，用现金或实物资产清偿债务、提供劳务清偿债务，或同时转让资产和提供劳务清偿债务等。

（2）负债的分类。

负债按其流动性，即按其偿还期限的长短，可分为流动负债和长期负债。

流动负债是指预计在一个正常营业周期中清偿，或者主要为交易目的而持有，或者自资产负债表日起一年内到期应予清偿的现时义务，企业无权自主地将清偿推迟至资产负债表日后一年以上。流动负债主要包括短期借款、交易性金融负债、应付票据、应付账款、预收款项、应付职工薪酬、应交税费、应付利息、应付股利等。

非流动负债是指流动负债以外的负债，主要包括长期借款、应付债券、长期应付款等。

负债的分类如图 2-2 所示。

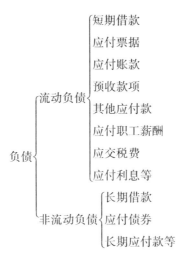

图 2-2 负债的分类

3. 所有者权益

所有者权益是指企业资产扣除负债后由所有者享有的剩余权益，即企业投资者对企业净资产的所有权。所有者权益表明企业的产权关系，即企业归谁所有。公司制企业的所有者权益又称为股东权益。所有者权益的金额为资产减去负债的差额。

（1）所有者权益的特征。

所有者权益具有以下特征。

①在经营期间一般无须偿还。除非发生减资、清算等，企业一般不需要偿还投资者（即所有者）投入企业的资本。

②在企业清算时所有者权益排在负债之后偿还。企业在清算时，只有在用企业的资产偿还所有的负债后剩余的部分，才能返还给投资者。

③所有者能够获得企业利润。所有者凭借对企业的所有权，能够参与企业的生产经营和利润分配，但只有在企业实现利润的情况下才能从企业利润分配中获取收益。

（2）所有者权益的分类。

所有者权益主要包括实收资本（或股本）、资本公积、盈余公积和未分配利润。

实收资本（或股本）是指所有者投入企业经营活动的各项财产物资。实收资本（或股本）仅指构成企业注册资本或股本部分的金额。

资本公积包括接受所有者投入资本超过注册资本或股本部分的金额，即资本溢价或股本溢价，以及其他资本公积。

盈余公积和未分配利润合称为留存收益。其中，盈余公积是指企业从历年实现的净利润中提取形成的留存于企业内部的积累；未分配利润是指企业历年实现的净利润，在提取盈余公积及向投资者分配股利或利润后的余额。

所有者权益的分类如图 2-3 所示。

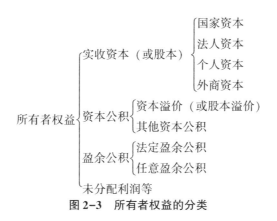

图 2-3 所有者权益的分类

(二) 反映经营成果的会计要素

经营成果是指企业在一定时期内各经营过程中获得的成果。反映经营成果的会计要素包括收入、费用和利润。

1. 收入

收入是指企业在日常活动中形成的、会导致所有者权益增加的、与所有者投入资本无关的经济利益的总流入。

(1) 收入的特征。

收入具有以下特征。

①收入是日常活动中产生的。日常活动是指企业为完成其经营目标而从事的所有活动，以及与之相关的其他活动。例如，商业企业的商品销售活动，工业企业制造和销售产品的活动。另外，有些活动是与实现经营目标相关的，不经常发生，但也属于企业的日常活动，如制造业企业销售库存的原材料。

②收入可能表现为企业资产的增加、负债的减少，或两者兼而有之。收入为企业带来经济利益的形式多种多样，伴随收入的增加会增加企业的银行存款或应收账款，从而增加企业的资产；或者会由于减少预收账款而使得负债减少。

③收入能引起企业所有者权益的增加。不论收入是增加资产还是减少负债，根据资产扣除负债即为所有者权益，都会使所有者权益增加。

④收入会导致本企业经济利益的总流入，但不包括所有者投入的资本。收入应当会导致经济利益的流入，从而导致资产的增加。例如，企业销售商品必须收到现金或者有权利将收到现金，才表明该交易符合收入的定义。但是，企业经济利益的流入有时是由所有者投入资本的增加导致的，所有者投入资本的增加不应当确认为收入，应当将其直接确认为所有者权益。因此，与收入相关的经济利益的流入应当将所有者投入的资本排除在外。

(2) 收入的分类。

狭义的收入包括主营业务收入和其他业务收入；广义的收入包括营业收入、投资收益、营业外收入等。

主营业务是企业为完成其经营目标而从事的日常经营活动中的主要项目，如销售产品、提供工业性劳务等，从中获取的收入即为企业的主营业务收入。

其他业务是指企业从事的主营业务以外的其他日常活动,如工业企业销售材料,出租固定资产、包装物,转让技术等,从事以上活动获取的收入即为企业其他业务收入。

投资收益是指企业对外投资所取得的收益减去发生的投资损失和计提的投资减值准备后的净额。

营业外收入是指企业发生的与其生产经营活动无直接关系的各项收入,包括固定资产盘盈收益、处置固定资产净收益、处置无形资产净收益、罚款收入和接受捐赠收入等。收入的分类如图2-4所示。

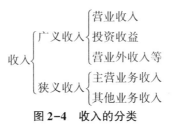

图2-4 收入的分类

2. 费用

费用是指企业在日常活动中发生的,会导致所有者权益减少的,与向所有者分配利润无关的经济利益的总流出。费用有多种表现形式,但其本质是资产的转化形式,是企业资产的耗费。

(1) 费用的特征。

费用具有以下特征。

①费用是企业在日常活动中发生的经济利益的流出。例如,商业企业从事商品采购活动、工业企业采购原材料等所发生经济利益的流出,都属于费用。

②费用可能表现为资产的减少、负债的增加,或者两者兼而有之。

③费用将引起所有者权益的减少。

(2) 费用的分类。

费用按其是否计入产品成本,可分为生产费用和期间费用。

生产费用又称生产成本,是指在生产产品时发生,并构成一定种类和一定数量产品的费用。生产费用并不一定在发生的期间转为营业成本,只有在所生产的产品售出时才转为营业成本,与销售期的收入相配比。结合具体情况,生产费用又可分为直接费用和间接费用。

期间费用是指不能直接归属于某个特定产品成本的费用。期间费用主要包括企业行政管理部门为组织和管理生产经营活动而发生的管理费用和财务费用,以及为销售产品和提供劳务而发生的销售费用等。这些费用容易确定其发生的期间,却难以判别其所应归属的产品,因而在发生的当期便直接计入当期损益。

费用的分类如图2-5所示。

图2-5 费用的分类

3. 利润

利润是指企业在一定会计期间的经营成果。利润包括收入减去费用后的净额，直接计入当期利润的利得和损失等。其中，收入减去费用后的净额反映企业日常活动的业绩，直接计入当期利润的利得和损失反映企业非日常活动的业绩。

（1）利润的特征。

利润具有以下特征。

①收入的实现是利润形成的重要前提；

②利润是收入抵减费用后的差额形成的；

③利润代表企业一个会计期间内最终经营的成果。

（2）利润的组成。

利润按其形成情况，可分为营业利润、利润总额和净利润。

营业利润是企业在销售商品、提供劳务等日常活动中产生的利润，即营业收入减去营业成本、税金及附加、销售费用、管理费用、财务费用、资产减值损失，加上公允价值变动收益（或减去损失）、投资收益（或减去损失）后的金额。其中，营业收入为主营业务收入与其他业务收入之和，营业成本为主营业务成本和其他业务成本之和。

利润总额是营业利润加上营业外收入减去营业外支出后的金额。

净利润是利润总额减去所得税费用后的余额。

二、会计要素的计量

会计要素的计量是为了将符合确认条件的会计要素登记入账并列报于财务报表而确定其金额的过程。企业应当按照规定的会计要素计量属性进行计量，确认相关金额。会计要素计量属性反映的是会计要素金额的确认基础，主要包括历史成本、重置成本、可变现净值、现值和公允价值。

（一）历史成本

历史成本又称实际成本，是指取得或制造某项财产物资时所实际支付的现金或其他等价物。在历史成本计量下，资产按照其购置时支付的现金或现金等价物的金额，或按照购置资产时所付出对价的公允价值计量；负债按照其因承担现时义务的合同金额，或按照日常活动中为偿还负债预期需要支付的现金或现金等价物的金额计量。

（二）重置成本

重置成本又称现行成本，是指按照当前市场条件，重新取得同样一项资产所需要支付的现金或现金等价物的金额。在重置成本计量下，资产按照现在购买相同或相似资产所需支付的现金或现金等价物的金额计量；负债按照现在偿付该项债务所需支付的现金或现金等价物的金额计量。

（三）可变现净值

可变现净值是指在生产经营的过程中，以预计售价减去进一步加工成本和销售所必需的预计税金、费用后的净值。在可变现净值计量下，资产按照其正常对外销售所能收到现金或现金等价物的金额扣除该资产至完工时估计将要发生的成本、估计的销售费用以及相关的税金后的金额计量。

（四）现值

现值是指对未来现金流量以恰当的折现率进行折现后的价值，是考虑货币时间价值因素后的一种计量属性。在现值计量下，资产按照预计从其持续使用和最终处置中所产生的未来净现金流入量的折现金额计量；负债按照预计期限内需要偿还的未来净现金流出量的折现金额计量。

（五）公允价值

公允价值是指市场参与者在计量日发生的有序交易中，出售一项资产所能收到或者转移一项负债所需支付的价格。在公允价值计量下，资产和负债按照出售一项资产所能收到或者转移一项负债所需支付的金额计量。

第二节　会计等式

会计等式，又称会计恒等式、会计方程式或会计平衡公式。会计等式是表明各会计要素之间基本关系的等式，是各种会计核算方法的理论基础。会计等式揭示了会计要素之间的内在联系。从形式上看，会计等式反映了会计对象的具体内容，即各项会计要素之间的内在联系；从实质上看，会计等式揭示了会计主体的产权关系、基本财务状况和经营成果。由于会计要素分为资产负债表要素和利润表要素，相应地也有不同形式的会计等式。

一、会计等式的表现形式

（一）财务状况等式

任何形式的企业，无论其规模大小，要进行正常的生产经营活动，都必须拥有一定数量和结构的资产，这是企业从事生产经营活动的物质基础和基本前提。这些资产分布在企业生产经营活动的各个方面，表现为不同的存在形态，如货币资金、原材料、机器设备、房屋及建筑物等。企业用于生产经营活动的资产，是从一定的来源渠道取得的。资产来源于所有者的投入资本和从债权人处借入资金及其在生产经营中所产生的效益，分别归属于所有者和债权人；归属于所有者的部分形成所有者权益，归属于债权人的部分形成债权人权益（即企业的负债），两者统称为权益。如此，资产和权益之间就存在着相互依存的关系，即资产不能离开权益而存在，权益也不能离开资产而存在，没有无权益的资产，也没有无资产的权益。权益代表资产的来源，而资产则是权益的存在形态，二者实际上是企业资本的两个不同方面或两种不同的表现形式。因此二者之间客观上存在着必然相等的关系，即从数量上看，有一定数额的资产，必然有同等数额的权益；反之，亦然。在企业的生产经营过程中，从任何一个时点来看，资产与权益之间永远保持着数量上的平衡关系，这种关系可用数学公式表示。

$$资产=权益=债权人权益+所有者权益$$
$$资产=负债+所有者权益$$

这是最基本的会计等式,通常称为财务状况等式、基本会计等式和静态会计等式。"资产=负债+所有者权益"这一等式反映了企业在任一时点所拥有的资产以及债权人和所有者对企业资产要求权的基本状况,表明了资产与负债、所有者权益之间的基本关系;实际上反映了企业资金的相对静止状态。"资产=负债+所有者权益"这一等式是复式记账法的理论基础,也是编制资产负债表的依据,在会计核算中占有极为重要的地位。

（二）经营成果等式

企业经营的目的是获取收入,实现盈利。企业在取得收入的同时,必然要发生相应的费用。通过收入与费用的比较,才能确定企业一定时期的盈利水平。企业一定时期所获得的收入扣除所发生的各项费用后的余额,即表现为利润,用公式表示如下。

$$收入-费用=利润$$

这个会计等式是对会计基本等式的补充和发展,称为经营成果等式或动态会计等式。"收入-费用=利润"这一等式表明了企业在一定会计期间经营成果与相应的收入和费用之间的关系,说明了企业利润的实现过程;实际上反映了企业资金运动的绝对运动形式和利润的实现过程,是编制利润表的依据。

在实际工作中,由于收入不包括处置固定资产净收益、固定资产盘盈收益、出售无形资产净收益等,费用不包括处置固定资产净损失、自然灾害损失等,收入减去费用后,还需经过相关利得和损失调整,才等于利润。

二、经济业务对会计等式的影响

经济业务又称会计事项,是指在经济活动中使会计要素发生增减变动的交易或事项。企业在生产经营过程中,每天都会发生多种多样、错综复杂的经济业务,从而引起各会计要素的增减变动,但这并不影响会计等式的平衡关系。经济业务对会计等式的影响可概括为以下九种情况。

(1) 一项资产增加、另一项资产等额减少的经济业务。

【例2-1】1月15日,甲公司用银行存款8 000元购买一台设备,设备已交付使用。

这项经济业务使企业的固定资产增加8 000元,同时银行存款减少8 000元,企业的资产内部发生增减变动,但资产总额不变,并没有改变等式的平衡关系。

(2) 一项资产增加、一项负债等额增加的经济业务。

【例2-2】甲公司从银行取得借款100 000元。

这项经济业务使企业的银行存款即资产增加100 000元,同时因为借入款项,所以负债增加100 000元,等式两边同时增加100 000元,并没有改变等式的平衡关系。

(3) 一项资产增加、一项所有者权益等额增加的经济业务。

【例2-3】甲公司收到所有者追加的投资400 000元,款项存入银行。

这项经济业务使企业的银行存款即资产增加 400 000 元，同时因为收到投资，所以所有者权益增加 400 000 元，等式两边同时增加 400 000 元，并没有改变等式的平衡关系。

（4）一项资产减少、一项负债等额减少的经济业务。

【例 2-4】甲公司用银行存款归还所欠 B 公司的货款 30 000 元。

这项经济业务使企业的银行存款即资产减少 30 000 元，同时应付账款即负债也减少 30 000 元，等式两边同时减少 30 000 元，并没有改变等式的平衡关系。

（5）一项资产减少、一项所有者权益等额减少的经济业务。

【例 2-5】某投资者收回投资 400 000 元，甲企业以银行存款支付。

这项经济业务使企业的银行存款即资产减少 400 000 元，同时因为收回投资使所有者权益减少 400 000 元，等式两边同时减少 400 000 元，并没有改变等式的平衡关系。

（6）一项负债增加、另一项负债等额减少的经济业务。

【例 2-6】甲公司向银行借入 200 000 元直接用于归还拖欠的货款。

这项经济业务使企业的应付账款减少 200 000 元，同时短期借款增加 200 000 元，即企业的负债内部发生增减变动，但负债总额不变，并没有改变等式的平衡关系。

（7）一项负债增加、一项所有者权益等额减少的经济业务。

【例 2-7】甲公司宣告向投资者分配现金股利 500 000 元。

这项经济业务使企业的利润分配即所有者权益减少 500 000 元，同时应付股利即负债增加 500 000 元，即企业的所有者权益减少，负债增加，权益总额不变，并没有改变等式的平衡关系。

（8）一项所有者权益增加、一项负债等额减少的经济业务。

【例 2-8】甲公司将应偿还给乙企业的账款 300 000 元转作乙企业对本企业的投资。

这项经济业务使企业的应付账款即负债减少 300 000 元，同时实收资本即所有者权益增加 300 000 元，即企业的所有者权益增加，负债减少，权益总额不变，并没有改变等式的平衡关系。

（9）一项所有者权益增加、另一项所有者权益等额减少的经济业务。

【例 2-9】甲公司经批准同意以资本公积 600 000 元转增实收资本。

这项经济业务使企业的资本公积减少 600 000 元，同时实收资本增加 600 000 元，即企业的所有者权益内部发生增减变动，但所有者权益总额不变，并没有改变等式的平衡关系。

上述九类基本经济业务的发生均不影响财务状况等式的平衡关系，概括而言，又可将上述几种情况归纳为以下三种。

（1）经济业务的发生引起等式左边或者右边内部项目此增彼减，增减的金额相同，变动后资产和权益总额不变，等式仍保持平衡。

（2）经济业务发生引起等式左右两边同时增加，增加金额相等，变动后等式仍保持平衡。

（3）经济业务发生引起等式左右两边同时减少，减少金额相等，变动后等式仍保持平衡。

三、会计等式之间的钩稽关系

"资产=负债+所有者权益"反映的是资金运动的静态状况,"收入-费用=利润"反映的是资金运动的动态状况。运动是绝对的,静止是相对的,但运动的结果最终要以相对静止的形式表现出来。因此,资金运动的动态状况最后必然反映到各项静态会计要素的变化上,从而使两个会计等式之间建立起钩稽关系。也就是说,企业在一定时期内取得的经营成果能够对资产和所有者权益产生影响:收入可导致企业资产增加或负债减少,最终会导致所有者权益增加;费用可导致企业资产减少或负债增加,最终会导致所有者权益减少,所以一定时期的经营成果必然影响一定时点的财务状况。把一定会计期间的六个要素联系起来,就可得到以下公式。

$$资产=负债+所有者权益+(收入-费用)$$

即: $$资产=负债+所有者权益+利润$$

练习题

一、单项选择题

1. 下列各项中,属于流动资产的是(   )。
   A. 预付账款   B. 预收账款   C. 短期借款   D. 固定资产

2. 下列引起资产和负债同时减少的业务是(   )。
   A. 购入原材料,款项未付   B. 用银行借款归还应付账款
   C. 以银行存款偿还短期借款   D. 收到投资人投入的设备

3. 下列经济业务中不影响企业资产总额变化的是(   )。
   A. 收到客户所欠的货款   B. 赊购商品
   C. 向银行借入长期借款   D. 收到投资人投资

4. 企业月初资产总额为300万元,本月发生下列经济业务:①购买原材料20万元,货款尚未支付;②收到应收账款20万元,存入银行;③用银行存款归还银行借款15万元。月末负债及所有者权益总额是(   )万元。
   A. 305   B. 365   C. 325   D. 350

5. 企业月初负债总额为150万元,本月收回应收账款15万元存入银行,用银行借款直接偿还所欠购料款20万元,用银行存款支付所欠职工薪酬10万元,则月末负债总额是(   )万元。
   A. 175   B. 130   C. 185   D. 140

6. 下列各项中,不符合资产定义及确认条件的是(   )。
   A. 库存的原材料   B. 销售商品,尚未收回的货款
   C. 库存的霉烂变质的产品   D. 融资租入的机器设备

7. 下列等量关系不正确的是(   )。
   A. 资产=负债+所有者权益   B. 资产=权益

C. 资产+费用=负债+所有者权益+收入　　D. 资产=权益+收入

8. 下列经济事项不会增加企业收入总额的是（　　）。
   A. 销售产品　　　　　　　　　　　B. 提供劳务
   C. 出租固定资产　　　　　　　　　D. 出售无形资产

9. 下列各项经济业务中，引起企业资产内部一增一减的是（　　）。
   A. 从银行提取现金　　　　　　　　B. 赊购材料
   C. 用银行存款偿还银行借款　　　　D. 将盈余公积转增资本

10. 下列不属于企业资产的是（　　）。
    A. 从外单位融资租入的设备　　　　B. 以融资租赁方式出租的设备
    C. 以出包方式建造的厂房　　　　　D. 以经营租赁方式出租的设备

二、多项选择题

1. 下列属于反映企业财务状况的会计要素有（　　）。
   A. 资产　　　　B. 负债　　　　C. 所有者权益　　　　D. 利润

2. 下列项目属于流动资产的有（　　）。
   A. 原材料　　　B. 应收账款　　C. 无形资产　　　　　D. 其他应收款

3. 下列关于会计要素的表述正确的有（　　）。
   A. 是对会计对象的分类
   B. 是对会计核算内容的分类
   C. 反映企业的财务状况和经营成果
   D. 有利于对不同经济业务事项进行确认、计量和报告

4. 关于"资产=负债+所有者权益"这一会计等式的表述正确的有（　　）。
   A. 是会计恒等式，等量关系不受经济业务的影响
   B. 是设置账户的理论依据
   C. 是会计恒等式，金额不受经济业务的影响
   D. 是编制资产负债表的理论依据

5. 企业取得收入的同时可能引起的变化有（　　）。
   A. 资产增加　　B. 费用减少　　C. 负债减少　　　　　D. 所有者权益减少

6. 企业发生费用可能会引起的变化有（　　）。
   A. 资产减少　　B. 费用增加　　C. 负债增加　　　　　D. 所有者权益减少

7. 下列经济业务不会引起权益总额发生增减变动的有（　　）。
   A. 向投资者分配现金股利　　　　　B. 将资本公积转增为资本
   C. 将长期借款转为对企业的投资　　D. 以银行存款退还投资者的投资

8. 下列属于流动负债的有（　　）。
   A. 短期借款　　B. 应付债券　　C. 应付股利　　　　　D. 应付账款

9. 下列属于反映经营成果的要素有（　　）。
   A. 所有者权益　B. 利润　　　　C. 收入　　　　　　　D. 费用

10. 下列属于企业资产的有（　　）。

A. 已签订购买合同，尚未采购的材料

B. 已购买尚未验收入库的材料

C. 已由生产车间领用，准备加工产品的材料

D. 已出售但购买方尚未提取的材料

三、判断题

（　）1. 资产是由过去的交易或事项形成的、由企业拥有的经济资源，该资源预期给企业带来经济利益。

（　）2. 企业取得收入会导致所有者权益的增加，企业所有者权益的增加一定是由收入带来的。

（　）3. 费用和损失都会导致企业的所有者权益减少。

（　）4. 利润是指企业在某一特定日期的经营成果。

（　）5. 债权人和投资者对企业资产均有要求权，债券人的要求权称为"负债"，投资者的要求权称为"权益"。

（　）6. 企业发生的引起权益内部一增一减的经济业务，不会导致企业资产总额发生变化。

（　）7. 工业企业出售厂房取得的流入属于利得，房地产开发企业出售其建筑物取得的流入属于收入。

（　）8. 工业企业出售材料取得的收入属于其他业务收入。

（　）9. 资产、负债和所有者权益是反映企业财务状况的要素。

（　）10. 收入、利得、费用、损失是反映企业经营成果的要素。

四、实务题

1. 甲公司 2016 年 8 月 1 日负债总额为 40 000 元，所有者权益总额为 80 000 元。8 月份发生如下经济业务。

（1）将现金 20 000 元存入银行。

（2）购入材料一批，价款 35 000 元，货款尚未支付。

（3）接受乙公司投入的一台价值为 48 000 元的机器设备。

（4）以银行存款 30 000 元偿还短期借款。

（5）购入固定资产，价款 5 000 元通过银行支付。

要求：（1）说明上述各项经济业务涉及的会计要素及其增减变动。

（2）说明上述各项经济业务引起的资产与权益总额的变动。

（3）计算甲公司 2016 年 8 月 31 日的资产总额。

2. 2016 年 5 月 1 日，甲公司资产、负债和所有者权益情况如表 2-1 所示。

表 2-1　甲公司资产、负债和所有者权益情况

资产	金额/元	负债及所有者权益	金额/元
库存现金	1 000	短期借款	200 000

续表

资产	金额/元	负债及所有者权益	金额/元
银行存款	135 000	应付账款	25 000
应收账款	14 000	应付职工薪酬	15 000
生产成本	140 000	实收资本	500 000
原材料	50 000	盈余公积	50 000
库存商品	70 000	利润分配	20 000
固定资产	400 000		
总计	810 000	总计	810 000

2016 年 5 月份发生如下经济业务。

（1）购入原材料 20 000 元，材料已验收入库，货款未付。

（2）生产车间领用材料 20 000 元用于产品生产。

（3）向银行借入短期借款 50 000 元，存入企业存款户。

（4）以银行存款 20 000 元偿还所欠货款。

（5）收到乙公司投入货币资金 30 000 元存入银行。

（6）收回丙公司前欠货款 12 000 元存入银行。

（7）从银行提取现金 15 000 元备发工资。

（8）用现金发放工资 15 000 元。

要求：（1）分析上述各项经济业务涉及的会计要素及其增减变动。

（2）分析上述各项经济业务涉及会计要素的具体项目及增减变动。

（3）列表计算 2016 年 5 月 31 日各项资产、负债和所有者权益的金额。

第三章

会计科目与账户

本章学习目标

1. 了解会计核算的基本方法——设置会计科目和账户。
2. 掌握会计科目的内容、会计科目与账户的关系、设置账户的必要性、账户的结构、账户中各项金额及其关系、账户的特点。
3. 理解会计科目设置的原则、账户的分类。
4. 了解设置会计科目的必要性及会计科目的级次及编号。

第一节 会计科目

一、设置会计科目的意义

要系统反映纷繁复杂的会计对象,就必须采用一定的形式对会计对象进行分类。企业的资金有各种来源,又需要运用到各个方面,资金运动十分复杂。例如,工业企业的资金在生产经营的采购、生产和销售过程中,从货币资金形态经过储备资金形态、生产资金形态、成品资金形态,又回到货币资金形态,如此不断地循环往复;在资金运动中还涉及企业内部和外部各方面的关系。

在会计核算系统不断地收集、输入、加工、转换、输出会计信息的过程中,一个非常重要的问题就是信息分类。从管理学角度来看,分类是管理的基础,或者说分类是管理的一种手段。现在是信息化社会,涌现出各式各样的经济活动信息,这使得企业必须通过分类才能够进行管理,才能够抓住信息特征,将其转换为会计信息。

例如,某工业企业发生的各项费用如表 3-1 所示。

表 3-1 工业企业发生的费用

费用发生环节	费用内容	分类项目
生产产品	车间管理人员工资、车间办公费、水电费、车间设备折旧费	制造费用
组织、经营管理	行政管理人员工资、行政部门办公费、水电费、行政部门管理设备折旧费	管理费用
销售产品	销售人员工资、销售部门办公费、水电费、销售部门设备折旧费、包装费、广告费、运输费	销售费用

表3-1中，"分类项目"是根据每类费用的特点和管理的要求确定的名称，该名称就是会计科目。

资金运动的复杂性，决定了会计对象的具体内容是十分复杂的；资金运动的规律性，决定了会计对象和具体内容之间的相互关系。就企业会计而言，既有资金运动静态表现的内容，又有资金运动动态表现的内容。资金运动动态表现的资产状况，既有生产领域的资产，又有流通领域的资产；既有劳动资料、劳动对象方面的资产，又有劳动产品、货币资金等方面的资产。资金运动静态表现的资金来源，既有所有者投资形成的资金来源，又有负债形成的资金来源。

会计科目是对会计要素的具体内容进行分类核算的标志或项目。为了系统、分类地反映和监督各项经济业务的发生情况，以及由此引起的各类会计要素增减变动的过程和结果，就必须按照会计要素的特点科学地进行分类，这种分类就是通过设置会计科目进行的。

企业设置会计科目，是设置账户、进行账务处理的依据，也是正确组织会计核算的重要依据。从某种意义上说，会计是一种分类的技术。设置会计科目，就是根据会计对象的具体内容和经济管理的要求，事先规定分类核算的项目或标志的一种专门的方法。通过设置会计科目，可以对纷繁复杂、性质不同的经济业务进行科学的分类，可以将复杂的经济信息变成有规律的、易识别的经济信息，并为将其转换为会计信息准备条件。企业为了全面、系统、具体地反映和监督各项经济业务的发生情况，以及由此引起的各类会计要素增减变动的过程和结果，就必须按照会计要素的不同特点，根据经济管理的要求，通过设置会计科目来进行分类别、分项目的核算，这样才能为企业内部经营管理和外部有关方面提供所需要的会计信息。

在设置会计科目时，需要将会计对象中具体内容相同的归为一类，设立一个会计科目，凡是具备这类信息特征的经济业务，都应该在这个科目下进行核算。设置会计科目从信息分类的角度来看，是对性质相同的信息给予约定的代码。例如，根据资产会计要素的特征以及经济管理的要求，可以设置"固定资产""无形资产""库存现金""银行存款""原材料"等会计科目，这样才能够对资产会计要素的具体内容进行核算。设置会计科目时，要为每一具体的类别规定一个科目名称，并且限定在该科目名称下所包括的内容，确定这个会计科目的内涵与外延。例如，企业的货币资金是一种资产，但是它的保管及收付方式不一样，因此可以将其划分成两个类别：银行存款和库存现金。相应地设置两个会计科目，其中"银行存款"科目核算企业存放在银行款项的存入、支取及结存情况，"库存现金"科目则核算企业库存现金的收付与结存情况。

可见，会计科目是对会计要素具体内容分类的标志，对每一个会计科目都要有明确的含义和核算范围。通过设置会计科目，对会计要素的具体内容进行科学的分类，可以为会计信息使用者提供科学、详细的分类指标。

在会计核算的各种方法中，设置会计科目占有重要地位，决定着账户开设和报表结构设计，是一种基本的会计核算方法。

二、设置会计科目的原则

设置会计科目是进行会计核算的起点。会计科目的设置是否合理，对于系统地提供会计信息、提高会计工作效率，以及有条不紊地组织会计工作等都有很大的影响。分类是管理的一种形式，分类的正确与否决定着会计信息的科学性、系统性，从而决定管理的科学性。因此，在设置会计科目时必须充分考虑各方面会计信息使用者对会计信息的需求和会计核算工作的客观规律。会计科目作为分类信息的项目或标志，必须根据一定的原则来设置。一般认为，设置会计科目应遵循以下原则。

（一）设置会计科目必须结合会计对象的特点，全面反映会计对象的内容

会计科目作为对会计对象具体内容进行分类核算的项目，其设置应能保证全面、系统地反映会计对象的全部内容，不能有任何遗漏；同时，会计科目的设置必须反映会计对象的特点。因此，不同行业应根据会计对象的特点设置相应的会计科目。结合会计对象的特点，就是根据不同单位经济业务的特点，本着全面核算其经济业务的全过程及结果的目的来确定应该设置哪些会计科目。这里所说的要结合会计对象的特点，首先是根据不同的行业特点，并在此基础上考虑各自企业的特点。例如，工业企业是制造产品的行业，根据其业务特点，工业企业的会计科目应该反映产品的生产过程，在此前提下再根据企业生产产品的特点及规模决定各个会计科目的具体设置。所以，在成本费用核算方面，工业企业需要设置"生产成本""制造费用"等会计科目。即使是同行业的不同企业，也可根据本企业经济活动的特点和经济管理要求，对统一规定的会计科目进行必要的增补或简并，做到统一性与灵活性相结合。

（二）设置会计科目必须符合经济管理的要求及信息使用者的需要

设置会计科目要符合经济管理的要求，一是要符合国家宏观经济管理的要求，据此划分经济业务的类别，设定分类的标志；二是要符合企业自身经济管理的要求，为企业的经营预测、决策及管理提供会计信息，设置分类的项目；三是要符合包括投资者在内的各有关方面对企业生产经营情况的要求。

例如，为了反映企业实收资本的情况，可以设置"实收资本"科目来反映企业实收资本金额；为了反映企业的债务情况，可以设置"短期借款"和"长期借款"科目来反映企业的债务结构及债务款项。

会计科目的设置，除了要考虑本企业经济管理的需要外，还应考虑外部信息使用者的各种需求。例如，投资者、债权人对企业经营成果和财务状况作出正确判断的需要，政府有关部门税收征管、工商监督、加强宏观调控、制定方针政策的需要等。

（三）设置会计科目要将统一性与灵活性结合起来

由于企业的经济业务纷繁复杂，在分类核算会计要素的增减变动时，需要将统一性与灵活性相结合。统一性，就是在设置会计科目时，要根据《企业会计准则——应用指南》的要求对一些主要会计科目进行统一设置，对于核算指标的计算标准、口径都要统一。灵活性，就是在能够提供统一核算指标的前提下，各个单位根据自己的具体情况及投资者的要求，设置或者增补会计科目。贯彻统一性与灵活性相结合的原则设置会计科目，实际上就是保证会计信息的有用性，即决策相关性，在具体工作时要防止两种情况：一是要防止会计科目过于简单，导致不能满足经济管理的要求；二是要防止会计科目过于烦琐，如果核算资料超过要求，就会不合理地加大会计核算的工作量。

（四）设置会计科目的名称要简明扼要、通俗易懂

简单扼要是指根据经济业务的特点尽可能简洁明确地规定会计科目名称。通俗易懂是指设置会计科目要尽量避免使用晦涩难懂的文字，便于大多数人正确理解；同时按照中文习惯，不至于产生误解。会计科目的名称除了要求简明扼要、通俗易懂之外，还要尽量采用在经济生活中习惯使用的名称，以避免不必要的误解。

（五）设置会计科目应保证完整性和相互之间的排他性

在设置会计科目时，要保证其完整性，就是指设置的一套会计科目应能反映所有的经济业务，每个具体的经济业务都有特定的会计科目来反映。科目之间的排他性，是指各个会计科目的核算内容应互相排斥，不同的会计科目不能有相同的核算内容，否则，相同的经济业务就会出现几种不同的会计科目运用，这样就会造成会计核算上的不统一。因此，设置会计科目时，不同的会计科目之间应强调排他性，从而进一步保证会计核算的统一性和准确性。

（六）设置会计科目要保持相对稳定性

每一个会计科目都应当明确地反映特定的经济内容，对其特定的核算内容必须严格、明确地界定，各科目之间不能互相混淆。为了便于会计工作的进行，尤其是为了方便会计电算化，对会计科目可进行分类排列，为每一个会计科目编一个固定的号码，这些号码被称为"会计科目编号"或"账户编号"。为了对不同时期会计核算资料进行对比分析，不能经常变动会计科目，以便保证不同时期会计资料的可比性。为了便于在不同时期分析比较会计核算指标，并在一定范围内汇总核算指标，应保持会计科目的相对稳定，不能经常变动会计科目的名称、内容、数量，使核算指标保持可比性。

三、会计科目的内容和级次

（一）会计科目的内容

在实际工作中，我国会计科目及核算内容一般由财政部统一制定。我国《企业会计准则——应用指南》提供了会计科目设置的指引，从满足本课程教学需要出发，本书只提供部分与工业企业有关的会计科目名称。工业企业常用的会计科目如表3-2所示。

表3-2 工业企业常用的会计科目

编号	名称	编号	名称
一、资产类		1603	固定资产减值准备
1001	库存现金	1604	在建工程
1002	银行存款	1605	工程物资
1012	其他货币资金	1606	固定资产清理
1101	交易性金融资产	1701	无形资产
1121	应收票据	1702	累计摊销
1122	应收账款	1703	无形资产减值准备
1123	预付账款	1801	长期待摊费用
1131	应收股利	1811	递延所得税资产
1132	应收利息	1901	待处理财产损溢
1221	其他应收款	二、负债类	
1231	坏账准备	2001	短期借款
1401	材料采购	2201	应付票据
1402	在途物资	2202	应付账款
1403	原材料	2203	预收账款
1404	材料成本差异	2211	应付职工薪酬
1405	库存商品	2221	应交税费
1406	发出商品	2231	应付利息
1407	商品进销差价	2232	应付股利
1408	委托加工物资	2241	其他应付款
1471	存货跌价准备	2501	长期借款
1501	持有至到期投资	2502	应付债券
1502	持有至到期投资减值准备	2701	长期应付款
1503	可供出售金融资产	2711	专项应付款
1511	长期股权投资	2801	预计负债
1512	长期股权投资减值准备	2901	递延所得税负债
1521	投资性房地产	三、共同类	
1531	长期应收款	（略）	
1601	固定资产	四、所有者权益类	
1602	累计折旧	4001	实收资本

续表

编号	名称	编号	名称
4002	资本公积	6101	公允价值变动损益
4101	盈余公积	6111	投资收益
4103	本年利润	6301	营业外收入
4104	利润分配	6401	主营业务成本
五、成本类		6402	其他业务成本
5001	生产成本	6403	税金及附加
5101	制造费用	6601	销售费用
5201	劳务成本	6602	管理费用
5301	研发支出	6603	财务费用
六、损益类		6701	资产减值损失
6001	主营业务收入	6711	营业外支出
6051	其他业务收入	6801	所得税费用

从以上会计科目表中可以看出，会计科目按其所反映的经济内容，可分为资产类科目、负债类科目、共同类科目、所有者权益类科目、成本类科目和损益类科目六大类。

（二）会计科目的级次

每个会计科目不是彼此孤立的，而是相互联系、相互补充地组成了一个完整的会计科目体系。通过这些会计科目，可以全面、系统、分类地反映和监督会计要素的增减变动及其结果，为经营管理提供一系列核算指标。在生产经营过程中，由于经营管理的要求不同，所需要的核算指标的详细程度也就不同。为了更好地满足企业内部经营管理的需要，满足各方面会计信息使用者对会计核算资料详略不同的要求，会计科目还可按所提供指标的详细程度分类，按照这种分类方法，会计科目可分为总分类科目和明细分类科目。

1. 总分类科目

总分类科目又称总账科目或一级科目，是对会计要素具体内容进行总括分类的科目。它提供的是总括性指标，是进行总分类核算的依据，如"库存商品""固定资产"等就属于总分类科目。在我国会计核算中，总分类科目是由财政部统一制定并颁布实施的，企业可以根据自身业务的需要进行应用。

2. 明细分类科目

明细分类科目又称明细科目，是对总分类科目进一步分类的科目。它提供的是详细指标，是进行明细分类核算的依据，如在"库存商品"总分类科目下按具体产品品种分设"甲产品""乙产品"等明细科目。在我国会计核算中，明细分类科目一般可根据企业自身经营管理需要自行设置。

在实际会计核算工作中，若一个总账科目下设置的明细科目太多，为了适应管理工作的需要，可在总账科目与明细科目之间增设二级科目（也称子目）。二级科目所提供的指标或信息介于总账科目与明细科目之间，所提供的指标比总账科目提供的指标详细，比明细科目提供的指标概括，如在"原材料"总账科目下设置"原料及主要材料""辅助材料"等二级科目，又在"原料及主要材料"下设置"钢材""水泥"等明细科目。

为了简化说明，一般将二级科目（子目）也算作明细科目的一个组成部分，二级科目所属的明细科目称为细目、三级科目。因此，明细分类科目包括二级科目（子目）、三级科目（细目）等。

综上所述，总账科目是最高层次的会计科目，是记总账用的。二级科目是对总账科目的补充说明，是介于总账科目、三级科目之间，起沟通作用的会计科目。三级科目是对二级科目或总账科目更为详细的补充说明。在实际工作中，并不是所有的总账科目都需要开设二级科目和三级科目，根据信息使用者所需不同信息的详细程度，有些只需设一级科目，有些只需设一级科目和三级科目，不需要设置二级科目。

同一会计科目内的纵向级次关系如表3-3所示，它们之间是总括与详细、统驭与从属的关系。

表3-3 同一会计科目内的纵向级次关系

总账科目（一级科目）	明细科目	
	二级科目（子目）	三级科目（细目）
应收账款（1122）	A企业	
	B企业	
原材料（1403）	原料及主要材料	水泥
		钢材
	辅助材料	建筑胶
		木材
	燃料	汽油
		柴油
应交税费（2221）	应交增值税	进项税额
		销项税额
		已交税金
	应交消费税	
	应交教育费附加	
生产成本（5001）	一车间	甲产品
		乙产品
	二车间	丙产品
		丁产品

（三）会计科目的编号

为了便于会计账务处理，适应会计信息处理电算化的需要，加快会计核算速度，提高会计信息的质量，每个会计科目都要编制固定号码。

会计科目的编号要讲究科学性，一方面要能够起区分会计科目的作用，另一方面要便于专业人员识别和计算机输入，供企业填制会计凭证、登记会计账簿、查阅会计账目和采用会计软件系统时参考。会计科目的编号可以采用"四位数制"。千位数数码代表会计科目按会计要素区分的类别，一般为 6 个数码："1" 为资产类，"2" 为负债类，"3" 为共同类，"4" 为所有者权益类，"5" 为成本类，"6" 为损益类。百位数数码代表每大类会计科目下的较为详细的类别，可根据实际需要取数。十位和个位上的数码一般代表会计科目的顺序号。

应特别注意，在人工系统下，会计人员进行账务处理时，不得只有编号而无会计科目名称。在会计电算化系统中，应在系统初始化中设计"会计科目名称及编号表"，以便于对会计电算化的处理进行审查和监督。

第二节　会计账户

一、设置账户的意义

会计账户简称账户，是按照规定的会计科目开设的，具有一定格式和结构，用来连续、系统地反映各个会计要素增减变化情况及其结果的一种载体。会计科目是对会计要素按其经济内容进行进一步分类的名称。会计科目只有分类的名称，没有一定的格式和结构，不能把发生的经济业务连续、系统地记录下来，因此仅有会计科目还远远不够。会计实务中还必须根据规定的会计科目设置一系列反映不同经济内容的账户，运用一定的记账方法，将会计科目在某一会计期间的资金增减变动及其结果系统、连续地进行记录和反映。会计科目与账户是两个既有区别又有联系的不同概念，其共同点在于都要对经济业务进行分类，都说明一定的经济业务内容；其不同点在于，会计科目只是经济业务分类核算的项目或标志，只是说明一定经济业务的内容，账户却是具体记录经济业务内容，可以提供具体的数据资料，具有登记增减变化的不同结构的一种核算形式。

可见，在会计学中会计科目与账户是两个不同的概念，二者之间既有联系，又有区别。会计科目与账户的具体联系表现在以下两个方面。①二者都是对会计要素具体内容的分类，所体现的经济内容是相同的。会计科目是账户的名称，是设置账户的依据；账户是会计科目的具体运用。会计科目所反映的经济内容，就是账户所要登记的内容。②二者的分类结果一致。全部会计科目和全部账户的分类，其分类后的结果，都是资产类、负债类、共同类、所有者权益类、成本类和损益类。因此，会计科目和账户是相互依存、密切联系的，只有把会计科目和账户有机地结合起来，才能完成记账的任务。

会计科目与账户的具体区别表现在以下三个方面。①二者的概念不同。会计科目是对会计要素进行分类的标志，账户是记录由于发生经济业务而引起会计要素的各项目增减变化的空间场地。②二者的表现形态不同。会计科目仅仅是一个分类的标志，没有结构，不能记录和反映经济业务内容。账户有借方、贷方和余额，能记录和反映经济业务的增减变动情况及结果。③二者的作用不同。会计科目主要是为开设账户、填制凭证运用，而账户主要是系统提供某一具体会计对象的会计资料，为编制会计报表和经济管理运用，且属于会计核算方法之一。

二、账户的作用

账户是按照规定的会计科目在账簿中对各项经济业务进行分类、系统、连续记录的载体。会计科目仅仅是分类核算的项目或标志，而核算指标的具体数据资料则要通过账户记录取得。所以，设置会计科目后，还必须根据规定的会计科目开设一系列反映不同经济内容的账户，用来对各项经济业务进行分类记录。会计科目就是账户的名称。

会计科目设置的基本原则对于账户的设置是完全适用的。科学地设置账户，其主要作用表现在以下三个方面。

（一）设置账户能按照经济管理的要求分类地记载和反映经济业务

如果企业没有设置账户，会计人员不能将企业发生的经济业务按照科学的方法进行分类、记录、反映和归纳，其结果是只能提供杂乱无章的无用信息。通过设置和运用账户，对企业发生的经济业务进行分类整理、科学归纳，再分门别类地记录，可以提供各类会计要素的动态和静态指标。

（二）设置账户能为编制会计报表提供重要依据

企业会计报表是定期地对企业日常核算资料进行汇总，全面、系统地反映企业财务状况、经营成果和现金流量的重要信息文件。会计报表的信息是否准确，在很大程度上取决于账户的记录结果是否正确，因为会计报表是以账户的期末余额和发生额进行编制的，账户的记录发生了错误，将直接影响会计报表的信息正确性。因此，合理地设置账户，正确地将经济业务记入账户是会计核算工作最基本、最重要的环节。

（三）设置账户有利于会计检查和会计监督

账户不仅反映企业日常发生的经济业务，而且对其日常发生的经济业务能起到监督作用。一方面，通过账户记录，可以控制各种财产物资及货币资金的实有数；另一方面，通过账户记录，可以进一步审核各项经济业务的真实性、合法性和合理性。

三、账户的格式

（一）账户的基本结构

账户的基本结构是指账户由哪几部分组成，以及如何在账户中记录会计要素的增加、减少及余额情况。

账户是专门用来记录经济业务发生对会计要素项目的影响。从数量上看，这种影响表现为各会计要素项目在数量上的增加或减少。这样，账户的基本结构至少由两栏构成，即登记增加的数额栏和登记减少的数额栏。

账户的基本结构通常划分为左、右两方，究竟哪一方登记增加数、哪一方登记减少数，取决于所采用的记账方法和账户所记录的经济内容。

为了便于说明和理解，在一些非正式场合，尤其在教学过程中，为课堂教学方便以及汇总时简化手续、提高工作效率，通常将账户的基本结构简化为"丁"字。这种简化的账户称为丁字型账户，因其格式与英文字母"T"形状相同，也被称为"T"型账户。"T"型账户的格式如图3-1所示。

<table>
<tr><td colspan="2" align="center">会计科目名称</td></tr>
<tr><td>期初余额
增加额</td><td>减少额</td></tr>
<tr><td>本期增加发生额
期末余额</td><td>本期减少发生额</td></tr>
</table>

图 3-1 "T"型账户的格式

(二) 账户提供的基本指标

账户是用来处理会计数据的,这些数据可以从动态和静态两个方面反映出一定会计期间会计对象各要素项目的增减变动情况,以及在某一特定时点增减变动后的结果。动态数据表现为本期发生额,静态数据表现为余额。这样,账户提供的基本指标就可以分为本期发生额和余额两大类,任何一个账户都可以提供这两大类指标。

(1) 本期发生额是指记入账户左方和右方某一会计期间的增加数和减少数,即记入账户进行处理的数据。记入账户增加方的数据称为本期增加额,记入账户减少方的数据称为本期减少额。

(2) 余额是指账户在某一特定时点增减变动后的结果。账户的余额可以分为期初余额和期末余额两种。期初余额代表会计期间开始时的账户余额,期末余额代表会计期间结束时的账户余额,这里所说的会计期间是所处年度的月度、季度、年度。账户的期初、期末余额是可以转化的,本期的期初余额就是上期的期末余额,本期的期末余额就是下期的期初余额。根据会计分期假设,每个企业到会计期末,都必须计算每一账户的期末余额。

账户的金额栏中记录的主要内容有期初余额、本期增加额、本期减少额及期末余额。本期增加额和本期减少额是指在一定的会计期间(月、季或年)内,账户在增加和减少栏分别登记的增加金额合计数和减少金额合计数,又可以将其称为本期增加发生额和本期减少发生额。本期增加发生额和本期减少发生额相抵后的差额就是本期的期末余额。如果将本期的期末余额转入下一期,就是下一期的期初余额。上述四项金额的关系可以用下列公式来表示。

期末余额 = 期初余额 + 本期增加发生额 – 本期减少发生额

(三) 账户的具体格式

账户除了具有反映增加和减少的基本结构外,还需要有一些相关的内容在账户中体现。所以,实际工作中使用的账户格式除了增加和减少两个基本部分外,还应包括一些其他具体内容。账户的内容一般包括以下几个方面:①账户的名称(会计科目);②记录经济业务的日期;③所依据记账凭证的种类和编号;④经济业务内容的摘要;⑤增加和减少的金额及余额。

核算企业经济业务的会计要素会随着经济业务的发生在数量上产生增减变化并相应产生变化结果。因此,用来分类记录经济业务的账户必须确定结构,明确增加的数量记在哪里,减少的数量记在哪里,增减变动后的结果记在哪里。

账户一般可以划分为左右两方,每一方根据实际需要分成若干栏次,用来分类登记经济业务及其会计要素的增加、减少以及增减变动的结果。账户的格式设计一般应包括以下内容。

(1) 账户的名称,即会计科目。通过会计科目可以了解该账户记录的是哪一类经济业务。

(2) 日期，即登记账户的时间。将账户的日期与实际发生经济业务的日期进行核对，可以分析会计处理是否及时。

(3) 凭证编号，即账户记录的来源和依据。通过凭证编号可以查找相应的会计凭证。

(4) 摘要，即简要说明经济业务的内容。将摘要与账户中相关内容进行核对，可以分析会计处理的正确性。

(5) 金额，包括借方金额、贷方金额和余额。这是账户中的主要内容，是将实际发生的交易或事项转换为会计语言的标志。通过金额可以再现过去的交易或事项。

账户的一般格式如表3-4所示。

表3-4 账户的一般格式

年		凭证		摘要	借方金额	贷方金额	借或贷	余额
月	日	字	号					

（四）账户的特点

账户的特点可以归纳如下。

(1) 账户左右两方是按相反方向来记录增加额和减少额的。也就是说，如果规定在左方记录增加额，就应该在右方记录减少额；反之，如果规定在右方记录增加额，就应该在左方记录减少额。在具体账户中究竟规定哪一方记录增加额、哪一方记录减少额，取决于各账户所记录的经济内容和所采用的记账方法。这一特点可以推广到"资产＝负债＋所有者权益"等式：如果等号左边的会计要素中，其账户左方记录增加额右方记录减少额，则等号右边的会计要素，其账户左方记录减少额，右方记录增加额；推广到"收入－费用＝利润"等式，等号左边的会计要素中，其账户中记录增加额或减少额的方向一致，等号右边的会计要素，其账户中记录增加额或减少额的方向与等号左边会计要素的账户记录方向相反。

(2) 账户金额之间的"平衡"关系。账户金额之间的关系应满足"期末余额＝期初余额＋本期增加发生额－本期减少发生额"。同样，这一特点可以推广到"资产＝负债＋所有者权益"等式，资产类账户的余额与负债、所有者权益类账户余额的会计数应相等；推广到"收入－费用＝利润"等式，收入类账户的发生额减去费用类账户的发生额应等于利润类账户的当期发生额。

(3) 账户的余额一般与记录的增加额在同一方，本期的期末余额为下期的期初余额。

（五）账户的分类

每一个账户只能记录企业经济活动的某一个方面，不可能对企业的全部经济业务加以记录。而企业的经济活动作为一个整体，需要一个相互联系的账户体系加以反映。账户分类就是研究这个账户体系中各账户之间的共性，寻求其规律，探明每一账户在账户体系中的地位和作用，以便加深对账户的认识，更好地运用账户对企业的经济业务进行反映。科学地对账户进行分类有助于科学的管理。按不同的标准对账户分类，可以从不同的角度认识账户，并把全部账户划分为各种类别。由于账户是根据会计科目开设的，因此账户的分类标准同样适用于会计科目的分类。

（一）账户按会计要素分类

账户按其反映的经济内容，可分为六类：资产类账户、负债类账户、所有者权益类账户、收入类账户、费用类账户和利润类账户。这种分类实质上就是按照会计要素进行的分类，如图3-2所示。

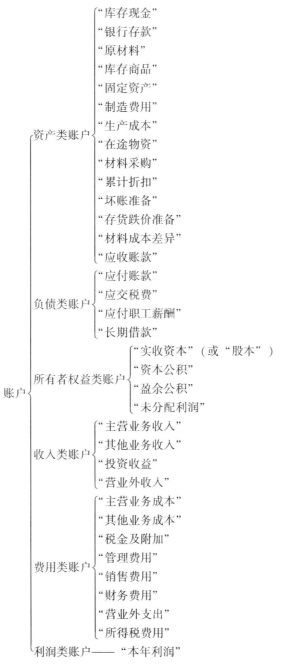

图3-2 账户按会计要素分类

（1）资产类账户，按资产的流动性分为反映流动资产的账户和反映非流动资产的账户。反映流动资产的账户有"库存现金""银行存款""原材料""应收账款""库存商品"等账户；反映非流动资产的账户有"长期股权投资""长期应收款""固定资产""无形资产""长期待摊费用"等账户。

习惯上，人们把资产类账户中的几个用于反映资产的加工、开发等形成过程的账户称作成本类账户。成本类账户按成本的内容和性质可分为反映制造成本的账户（如"生产成本""制造费用"等账户）、反映劳务成本的账户（如"劳动成本"账户）等。

（2）负债类账户，按负债的偿还期限分为反映流动负债的账户和反映非流动负债的账户。反映流动负债的账户有"短期借款""应付账款""应付职工薪酬""应交税费"等账户；反映非流动负债的账户有"长期借款""应付债券""长期应付款"等账户。

（3）所有者权益类账户，按所有者权益的形成和性质可分为反映资本的账户和反映留存收益的账户。反映资本的账户有"实收资本"（或"股本"）、"资本公积"等账户，反映留存收益的账户有"盈余公积""未分配利润"等账户。

有些资产类账户、负债类账户和所有者权益类账户存在抵减账户。抵减账户，又称备抵账户，是指用来抵减被调整账户余额，以确定被调整账户实有数额而设置的独立账户。这是一类常见的调整账户。常见的备抵账户有"坏账准备""存货跌价准备""累计折旧""固定资产减值准备""累计摊销""无形资产减值准备""库存股"等账户。调整账户是专门用于反映与被调整账户有关的追加信息的账户，包括抵减账户（即备抵账户）、附加账户和抵减附加账户。

备抵账户与被调整账户的余额方向相反，由于财务报表中的报表项目均按照账面价值即净值列报，因此，被调整账户与备抵账户的关系可表示为"被调整账户的账面余额-备抵账户的账面余额=被调整账户的净值（账面价值）"。被调整账户、备抵账户、财务报表列报项目三者之间的关系如表3-5所示。

表3-5 备抵账户与被调整账户的对应关系

被调整账户	备抵账户	财务报表列报项目
应收账款	坏账准备	应收票据及应收账款
库存商品（等各种存货）	存货跌价准备	存货
固定资产	累计折旧、固定资产减值准备	固定资产
无形资产	累计摊销、无形资产减值准备	无形资产
长期股权投资	长期股权投资减值准备	长期股权投资
持有至到期投资	持有至到期投资减值准备	持有至到期投资
长期应收款	未实现融资收益	长期应收款
长期应付款	未确认融资费用	长期应付款

（4）收入类账户包括"主营业务收入""其他业务收入""投资收益""营业外收入"等账户。

(5) 费用类账户包括"主营业务成本""其他业务成本""税金及附加""销售费用""财务费用""营业外支出"等账户。

(6) 利润类账户主要是"本年利润"等账户。

本书把账户分为资产、负债、所有者权益、收入、费用、利润六类。这种分类与会计要素的分类相同，便于读者理解、记忆，避免初学者陷入思维混乱的困境。

（二）账户按提供指标详细程度分类

企业经营管理所需要的会计核算资料是多方面的，不仅要求会计核算能够提供一些总括的指标（如通过"原材料"账户核算提供有关材料增减变动及结存情况的总括资料），通过"应收账款"账户核算提供企业全部应收款项的形成、收回及结果的总括资料，而且要求会计核算能够提供一些详细的指标（如通过对材料的核算，提供某一类材料、某一种材料的增减变动及结存情况；通过对应收账款的核算，提供具体应收款的单位或个人及应收金额）。为满足各方面的要求，上述各类账户还需要进一步细分，形成不同层次的账户，提供各类经济活动的详细资料。账户按提供指标的详细程度分类，分为总分类账户和明细分类账户。

1. 总分类账户

（1）总分类账户是对企业经济活动的具体内容进行总括核算的账户，能够提供某一具体内容的总括核算指标。依据表3-2开设的账户均为总分类账户，亦称总账账户、一级账户。在我国，为了保证会计核算指标口径规范一致并具有可比性，保证会计核算资料能在一个部门、一个行业、一个地区乃至全国范围内汇总、分析，且便于企业编制会计凭证、汇总资料和编制会计报表，总分类账户的名称、核算内容及使用方法通常是统一规定的。每一个企业都要根据本企业业务的特点和统一制定的账户名称设置若干个总分类账户。

2. 明细分类账户

明细分类账户是对企业某一经济业务进行明细核算的账户，能够提供某一具体经济业务的明细核算指标。在实际工作中，除少数总分类账户，如"累计折旧""本年利润"账户，不必设置明细分类账户外，大多数总分类账户需设置明细分类账户，如在"原材料"总分类账户下，按照材料的类别、品种或规格设置明细分类账户，在"应收账款"总分类账户下，按照购买单位的名称设置明细分类账户。

明细分类账户是依据企业经济业务的具体内容设置的，所提供的明细核算资料主要是为了满足企业内部经营管理的需要。各个企业、单位的经济业务具体内容不同，经营管理的水平不一致，明细分类账户的名称、核算内容及使用方法也就不能统一规定，只能由各企业、单位根据经营管理的实际需要和经济业务的具体内容自行规定。例如，企业可以根据其材料供应单位的具体名称设置"应付账款"总分类账户的明细分类账户。

如果某一总分类账户所属的明细分类账户较多，为了便于控制，还可增设二级账户。二级账户是介于总分类账户和明细分类账户之间的账户，也是由企业、单位根据经营管理的实际需要和经济业务的具体内容自行确定的。例如，企业的材料类别、品种较多时，为便于控制，可在"原材料"总分类账户下，按材料的类别设置"原料及主要材料""燃料""辅助材料"等二级账户,在二级账户下再按材料的品种设置"圆钢""碳钢""角钢"等明细分类账户。总分类账户和明细分类账户的关系如图3-3所示。

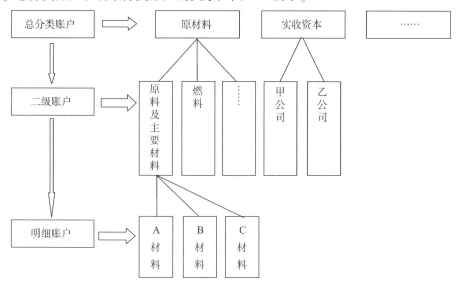

图3-3 总分类账户和明细分类账户的关系

研究账户的分类是为了从相互联系的账户中探求相互之间的区别,认识设置和运用账户的规律性。账户分类标准是依据账户具有的一些特征确定的,而每一个账户都具有若干个特征,因此每一个账户都可以按不同的标准加以分类例如,"原材料"账户从会计要素来看,属于资产类账户,反映企业在生产经营过程中必不可少的流动资产;从提供指标的详细程度来看,属于总分类账户,总括地反映企业材料的增减变动及结存情况。借助账户的分类可以揭示账户的特征,有利于加深对账户的认识。

练习题

一、单项选择题

1. 将交易或事项确认和计量的结果采用专门的会计方法和载体进行记录的过程属于(　　)。
   A. 会计确认　　　B. 会计计量　　　C. 会计记录　　　D. 会计报告

2. 在下列各项中,不属于会计准则规范重点内容的是(　　)。
   A. 会计确认　　　B. 会计计量　　　C. 会计记录　　　D. 会计报告

3. 在下列各项中,不属于会计记录方法的是(　　)。
   A. 账户设置　　　B. 复式记账　　　C. 账簿登记　　　D. 会计报告

4. 在下列各项中,不属于存储会计信息基本方法的是(　　)。
   A. 账户设置　　　B. 复式记账　　　C. 财产清查　　　D. 账簿登记

5. 在下列各种会计记录方法中,可以为交易或事项的处理提供可靠凭据的方法是(　　)。

A. 账户设置　　　　B. 会计凭证　　　　C. 财产清查　　　　D. 账簿登记

6. 在下列各种会计记录方法中，可以为交易或事项的记录提供必要的载体的方法是（　　）。

A. 账户设置　　　　B. 会计凭证　　　　C. 财产清查　　　　D. 复式记账

7. 在下列各种会计记录方法中，可以提供记录交易或事项的技术手段的方法是（　　）。

A. 账户设置　　　　B. 会计凭证　　　　C. 财产清查　　　　D. 复式记账

8. 在下列各种会计记录方法中，可以切实保证账实相符，保证会计信息资料的真实性和完整性的方法是（　　）。

A. 账户设置　　　　B. 会计凭证　　　　C. 财产清查　　　　D. 复式记账

9. 在下列各项中，不构成企业财务会计处理系统的项目为（　　）。

A. 会计确认　　　　B. 会计计量　　　　C. 会计记录　　　　D. 账户设置

10. 在下列关于会计科目的表述中，不正确的说法为（　　）。

A. 是对会计要素进行分类所形成的具体项目

B. 是设置会计账户的依据

C. 是对交易或事项进行分类所形成的具体项目

D. 是构成财务报表的主要项目

11. 在下列各项中，不属于我国《企业会计准则》规定的会计科目的类别为（　　）。

A. 资产类　　　　B. 负债类　　　　C. 损益类　　　　D. 利润类

12. 在下列关于设置会计科目原则的表述中，不正确的说法为（　　）。

A. 应能全面地反映企业会计要素的内容

B. 应能满足使用者掌握企业信息的需求

C. 应能满足账务处理需要又相对稳定

D. 应能体现原则性与灵活性的密切结合

13. 在下列关于总分类科目的表述中，不正确的说法为（　　）。

A. 是对会计要素内容进行总括分类形成的项目

B. 也称一级科目或总账科目

C. 利用总分类科目设置的账户可以提供详细的信息指标

D. 是对会计要素的具体内容进行总分类核算的依据

14. 在下列关于明细分类科目的表述中，不正确的说法为（　　）。

A. 是对会计要素内容进行明细分类所形成的项目

B. 是对会计要素具体内容进行总分类核算的依据

C. 是对会计要素具体内容进行明细分类核算的依据

D. 利用明细分类科目设置的账户可以提供详细的信息指标

15. 在下列关于会计账户的表述中，不正确的说法有（　　）。

A. 根据会计科目设置　　　　B. 不具有一定的结构形式

C. 用以记录交易或事项　　　　　D. 为会计报告编制提供数据资料

二、多项选择题

1. 以下各项中，属于会计记录方法的有（　　）。
A. 账户设置　　　B. 复式记账　　　C. 账簿登记
D. 会计凭证　　　E. 会计报告

2. 下列各种会计方法中，属于存储会计信息基本方法的有（　　）。
A. 账户设置　　　B. 复式记账　　　C. 账簿登记
D. 成本计算　　　E. 会计凭证

3. 下列各种会计方法中，属于保证会计记录质量基本方法的有（　　）。
A. 账户设置　　　B. 成本计算　　　C. 账簿登记
D. 财产清查　　　E. 会计凭证

4. 下列各项中，构成企业财务会计完整的处理系统的有（　　）。
A. 会计确认　　　B. 会计计量　　　C. 会计记录
D. 会计凭证　　　E. 会计报告

5. 下列关于会计科目的表述中，正确的说法有（　　）。
A. 是对会计要素进行分类所形成的具体项目
B. 是设置会计账户的依据
C. 是构成财务报表的主要项目
D. 是对会计等式进行分类所形成的具体项目
E. 是会计的一种专门方法

6. 下列各项中，属于我国《企业会计准则》规定的会计科目的类别有（　　）。
A. 资产类　　　B. 负债类　　　C. 所有者权益类
D. 成本类　　　E. 利润类

7. 在下列关于会计科目设置意义的表述中，正确的说法有（　　）。
A. 系统、全面地核算会计要素内容的需要
B. 进行财产清查、保证企业资产完整的需要
C. 设置会计账户记录交易或事项的需要
D. 建立严密、规范的会计等式的需要
E. 提供企业相关信息、实现会计目标的需要

8. 下列关于设置会计科目原则的表述中，正确的说法有（　　）。
A. 应能全面地反映企业会计要素的内容
B. 应能满足使用者掌握企业信息的需求
C. 应能满足账务处理需要，又相对稳定
D. 应能体现统一性与灵活性的密切结合
E. 应简明清晰并方便准确使用

9. 下列关于总分类科目的表述中，正确的说法有（　　）。

A. 是对会计等式内容进行总括分类形成的项目
B. 是对会计要素内容进行总括分类形成的项目
C. 也称一级科目或总账科目
D. 对会计要素的具体内容进行总分类核算的依据
E. 利用总分类科目设置的账户可以提供总括的信息指标

10. 下列关于明细分类科目的表述中，正确的说法有（　　）。

A. 是对会计要素内容进行明细分类所形成的项目
B. 是对会计要素具体内容进行明细分类核算的依据
C. 是对会计要素具体内容进行总分类核算的依据
D. 利用明细分类科目设置的账户可以提供详细的信息指标
E. 利用明细分类科目设置的账户可以提供总括的信息指标

三、判断题

（　　）1. 会计记录是指将交易或事项确认和计量的过程采用专门的会计方法和载体进行记录的过程。

（　　）2. 会计确认是按所采用的计量单位和计量属性对交易或事项进行金额变动方面的认定，进而解决在会计处理中记录金额多少的问题。

（　　）3. 会计账户是记录交易或事项内容的主要载体。

（　　）4. 会计科目是根据会计确认、计量和报告的规定，对会计对象进行分类所形成的具体项目。

（　　）5. 会计账户设置的主要依据是会计科目。

（　　）6. 会计科目是对各会计要素规定的名称。

（　　）7. 账户的结构一般由账户名称和一定的格式两部分组成。

（　　）8. 一般来说，每个账户只能用来记录某一会计要素特定部分的内容。

（　　）9. 账户中所记录的增加额、减少额和余额与企业编制财务报告文件没有关系。

（　　）10. 利用会计科目，可以分类、系统、全面地记录会计要素内容增减变化情况。

第四章

复式记账原理及其应用

本章学习目标

1. 掌握复式记账的原理和借贷记账法，包括借贷记账法的理论基础、记账符号、账户结构、记账规则、试算平衡；掌握借贷记账法的应用。
2. 掌握总分类账户和明细分类账户平行登记的方法。
3. 了解单式记账法。
4. 了解会计作为一种国际商业语言的功能。

第一节 复式记账原理

会计核算是会计工作的基础，而记账又是会计工作的主要内容之一。为了正确地记账，除了设置必要的账户外，还要有一定的记账方法。记账方法，是指会计核算中在账户上记录经济业务的具体手段，即根据一定的原理和规则，运用货币计量单位，利用文字和数字记录经济业务的一种专门方法。

一、记账方法的发展

记账方法有单式记账法与复式记账法之分，会计核算最早采用的记账方法是单式记账法。

单式记账法是会计簿籍发展的初级阶段，在这种方法下，会计主体任何一项经济业务的发生都只在受到影响的其中一个账户中进行记录。早在我国唐朝形成并在宋朝得到普遍使用的四柱结算法就是典型的单式记账法。单式记账法简单易懂，但是这种方法不能全面、系统地反映经济业务的全貌，是一种不完整的记账方法，现在很少使用。

目前通用的记账法是复式记账法。在西方，复式记账法的形成经历了300多年，在文艺复兴时期渐趋成熟，标志是 1494 年由意大利数学家卢卡·帕乔利撰写的《算术、几何、比及比例概要》的出版。这本书用专门的章节系统论述了复式记账法，代表着近代会计的开端。在我国明末清初时期，中式复式记账法得以形成并发展，如龙门账以及清朝在民间工商业流行的四角账。鸦片战争后，西方复式记账法开始传入我国。

复式记账法是相对于单式记账法而言的，是对会计主体所发生的全部经济业务，按照相等的金额、在相互关联的两个或两个以上账户中进行记录的记账方法。在我国历史上，相当长的时期内呈现增减记账法、收付记账法与借贷记账法三种复式记账法并存的局面，1993年我国《企业会计准则》实施以后，企业会计记账一律采用借贷记账法。

二、单式记账法

所谓单式记账法，是指对于需要记录的经济业务，往往只用一个账户，反映经济业务的一个方面，而与此相联系的另一方面不予反映的记账方法。单式记账法下，除了对库存现金收付业务在两个或两个以上有关账户中登记外，对其他经济业务只在一个账户中登记或不予登记。例如，用银行存款购买原材料的业务发生后，采用单式记账法只在账户中记录银行存款的付出业务，而对原材料的收入业务却不记录。

单式记账法的特点如下。

（1）账户设置不完善，没有完整的账户体系。采用单式记账法，一般需要什么资料就设置什么账户、登记什么经济业务。一般只设有欠人、人欠账户，以及库存现金账户，而其他账户都不设置。这样，所设置的账户就不可能形成一个完整的体系，也不可能全面反映所有的经济业务。

（2）单式记账法只反映经济业务的一部分，而不是对经济业务的全面反映。因为账户设置不全，所以许多经济业务没有相应的账户反映。

（3）采用单式记账法，每笔经济业务只记录一个账户，所反映的经济业务往往只是一个方面。例如，用库存现金支付费用，仅反映库存现金方面的减少，因为没有设置"费用"账户，对于费用就不予反映。

（4）采用单式记账法，所有的经济业务不可能按一定的计算公式进行全面的试算平衡，因而不能用来检查一定时期的全部经济业务的会计记录是否正确。因为单式记账法下不是对所有经济业务都反映，反映的业务也往往只是一个方面，每笔经济业务的记录并非都能平衡。因此，一定时期的全部经济业务的会计记录，不可能进行全面的试算平衡。

因此，单式记账法是一种比较简单、不完整的记账方法，不能全面、系统地反映经济业务的全貌和来龙去脉，也不便于检查账户记录的正确性和完整性。

三、复式记账法

（一）复式记账法的含义

复式记账法是指对发生的每一项经济业务，都要以相等的金额，同时在相互联系的两个或两个以上的账户中进行登记的一种记账方法。例如，以银行存款 2 500 元购买原材料的经济业务,若采用复式记账法,应在"银行存款"账户中登记减少 2 500 元,同时在"原材料"账户中登记增加 2 500 元,这样"银行存款"与"原材料"账户形成对应关系,能够清晰地说明银行存款减少的原因是购买了原材料,原材料增加的资金来源是银行存款。

(二)复式记账法的特点

复式记账法的特点如下。

(1)采用复式记账法,不仅要设置反映货币资金和债权债务的账户,如库存现金、银行存款、应收及应付款账户;还要设置反映财产增减的实物资产、收入、费用及全部的权益账户。因此,复式记账法下,账户设置比较完善。

(2)采用复式记账法,对发生的每项经济业务至少要在两个或两个以上相互联系的账户中以相等的金额进行记录,可以全面地反映经济业务的来龙去脉,也可以检查账户记录的正确性。

(3)采用复式记账法,可以正确记录资产、负债、所有者权益的增减,便于进行收入、成本费用的核算。因此,复式记账法可以全面、系统地反映各项经济业务的发生和结果,为经营管理活动提供有效的会计信息。

(三)复式记账法的基本原理

企业在生产经营活动中,会发生各种各样的经济业务,但无论发生什么样的经济业务,都不会破坏"资产=负债+所有者权益"这一平衡关系,而这一平衡关系正是复式记账法的核算原理。这一点可以通过企业实际发生的各项经济业务得以验证。本书第二章已经提到,企业发生的各项经济业务,可以分为以下四种类型。

(1)经济业务的发生,使某项资产增加的同时,导致某项负债等额增加,或某种收入的产生导致某种资产的增加,或因投资者增加投资导致资产的增加。例如,企业购入原材料 40 000 元,原材料已入库,货款暂未支付。该项经济业务发生后,作为一项资产的原材料增加了 40 000 元,同时作为一项负债的应付账款也增加了 40 000 元,这时资产与负债以相等金额同时增加,使"资产=负债+所有者权益"的等式两端同时增加相等的金额,平衡关系不变。

(2)经济业务的发生,使一项资产减少的同时,导致一项负债等额减少,或因某投资者收回投资使一项资产减少导致所有者权益减少等。例如,企业以银行存款 5 000 元偿还前欠某企业的货款。该项经济业务发生后,作为一项资产的银行存款减少了 5 000 元,同时作为一项负债的应付账款也减少了 5 000 元,这是资产与负债以相等金额减少,使"资产=负债+所有者权益"的等式两边同时减少相等的金额,平衡关系不变。

(3)经济业务的发生,引起某项资产的增加,另一项资产等额减少,或某种费用的发生引起资产的减少。例如,企业用银行存款 2 000 000 元购入一座办公楼。该项经济业务发生后,作为一项资产的银行存款减少了 2 000 000 元,而作为另一项资产的固定资产增加了 2 000 000 元,这只是资产内部占用形态上的转化,并不影响资产总额,也不涉及负债和所有者权益的变化,所以资产总额仍为负债加所有者权益,会计等式的平衡关系不变。

（4）经济业务的发生，使一项负债增加的同时，导致另一项负债等额减少，或某项收入的发生引起负债的减少等。例如，企业向银行借入短期借款 300 000 元，直接偿还应付账款。该项经济业务的发生，作为一项负债的银行借款增加了 300 000 元，同时作为另一项负债的应付账款减少 300 000 元，这只是负债内部以相同金额此增彼减，涉及债权人的变更，而不影响负债总额，更不影响资产和所有者权益的变化，所以资产总额仍为负债加所有者权益，会计等式的平衡关系不变。

由此可见，各类经济业务发生后，引起资产、负债、所有者权益的变化有四种类型。上述前两种类型会涉及会计等式的两方，但由于两方以相等的金额同增减，因此尽管等式双方原有总额发生增减变动，却仍不破坏会计等式的平衡性。上述后面种类型只涉及会计等式一方内部的增减变动，也不会破坏会计等式的平衡性。因此，要如实、全面地反映这种规律，客观上要求在记账时将经济业务发生引起的会计要素项目变动数额相互联系地记录下来，并保持数额相等，这就是复式记账法的基本原理。

第二节 借贷记账法

借贷记账法属于复式记账法的一种，又可称为复式借贷记账法，大约产生于 13 世纪的意大利地中海一带。随着商品经济，特别是沿海城市海上贸易的发展，借款业务普遍发展。最初，"借""贷"分别用以表示债权和债务，并且只是一种单式记账法。日益发展的商业和金融业要求不断改进并提高记账方法的水平。随着资本主义经济的发展，"借""贷"演变为一种记账符号，复式借贷记账法逐渐得到发展和应用。1494 年，意大利数学家卢卡·帕乔利出版了《算术、几何、比及比例概要》一书，标志着复式借贷记账法的产生。1581 年威尼斯会计学院成立，使复式借贷记账法理论得以传播，促进了复式借贷记账法的发展。复式借贷记账法在英国工业革命时期的产业中得到广泛的应用和发展，后来在美国日趋完善，成为世界上应用最广泛的一种记账方法。

复式借贷记账法正式传入我国是在 1905 年，我国会计学者蔡锡勇、谢霖、孟森等学习了日本的复式借贷记账法。此后，以潘序伦、徐永柞和赵锡禹先生为代表的会计学者创办了会计学校，引进美国式复式借贷记账法，以改良中国传统的记账方法。我国会计工作者在复式借贷记账法的基础上，创造性地应用并改造出复式增减记账法、复式收付记账法。此后，为了适应社会主义市场经济和改革开放的需要，我国于 1993 年进行了会计改革，逐步取消了复式增减记账法和复式收付记账法，并全面采用复式借贷记账法，以与国际接轨。2006 年发布的《企业会计准则》明确规定"企业应当采用借贷记账法记账"。

为统一讲解，本书后文所指借贷记账法为复式借贷记账法，不再对复式记账法的具体内容进行区分。

一、理论基础

借贷记账法与其他复式记账方法相比，其特点主要体现在记账符号、账户设置与账户结构、记账规则和试算平衡等方面。

借贷记账法是以"借""贷"作为记账符号，分别作为账户的左方和右方。前已述及，"借""贷"两字的含义，最初是从借贷资本家的角度来解释的，即用来表示债权、应收款和债务、应付款的增减变动。借贷资本家把收进的存款记在贷主的名下，表示债务；对付出的放款记在借主的名下，表示债权，这时"借""贷"两字表示债权债务的变化。随着社会经济的发展，经济活动的内容日益复杂，记录的经济业务已不再局限于货币资金的借贷业务，而逐渐扩展到财产物资、经营损益等。为了求得账户记录的统一，对非货币资金借贷业务，也以"借""贷"两字记录其增减变动情况。这样，"借""贷"两字就逐渐失去原来的意义，而转化为记账符号。因此，现在讲的"借""贷"已完全失去原来的字面含义，只作为纯粹的记账符号使用，用以标明记账的方向。

借贷记账法的对象是会计要素的增减变动过程及其结果。这个过程及其结果可用以下公式表示。

资产＝负债＋所有者权益　　　　　　　　　　　　　　　　　　　　　　　（1）

收入－费用＝利润　　　　　　　　　　　　　　　　　　　　　　　　　　（2）

资产＝负债＋所有者权益＋（收入－费用）　　　　　　　　　　　　　　　（3）

资产＋费用＝负债＋所有者权益＋收入　　　　　　　　　　　　　　　　　（4）

资产－负债－所有者权益＝0　　　　　　　　　　　　　　　　　　　　　（5）

资产－负债＝所有者权益　　　　　　　　　　　　　　　　　　　　　　　（6）

上述方程式可称为会计等式，通常将式（1）称为会计恒等式。上述会计等式主要揭示了三个方面的内容。第一，会计主体内各会计要素之间的数字平衡关系。有一定数量的资产，就必然有相应数量的负债和所有者权益与之对应；反之，有一定数量的负债和所有者权益，就一定有相应数量的资产与之对应。第二，各会计要素增减变化的相互联系。某一会计要素的项目之间发生变化时，在同一会计要素中一项发生变化的同时，同一类会计要素的另一项也必然发生增减变化，以维持等式的平衡关系。第三，等式有关因素之间是对立统一的关系。资产、负债和所有者权益分列于等式的两边，左边是资产，右边是负债和所有者权益，形成对立统一的关系。

借贷记账法中的数量平衡关系要求：每一次记账的借方、贷方金额是平衡的；一定时期账户的借方、贷方的金额是平衡的；所有账户的借方、贷方余额的合计数是平衡的。借贷记账法下增减变化的相互联系要求在一个账户中记录的同时，必然要有另一个或多个账户的记录与之对应。借贷记账法下对立统一关系要求按相反方向记账：一个账户中，借方记录增加额，贷方一定记录减少额；反之，贷方记录增加额，借方一定记录减少额。从等式两边的不同类账户来看，资产类账户是借方记录增加额，贷方记录减少额；与之相反，负债和所有者权益类账户是贷方记录增加额，借方记录减少额。会计等式对记账方法的要求决定了借贷记账法的账户结构、记账规则、试算平衡的基本理论，因此认为会计恒等式是借贷记账法的理论基础。

二、记账符号和账户结构

借贷记账法下，以"借""贷"二字作为记账符号，账户的基本结构是：每一个账户都分为"借方"和"贷方",一般来说账户的左方为"借方",账户的右方为"贷方"。如果在账户的借方记录经济业务,可以称为"借记某科目";在账户的贷方记录经济业务,则可以称为"贷记某科目"。

采用借贷记账法时,账户的借贷两方必须进行相反方向的记录,即对于每一个账户来说,如果规定借方用来登记增加额,则贷方就用来登记减少额;如果规定借方用来登记减少额,则贷方就用来登记增加额。究竟账户的哪一方用来登记增加额,哪方用来登记减少额,要看账户反映的经济内容和账户的性质。不同性质的账户,其结构是不同的。

(一) 资产类账户

资产类账户的结构是:账户的借方记录资产的增加额,贷方记录资产的减少额,期末余额一般在借方。资产类账户中各要素的关系如下。

借方期末余额=借方期初余额+借方本期发生额−贷方本期发生额

可以用"T"型账户表示资产类账户的结构,如图4-1所示。

借方	资产类账户	贷方
期初余额 ×××		
(1) 增加额 ×××	(1) 减少额 ×××	
(2) 增加额 ×××	(2) 减少额 ×××	
本期发生额合计 ×××	本期发生额合计 ×××	
期末余额 ×××		

图4-1 资产类账户的结构

(二) 负债及所有者权益类账户

根据会计恒等式"资产=负债+所有者权益",负债及所有者权益类账户的结构与资产类账户正好相反,其贷方记录负债及所有者权益的增加额,借方记录负债及所有者权益的减少额,期末余额一般应在贷方。负债及所有者权益类账户中各要素的关系如下。

贷方期末余额=贷方期初余额+贷方本期发生额−借方本期发生额

可以用"T"型账户表示负债及所有者权益类账户的结构,如图4-2所示。

借方	负债及所有者权益类账户	贷方
	期初余额 ×××	
(1) 减少额 ×××	(1) 增加额 ×××	
(2) 减少额 ×××	(2) 增加额 ×××	
本期发生额合计 ×××	本期发生额合计 ×××	
	期末余额 ×××	

图4-2 负债及所有者权益类账户的结构

(三) 费用类与收入类账户

费用类账户的结构与资产类账户的结构基本相同,该类账户的借方记录费用的增加额,贷方记录费用转入抵销收入类账户（减少）的数额，由于借方记录的费用的增加额一般都要通过贷方转出，因此该类账户通常没有期末余额。如果因某种情况有余额，则表现为借方余额。

收入类账户的结构则与负债及所有者权益类账户的结构基本相同，收入的增加额记入账户的贷方，收入转出（减少额）则应记入账户的借方，由于贷方记录的收入增加额一般要通过借方转出，因此该类账户通常没有期末余额。如果因某种情况有余额，则表现为贷方余额。

可以用"T"型账户表示费用类与收入类账户的结构，分别如图 4-3、图 4-4 所示。

借方	费用类账户	贷方
（1）增加额　××× （2）增加额　×××		转出额　×××
本期发生额合计　×××		本期发生额合计　×××

图 4-3　费用类账户的结构

借方	收入类账户	贷方
转出额　×××		（1）增加额　××× （2）增加额　×××
本期发生额合计　×××		本期发生额合计　×××

图 4-4　收入类账户的结构

综上可以看出，"借""贷"二字作为记账符号所表示的经济含义是不一样的。

"借"字表示资产的增加，费用的增加，负债及所有者权益的减少，收入的转出。

"贷"字表示资产的减少，费用的转出，负债及所有者权益的增加，收入的增加。

"借""贷"作为记账符号，指示着账户记录的方向是左方还是右方。一般来说，各类账户的期末余额与记录增加额方向一致，即资产类账户的期末余额一般在借方，负债及所有者权益类账户的期末余额一般在贷方。因此，根据账户余额所在的方向来判定账户性质，成为借贷记账法的一个重要特点。

三、记账规则

借贷记账法的记账规则可以概括为：有借必有贷，借贷必相等。借贷记账法的记账规则是根据以下两方面的原理来确定的。

根据复式记账法的原理，对任何一项经济业务都必须以相等的金额，在两个或两个以上相互联系的账户中进行登记。

根据借贷记账法账户结构的原理，对每一项经济业务都应当进行借贷相反的记录。因此，借贷记账法要求对每一项经济业务都要按借贷相反的方向，以相等的金额，在两个或两个以上相互联系的账户中进行登记。具体地说，如果在一个账户中记借方，必须同时在另一个或几个账户中记贷方;或者在一个账户中记贷方,必须同时在另一个或几个账户中记借方;记入借方的总额与记入贷方的总额必须相等。

在实际运用借贷记账法的记账规则登记经济业务时,一般要按以下两个步骤进行。

第一步,分析经济业务的内容,确定所涉及的要素是增加还是减少,是资产要素的变化,还是负债或所有者权益要素的变化;哪些要素增加,哪些要素减少等。

第二步,根据上述分析,确定该项业务应记入相关账户的借方还是贷方,以及各账户应记金额。凡是涉及资产及费用的增加,负债及所有者权益的减少,收入的减少(转出),都应该记入相关账户的借方;凡是涉及资产及费用的减少(转出),负债及所有者权益的增加,收入的增加,都应该记入相关账户的贷方。

下面举例说明借贷记账法的记账规则。

【例4-1】盛辉工厂12月1日接受新华集团公司追加投资500万元,款项存入银行。

这笔业务使得盛辉工厂资产及所有者权益发生了变化。一方面,接受外来投资使所有者权益增加,应该在"实收资本"账户的贷方记录;另一方面,款项存入银行使资产增加,应该在"银行存款"账户的借方记录。该笔业务的账户记录如图4-5所示。

图4-5 经济业务的账户记录(1)

【例4-2】12月3日,盛辉工厂从银行取得借款20万元,期限为1年,银行通知款项已经划入银行存款户。

这笔业务使得资产类要素中的"银行存款"和负债类要素中的"短期借款"发生变化,两类要素同时增加。一方面,款项划入本企业账户,使银行存款增加,应该在"银行存款"账户的借方记录;另一方面,取得借款使短期借款增加,应该在"短期借款"账户的贷方记录。该笔业务的账户记录如图4-6所示。

图4-6 经济业务的账户记录(2)

【例4-3】12月3日,盛辉工厂购入新机器设备10台,共计380万元,已安装完毕,价款已开支票付讫。

这笔业务使得资产类要素中的"固定资产"和"银行存款"发生变化,资产要素同时出现一增一减。一方面,购入机器设备使固定资产增加,应该在"固定资产"账户的借方记录;另一方面,付出款项使银行存款减少,应该在"银行存款"账户的贷方记录。该笔业务的账户记录如图4-7所示。

图4-7 经济业务的账户记录(3)

第四章 复式记账原理及其应用

【例4-4】12月5日，盛辉工厂以银行存款62 000元交税金42 000元和分配现金股利20 000元。

这笔业务使得资产类要素中的"银行存款"和负债类要素中的"应交税费"和"应付股利"发生变化，两类要素同时减少。一方面，应该在"银行存款"账户的贷方记录，另一方面，应在"应交税费""应付股利"账户的借方记录。该笔业务的账户记录如图4-8所示。

借 银行存款 贷	借 应交税费 贷	借 应付股利 贷
62 000	42 000	20 000

图4-8 经济业务的账户记录（4）

【例4-5】12月5日，盛辉工厂的应付账款到期，向银行借款41 000元直接偿还应付账款。

这笔业务使得负债类的"短期借款"和"应付账款"发生变化，负债要素同时出现一增一减。一方面，向银行借款使借款增加，应在"短期借款"账户的贷方记录；另一方面，偿还应付账款，使应付账款减少，应在"应付账款"账户的借方记录。该笔业务的账户记录如图4-9所示。

借 短期借款 贷	借 应付账款 贷
41 000	41 000

图4-9 经济业务的账户记录（5）

【例4-6】12月6日，盛辉工厂销售商品取得销售收入95 000元，款项已全部存入银行。

这笔业务使得资产类要素中的"银行存款"和收入类要素中的"主营业务收入"发生变化，两类要素同时增加。一方面，银行存款因存入而增加，应该在"银行存款"账户的借方记录；另一方面，营业收入增加，应该在"主营业务收入"账户的贷方记录。该笔业务的账户记录如图4-10所示。

借 银行存款 贷	借 主营业务收入 贷
95 000	95 000

图4-10 经济业务的账户记录（6）

【例4-7】12月6日，盛辉工厂接到银行通知，已用企业存款支付水电费2 800元。

这笔业务使得资产类要素中的"银行存款"和费用类要素中的"管理费用"发生变化。一方面，因用存款支付而使银行存款减少，应该在"银行存款"账户的贷方记录；另一方面，支付水电费使管理费用增加，应该在"管理费用"账户的借方记录。该笔业务的账户记录如图4-11所示。

借 银行存款 贷	借 管理费用 贷
2 800	2 800

图4-11 经济业务的账户记录（7）

通过上述例题，可以概括出采用借贷记账法可能遇到的情况，不管是资产类与负债及所有者权益类要素同增或同减的业务，还是在资产类要素内部或者负债及所有者权益类要素内部此增彼减的业务，都同样适用"有借必有贷，借贷必相等"的记账规则。不同类型经济业务的账户记录如图4-12所示。

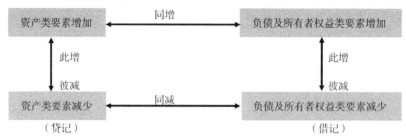

图4-12　不同类型经济业务的账户记录

四、借贷记账法的会计分录

从前面的例题可以看出，采用借贷记账法，在每项经济业务发生后，都会在相关账户中形成一种既相互对立又相互依存的关系。这种借方账户与贷方账户之间相互依存的关系，称为账户的对应关系，具有对应关系的账户称为对应账户。为了清晰地反映账户之间的对应关系，了解经济业务的过程和结果，并防止出现记账的差错，在每项经济业务登记入账户之前，都需要先根据经济业务的内容，运用借贷记账法的记账规则，确定所涉及的账户及其应借、应贷的方向和金额。在会计实务中，这项工作是通过编制记账凭证来完成的。在理论中，为了方便教学，通过编制会计分录完成。

（一）会计分录的定义和格式

会计分录是指为保证正确记账并便于检查，在经济业务发生时，记入账户前按一定格式来确定账户对应关系、记账方向和金额的一种记录形式。借贷记账法下，会计分录具体表现为应借、应贷账户名称及其金额的记录。

会计分录的基本格式如下。

借：×××（账户名称）　　×××（金额）
　　贷：×××（账户名称）　　×××（金额）

编制会计分录必须遵守上述规定的格式，主要从以下几个方面入手。①在确定了应借记和贷记的账户后，进行记录时应先借后贷，借方记录即借项在上，贷方记录即贷项在下。②借项与贷项必须错开写，不能对齐写。当借方或贷方涉及多个账户时，应先将所有借项各占一行，上下对齐，记录完毕后，再向下向右退一格或两格，记录贷项，所有贷项各占一行，上下对齐。③借方金额与贷方金额的书写也必须错开位置，不可以写在同一行，但每一账户与其对应的金额必须在同一行。

（二）编制会计分录的步骤

对于发生的每一笔经济业务，必须按照以下步骤编制会计分录。

（1）确定该经济业务涉及的账户及其性质。

（2）确定各账户的变动是增加还是减少，增减的金额分别是多少。

（3）根据"有借必有贷，借贷必相等"的记账规则，确定各账户的记录应记入借方还是贷方。

（4）按照规定的格式编制会计分录。

【例4-8】发展公司购进材料50 000元，其中已经用银行存款支付30 000元，尚有20 000元未支付。根据这笔业务可以编制如下会计分录。

借：原材料　　　　　　　　　　　　　　　　　　　　　30 000
　　贷：银行存款　　　　　　　　　　　　　　　　　　　30 000
借：原材料　　　　　　　　　　　　　　　　　　　　　20 000
　　贷：应付账款　　　　　　　　　　　　　　　　　　　20 000

根据上述会计分录，可以得出如下结论。

（1）会计分录的书写格式。通常会计分录书写格式为"借"在上方，"贷"在下方，"借"和"贷"两个字错开。

（2）会计分录的要素。任何一笔会计分录均应包括以下三项内容：记账方向，即借方或贷方，指明记账时应记入哪一方；会计科目，即经济业务所涉及的会计科目；金额。

会计分录有简单会计分录与复合会计分录之分。简单会计分录是由一个账户与另一个账户相对应组成的会计分录，【例4-8】中的分录就属于简单会计分录。复合会计分录是由两个以上账户相对应组成的分录。可以将【例4-8】中的会计分录合并成如下形式。

借：原材料　　　　　　　　　　　　　　　　　　　　　50 000
　　贷：应付账款　　　　　　　　　　　　　　　　　　　20 000
　　　　银行存款　　　　　　　　　　　　　　　　　　　30 000

复合会计分录实际上是由几个简单分录组合而成的。编制复合会计分录，可以集中、全面地反映某项经济业务的情况，简化记账手续。简单会计分录反映问题直观，便于检查。在实际工作中，如果一项经济业务涉及多借多贷的科目，为全面反映此项经济业务，可以编制多借多贷的复合分录，但不允许将几项经济业务合并编制复合会计分录。

五、试算平衡

为了保证一定时期内所发生的经济业务在账户中登记的正确性，需要在一定时期终了时，根据会计等式的基本原理对账户记录进行试算平衡。试算平衡就是根据会计等式"资产=负债+所有者权益"的平衡原理，按照记账规则的要求，通过汇总计算和比较，来检查账户记录的正确性、完整性的一种方法。

试算平衡主要是对全部账户的期末余额和本期发生额所进行的会计检查工作。基于借贷记账法的记账规则，只要发生经济业务，都要在一个或几个账户的借方进行登记，同时必须在一个或几个账户的贷方进行等额登记。这样登记的全部账户的借方发生额合计数必然等于全部账户的贷方发生额合计数，而依据发生额结计的期末余额也必然相等，期末余额结转到下一会计核算期，就是下一期的期初余额，所以也必然相等。

用借贷记账法记账，就要进行试算平衡，检查每笔经济业务和会计分录是否正确，全部账户的本期发生额是否正确。

通过前面关于账户结构的说明可以得出结论：凡是借方余额的账户都是资产类账户，凡是贷方余额的账户都是负债或所有者权益类账户。由于"资产=负债+所有者权益"是恒等式，因此账户借方余额的合计数等于贷方余额的合计数，于是产生了余额试算平衡公式。

进行试算平衡应用的公式有发生额试算平衡公式和余额试算平衡公式。

发生额试算平衡公式如下。

$$全部账户借方发生额合计=全部账户贷方发生额合计$$

余额试算平衡公式如下。

$$全部账户借方余额合计=全部账户贷方余额合计$$

期末，可依据上述两式分别编制总分类账户期末余额试算平衡表和本期发生额试算平衡表，或合并编制总分类账户的期初、期末余额和本期发生额试算平衡表，进行试算平衡。

试算平衡表各栏数字应根据有关总分类账户的发生额和余额填列，分别汇总试算期初余额、本期发生额和期末余额是否平衡。在编制试算平衡表时，必须保证所有总分类账户的发生额和余额均已记入试算平衡表。因为会计等式是对六项会计要素整体而言的，缺少任何一个账户的发生额和余额，都会造成试算平衡表的期初余额合计数、本期发生额合计数和期末余额合计数不相等。

试算平衡表分两种：一种是将本期发生额和期末余额试算平衡分别列表编制，如表4-1和表4-2所示；另一种是将本期发生额和期末余额合并在一张表上进行试算平衡，如表4-3所示。

表4-1 总分类账户本期发生额试算平衡表

年　　月　　　　　　　　　　　　　　　　　　　　　　　　单位：元

会计科目	借方发生额	贷方发生额
合计		

表4-2 总分类账户余额试算平衡表

年　　月　　　　　　　　　　　　　　　　　　　　　　　　单位：元

会计科目	借方余额	贷方余额
合计		

表 4-3　总分类账户本期发生额及余额试算平衡表

　　　　年　　月　　　　　　　　　　　　　　　　　　单位：元

会计科目	期初余额		本期发生额		期末余额	
	借方	贷方	借方	贷方	借方	贷方
合计						

本期发生额试算平衡表的编制方法：(1) 将本期涉及的会计科目填入"会计科目"所在列；(2) 将每一科目的借方、贷方发生额分别填入"借方发生额"和"贷方发生额"所在列；(3) 计算本期合计，借方发生额合计应该等于贷方发生额合计。

余额试算平衡表的编制与发生额试算平衡表的编制基本相同，不同的是将每一科目的借方余额或贷方余额分别填入"借方余额"和"贷方余额"所在列。编制完成的试算平衡表如表4-4所示。

表 4-4　总分类账户本期发生额及余额试算平衡表

　　　　年　　月　　　　　　　　　　　　　　　　　　单位：元

会计科目	期初余额		本期发生额		期末余额	
	借方	贷方	借方	贷方	借方	贷方
……						
银行存款	1 504 300		11 047 800	2 793 200	9 758 900	
……						
合计	12 481 400	12 481 400	43 067 130	43 067 130	22 415 200	22 415 200

通过试算平衡表来检查账户记录是否正确并不是绝对的。如果借贷不平衡，就可以肯定账户的记录或计算有错误；但是如果借贷平衡，却不能肯定记账没有错误，因为有些错误并不影响借贷双方平衡。

第三节　账户按用途和结构分类

账户的用途是指通过设置账户能够提供哪些核算指标，也就是开设和运用账户的目的。例如，开设"原材料"账户的目的是提供库存材料的收、发、存情况，通过"原材料"账户的记录，可以提供一定期间内材料的收入、发出和结存指标。账户的结构是指在一定记账方法条件下账户中怎样记录经济业务才能取得各种必要的核算指标，具体到借贷记账法就是指账户的借方发生额和贷方发生额登记的内容，余额出现在借方还是贷方，以及余额表示的内容。例如，"原材料"账户的借方记录入库材料的实际成本，贷方记录发出材料的实际成本；借方余额表示结存材料的实际成本。为了便于初学者熟练掌握借贷记账法以及具体账户的运用，除了对账户按会计要素分类，还可以将账户按用途和结构分类。账户按用途和结构分类，可分为盘存账户、资本账户、结算账户、损益计算账户、跨期摊提账户、成本计算账户、财务成果账户、调整账户等。现以企业常用的基本账户为例说明各类账户的特点。

一、盘存账户

盘存账户是用来核算和监督各种财产物资和货币资金的增减变动及其结存情况的账户。这类账户的借方登记各种财产物资或货币资金的收入或增加额；贷方登记其支出或减少额；账户的余额总是在借方，表示各项财产物资或货币资金的结存数额。盘存账户的结构如图4-13表示。

借方	盘存账户	贷方
期初余额：期初财产物资或货币资金的结存额 发生额：本期财产物资或货币资金的增加额		发生额：本期财产物资或货币资金的减少额
期末余额：期末财产物资或货币资金的结存额		

图4-13 盘存账户的结构

属于盘存账户的有"原材料""库存商品""库存现金""银行存款""固定资产"等账户。

盘存账户均可以通过财产清查的方法，如实地盘点法、核对账目法等，检查实存的财产物资及其在经营管理上存在的问题。这类账户中除货币资金账户外，其余账户的实物明细账均可以提供实物和货币价值两种指标。

二、资本账户

资本账户是用来核算和监督取得资本及提取资本金的增减变动及其实有情况的账户。这类账户的贷方登记各项资本、公积金的增加额或形成数，借方登记减少额或支用数；账户的余额总是在贷方，表示各项资本、公积金的实有数额。资本账户的结构如图4-14所示。

借方	资本账户	贷方
发生额：本期资本和公积金的减少额		期初余额：期初资本和公积金的实有额 发生额：本期资本和公积金的增加额
		期末余额：期末资本和公积金的实有额

图4-14 资本账户的结构

属于资本账户的有"实收资本"（或"股本"）、"盈余公积"等账户。这类账户的总分类账及明细分类账只能提供货币价值指标。

三、结算账户

结算账户是用来核算和监督企业同其他单位或个人之间发生的债权、债务结算情况的账户。按照账户的用途和结构，结算账户又可分为债权结算账户、债务结算账户和债权债务结算账户三类。

（一）债权结算账户

债权结算账户是专门用于核算和监督企业同各个债务单位或个人之间结算业务的账户。这类账户的借方登记债权的增加额，贷方登记债权的减少额；账户的余额一般在借方，表示期末债权的实有数额。债权结算账户的结构如图4-15所示。

借方	债权结算账户	贷方
期初余额：期初尚未收回的应收款项及未结算的预付款项的数额		
发生额：本期应收款项的增加额及预付款项的增加额	发生额：本期应收款项的减少额及预付款项的减少额	
期末余额：期末尚未收回的应收款项及未结算的预付款项的数额		

图4-15 债权结算账户的结构

属于债权结算账户的有"应收账款""其他应收款""预付账款"等账户。

（二）债务结算账户

债务结算账户是专门用于核算和监督企业同各个债权单位或个人之间结算业务的账户。这类账户的贷方登记债务的增加额，借方登记债务的减少额；账户的余额一般在贷方，表示期末债务的实有数额。债务结算账户的结构如图4-16所示。

借方	债务结算账户	贷方
	期初余额：期初结欠的应付款项及未结算的预收款项的数额	
发生额：本期应付款项及预收款项的减少额	发生额：本期应付款项及预收款项的增加额	
	期末余额：期末结欠的应付款项及未结算的预收款项的数额	

图4-16 债务结算账户的结构

属于债务结算账户的有"短期借款""应付账款""应付职工薪酬""应交税费""应付利润""预收账款"和"其他应付款"等账户。

（三）债权债务结算账户

债权债务结算账户是用于核算和监督企业与某一单位或个人之间发生的债权和债务往来结算业务的账户。在实际工作中，与企业经常发生结算业务的往来单位，有时是企业的债权人，有时是企业的债务人。例如，企业向同一单位销售产品，有些款项是预收的，预收款项时，该单位是企业的债权人；有些款项是应收未收的，应收未收款项构成了企业的债权，该单位就成为企业的债务人。为了集中反映企业同某一单位或个人所发生的债权和债务的往来结算情况，可以在一个账户中核算应收和应付款项的增减变动额和余额。债权债务结算账户的借方登记债权的增加额和债务的减少额，贷方登记债务的增加额和债权的减少额；余额可能在借方，也可能在贷方。债权债务结算账户具有下列特点。

（1）余额可能在借方，也可能在贷方。借方余额反映的不是债权，贷方余额反映的也不是债务。

（2）从明细分类账的角度看，借方余额表示期末债权的实有数额，贷方余额表示期末债务的实有数额。

（3）从总分类账的角度看，借方余额表示期末债权大于债务的差额，贷方余额表示期末债务大于债权的差额。债权债务结算账户的结构如图 4-17 所示。

借方　　　　　　　　　　　债权债务结算账户　　　　　　　　　　　贷方	
期初余额：期初债权大于债务的差额	期初余额：期初债务大于债权的差额
发生额：本期债权增加额、本期债务减少额	发生额：本期债务增加额、本期债权减少额
期末余额：期末债权大于债务的差额	期末余额：期末债务大于债权的差额

图 4-17　债权债务结算账户的结构

如果企业不单独设置"预收账款"账户，可以用"应收账款"账户同时反映销售产品或提供劳务的应收款项和预收款项，"应收账款"账户便是债权债务结算账户；如果企业不单独设置"预付账款"账户，可以用"应付账款"账户同时反映购进材料的应付款项和预付款项，"应付账款"账户也是债权债务结算账户。债权债务结算账户需根据总分类账户所属明细分类账户的余额方向分析判断其账户的性质。

结算账户只能提供货币价值指标，且按发生结算业务的对应单位或个人开设明细分类账户，以便及时进行结算和核对账目。

四、损益计算账户

损益计算账户是用来归集企业生产经营过程中某个会计期间的收入和费用的账户。按照账户的用途和结构，损益计算账户又可分为收入类账户和费用类账户两类。

（一）收入类账户

收入类账户是专门用于归集企业在某个会计期间的经营过程中各项收入的账户。这类账户的贷方登记一定会计期间发生的收入数额，借方登记转入"本年利润"账户的数额。由于各项收入都要在期末转入"本年利润"账户，因此这类账户期末一般没有余额。收入类账户的结构如图 4-18 所示。

借方　　　　　　　　　　　收入类账户　　　　　　　　　　　贷方	
发生额：结转到"本年利润"账户的数额	发生额：归集本期各项收入的发生数额

图 4-18　收入类账户的结构

属于收入类账户的主要有"主营业务收入""其他业务收入""营业外收入"等账户。

（二）费用类账户

费用类账户是专门用于归集企业在某个会计期间的生产经营过程中各项费用的账户。这类账户的借方登记一定会计期间发生的费用数额，贷方登记转入"本年利润"账户的数额。各费用在期末全部转入"本年利润"账户后，期末一般都没有余额。费用类账户的结构如图4-19所示。

借方	费用类账户	贷方
发生额：归集本期各项费用的发生数额	发生额：结转到"本年利润"账户的数额	

图 4-19　费用类账户的结构

属于费用类账户的主要有"主营业务成本""其他业务成本""销售费用""管理费用""财务费用""税金及附加""营业外支出""所得税费用"等账户。

五、跨期摊提账户

跨期摊提账户是用来核算和监督应由几个会计期间共同负担的费用，并将这些费用在各个会计期间进行分摊的账户。企业在生产经营过程中，有些费用是在某一个会计期间支付，但应由几个受益的会计期间共同负担，以正确地计算各个会计期间的损益。"长期待摊费用"是典型的跨期摊提账户。该账户借方登记实际支出的长期待摊费用，贷方登记分摊到各个会计期间的长期待摊费用，期末余额总是在借方，表示已经支付的、留待向以后各个期间分摊的长期待摊费用。跨期摊提账户的结构如图4-20所示。

借方	跨期摊提账户	贷方
期初余额：已支付而尚未摊销的待摊费用 发生额：本期新增加的待摊费用数额	发生额：本期费用的摊销数额	
期末余额：已支付而尚未摊销的待摊费用		

图 4-20　跨期摊提账户的结构

六、成本计算账户

成本计算账户是用来核算和监督企业生产经营过程中某一阶段发生的全部费用，并据此计算该阶段各个成本计算对象的实际成本的账户。这类账户的借方汇集生产经营过程中某个阶段发生的、应计入成本的全部费用数额，贷方登记转出已完成某个阶段的成本计算对象的实际成本；期末余额在借方，表示尚未完成某个阶段的成本计算对象的实际成本。成本计算账户的结构如图4-21所示。

借方	成本计算账户	贷方
期初余额：期初尚未完成某个经营阶段的成本计算对象的实际成本		
发生额：归集经营过程某个阶段发生的全部费用数额	发生额：结转已完成某个经营阶段的成本计算对象的实际成本	
期末余额：尚未完成某个阶段的成本计算对象的实际成本		

图 4-21　成本计算账户的结构

属于成本计算账户的主要有"材料采购""生产成本"等账户。这类账户除设置总分类账户以外，还应按各个成本计算对象分别设置明细分类账户进行明细分类核算，提供有关成本计算对象的货币价值指标和实物指标。

七、财务成果账户

财务成果账户是用来计算并确定企业在一定时期（月份、季度或年度）内全部经营活动最终成果的账户。这类账户的贷方汇集一定期间发生的各项收入数额，借方汇集一定期间内发生的、与收入相配比的各项费用数额。期末如为贷方余额，表示收入大于费用的差额，为企业实现的利润总额；如为借方余额，表示收入小于费用的差额，即为企业发生的亏损总额。财务成果账户的格式如图4-22所示。

借方	财务成果账户	贷方
发生额：汇集的各项费用数额		发生额：汇集的各项收入数额
期末余额：发生的亏损总额		期末余额：实现的利润总额

图4-22 财务成果账户的格式

属于财务成果账户的主要是"本年利润"账户。这类账户只反映企业在一个会计年度内财务成果的形成，平时的余额为本年的累计利润总额或亏损总额，期末结转后无余额。

八、调整账户

调整账户是为调整某个账户的余额，以表示被调整账户的实际余额而开设的账户。在会计核算工作中，由于经营管理上的需要或其他原因，要求某些账户反映某项经济活动的原始数据；但在实际工作中，该项经济活动的原始数据又往往会发生增减变化。例如，固定资产由于使用，其价值不断减少，但从经营管理的角度考虑，需要"固定资产"账户反映固定资产的原始价值。为反映固定资产不断减少的价值，需开设"累计折旧"账户，通过"累计折旧"账户对"固定资产"账户进行调整，反映固定资产的净值。反映经济活动原始数据的账户，称为"被调整账户"；对被调整账户进行调整的账户，称为"调整账户"。调整账户按调整方式，又可分为抵减账户、附加账户和抵减附加账户三类。

（一）抵减账户

抵减账户亦称备抵账户，是用来抵减被调整账户的余额，以求得被调整账户实际余额的账户。调整账户对被调整账户的抵减方式可用下列公式表示。

$$被调整账户余额-调整账户余额=被调整账户实际余额$$

调整账户的余额一定要与被调整账户的余额方向相反，上述公式才能成立。如果被调整账户的余额在借方，调整账户的余额一定在贷方，如"固定资产"与"累计折旧"账户；如果被调整账户的余额在贷方，调整账户的余额一定在借方。调整账户与被调整账户的抵减方式如图4-23、图4-24所示。

图 4-23　调整账户与被调整账户的抵减方式（1）

图 4-24　调整账户与被调整账户的抵减方式（2）

从图 4-23 可以看出，这类被调整账户与调整账户的关系，并可通过下式表示。

被调整账户的借方余额−调整账户的贷方余额＝该项经济活动的实际数额

从图 4-24 可以看出，这类被调整账户与调整账户的关系，并可通过下式表示。

被调整账户的贷方余额−调整账户的借方余额＝该项经济活动的实际数额

（二）附加账户

附加账户是用来增加被调整账户的余额，以求得被调整账户实际余额的账户。附加账户对被调整账户的调整方式可用下列公式表示。

被调整账户余额＋附加账户余额＝被调整账户实际余额

附加账户的余额一定要与被调整账户的余额方向一致，这样上述公式才能成立。如果被调整账户的余额在借方，附加账户的余额也一定在借方；如果被调整账户的余额在贷方，附加账户的余额也一定在贷方。附加账户与被调整账户的调整方式如图 4-25 所示。

图 4-25　附加账户与被调整账户的调整方式

从图 4-25 可以看出这类被调整账户与附加账户的关系，并可通过下式表示。

被调整账户的借（贷）方余额＋附加账户的借（贷）方余额＝该项经济活动的实际数额

（三）抵减附加账户

抵减附加账户是依据调整账户与被调整账户的余额方向，用来抵减被调整账户余额，或者用来附加被调整账户余额，以求得被调整账户实际余额的账户。当调整账户的余额与被调整账户的余额方向相反时，该类账户起抵减账户的作用，其调整方式与抵减账户相同；当调整账户的余期与被调整账户的余额方向一致时，该类账户起附加账户的作用，其调整方式与附加账户相同。这类账户的具体运用将在财务会计学中进行阐述。

属于调整账户的，在本书中只述及"累计折旧""利润分配"两个账户。调整账户不能离开被调整账户而独立存在，有调整账户就一定有被调整账户，它们是相互联系、相互结合的一组账户。调整账户与被调整账户所反映的经济内容是相同的，被调整账户反映原始数据，调整账户反映对原始数据的调整数额，二者结合起来可提供经营管理上所需要的某些特定指标。

企业的账户按用途和结构分类，可总结为图 4-26 所示的样子。

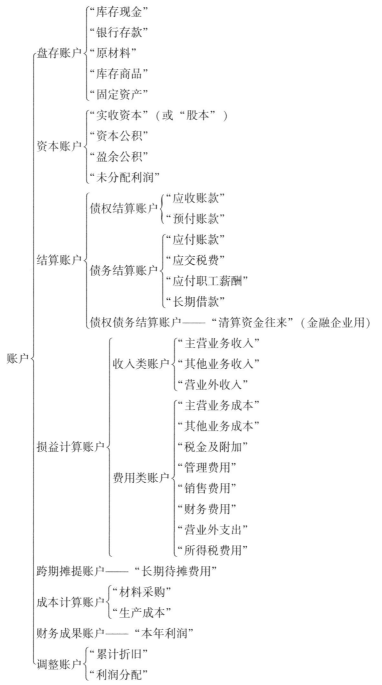

图 4-26 账户按用途和结构的分类

研究账户按用途和结构分类，目的在于理解和掌握各类账户所提供的指标及种类、账户结构的规律性，以便准确地运用账户，为经济管理提供有用的会计核算指标。

第四节 总分类账户和明细分类账户

一、总分类账户和明细分类账户的设置

在会计核算工作中,根据企业经营管理工作的需要,一切经济业务都要通过有关账户进行核算,既要提供总括的核算指标,又要提供明细的核算指标,也就是需要同时设置总分类账户和明细分类账户。

总分类账户是总括反映会计对象某一类别变化情况的账户;即指根据总分类科目(一级科目)设置的,仅以货币作为统一的计量单位进行计量登记,用于对会计要素具体内容进行总括分类核算,提供总括核算资料的账户。总分类账户简称总账账户或总账,如"固定资产""原材料""实收资本""应付账款"等。

明细分类账户是在某一总分类账户核算内容的基础上,按照实际需要用更加具体、详细的分类来设置的账户;即指根据明细分类科目设置的,用来对会计要素具体内容进行明细分类核算,提供详细核算资料的账户。明细分类账户简称明细账或明细账。明细分类账户是对总分类账户核算内容进行的进一步分类,如"应收账款"总分类账户下按具体单位分设的明细分类账户,具体反映应收的是哪个单位的货款。当然,也不是所有总分类账户都设置明细分类账户,有的总分类账户就不设明细分类账户,如"库存现金"。明细分类账户除用货币计量单位登记外,有时还需要采用实物计量单位等同时进行登记。例如,按原材料类别、规格设置的"原材料"的明细分类账户中,既要用货币度量,反映原材料收、发、存的金额,又要用实物度量,记录原材料收、发、存的数量。

为了满足管理工作的需要,除总分类账户和明细分类账户以外,有时还要设置二级账户。二级账户是介于总分类账户和明细分类账户之间的账户,根据二级科目(子目)来设置。二级账户所提供的资料比明细分类账户概括,比总分类账户详细,如"原材料"账户可分为"原料""主要材料"等二级账户。

二、总分类账户和明细分类账户的关系

总分类账户和明细分类账户的关系如下。

(1)控制与被控制的关系。总分类账户是所属明细分类账户资料的综合,是所属明细分类账户的统驭性账户,对所属的明细分类账户起控制作用;明细分类账户是有关总分类账户的具体化,是有关总分类账户的从属账户,对其所隶属的某一个总分类账户起补充说明的辅助作用。

(2)相互配合的关系。总分类账户提供总括资料,而明细账分类账户提供相对具体、详细的核算资料,但二者反映的对象——核算内容是相同的,账户的性质是相同的,登记时的原始依据是相同的。

(3)总分类账户一般以货币作为统一的计量单位,而明细分类账户除以货币计量外,

还可能采用实物单位等进行数量核算。

（4）总分类账户与明细分类账户之间要平行登记。总分类账户的借方（或贷方）本期发生额等于所属明细分类账户借方（或贷方）本期发生额之和，总分类账户期末余额等于所属明细分类账户期末余额之和。

三、总分类账户和明细分类账户的平行登记

由以上内容可以看出，总分类账户和所属明细分类账户反映的内容相同，因而保持总账与明细账记录的一致。这是记账工作的一条重要原则。虽然总分类账户提供的总括指标统驭着明细分类账户，但在财务处理上，它们是平行的关系，应当进行平行登记。

所谓平行登记，是指经济业务发生后，一方面登记有关总分类账户，另一方面登记所属的明细分类账户的会计处理方法。也就是记入总分类账户和明细分类账户的资料，都以会计凭证为依据，在总分类账户和明细分类账户中分别记录经济业务。通过平行登记，并相互核对，才能保证总分类账户的记录与明细分类账户的记录形成统驭和被统驭的关系，才能及时检查错误和更正错误。平行登记的要点可归纳为以下四点。

（1）依据相同。对于每一项经济业务所引起的会计要素的增减变化，要依据相同的会计凭证登记总账及其所属明细账。

（2）会计期间相同。对于每项经济业务，一方面要在有关总分类账户中进行总括的登记；另一方面在同一会计期间要在有关明细分类账户中进行明细登记。

（3）方向相同。如果在总分类账户中登记借方，那么在其所属的明细分类账户中也应登记借方；相反，如果在总分类账户中登记贷方，那么在其所属的明细分类账户中也应登记贷方。

（4）金额相等。记入总分类账户的金额必须与记入所属明细分类账户的金额之和相等。

【例4-9】平行登记法的应用。某企业201×年8月"在途物资"和"应付账款"账户的期初余额如下。

（1）"在途物资"150 000元。其中：甲材料4 000千克，单价为20元/千克，计80 000元；乙材料2 000千克，单价为35元/千克，计70 000元。

（2）"应付账款"100 000元。其中：瑞达公司60 000元；金山公司40 000元。

该企业8月发生下列原材料采购业务。（为简化起见，不考虑购料过程的增值税。）

（1）8月5日，向瑞达公司购入甲材料3 000千克，单价为20元/千克，计60 000元，对方代垫运杂费150元，货款未付。

（2）8月8日，向金山公司购入乙材料2 500千克，单价为32元/千克，计80 000元，货款未付。以现金支付运杂费200元。

（3）8月15日，以银行存款偿还瑞达公司货款100 000元，偿还金山公司货款90 000元。

（4）8月24日，向金山公司购入甲材料2 000千克，单价为20元/千克，计40 000元；购入乙材料1 000千克，单价为35元/千克，计35 000元。对方代垫运杂费300元，货款未付（运杂费按甲、乙材料重量进行分配）。

（5）8月29日，以银行存款偿还金山公司货款100 000元。

(6) 8月31日，上述原材料已全部入库，结转其采购成本。

根据上述资料，完成"在途物资"账户和"应付账款"账户总账与明细账之间的平行登记。首先，将两个账户的期初余额分别在总账和明细账中进行登记。其次，根据资料编制如下会计分录。

(1) 借：在途物资——甲材料　　　　　　　　　60 150
　　　贷：应付账款——瑞达公司　　　　　　　　　　　　60 150

(2) 借：在途物资——乙材料　　　　　　　　　80 200
　　　贷：应付账款——金山公司　　　　　　　　　　　　80 000
　　　　　库存现金　　　　　　　　　　　　　　　　　　200

(3) 借：应付账款——瑞达公司　　　　　　　100 000
　　　　　　　　——金山公司　　　　　　　　90 000
　　　贷：银行存款　　　　　　　　　　　　　　　　　190 000

(4) 借：在途物资——甲材料　　　　　　　　　40 200
　　　　　　　　——乙材料　　　　　　　　　35 100
　　　贷：应付账款——金山公司　　　　　　　　　　　　75 300

(5) 借：应付账款——金山公司　　　　　　　100 000
　　　贷：银行存款　　　　　　　　　　　　　　　　　100 000

(6) 借：原材料——甲材料　　　　　　　　　180 350
　　　　　　——乙材料　　　　　　　　　185 300
　　　贷：在途物资——甲材料　　　　　　　　　　　　180 350
　　　　　　　　——乙材料　　　　　　　　　　　　185 300

最后，根据上述会计分录，采用平行登记方法，在"在途物资""应付账款"总账与其所属明细账中进行登记，分别如表4-5至表4-10所示。

表4-5　总分类账

账户名称：在途物资　　　　　　　　　　　　　　　　　　　　　　　　　单位：元

201×年		凭证字号	摘要	借方	贷方	借或贷	余额
月	日						
8	1		期初余额			借	150 000
	5	转1	购入原材料	60 150		借	210 150
	8	转2 现付1	购入原材料	80 200		借	290 350
	24	转3	购入原材料	75 300		借	365 650
	31	转4	结转入库材料采购成本		365 650	平	—
	31		本期发生额及期末余额	215 650	365 650	平	—

表 4-6 明细分类账（甲材料）

材料名称：甲材料　　　　　　　　　　　　　　　　　　　　　　　　　　单位：元

201×年		凭证字号	摘要	借方			贷方	借或贷	余额
月	日			买价	运杂费	合计			
8	1		期初余额					借	80 000
	5	转1	购入原材料	60 000	150	60 150		借	140 150
	24	转3	购入原材料	40 000	200	40 200		借	180 350
	31	转4	结转入库材料采购成本				180 350	平	—
	31		本期发生额及期末余额	100 000	350	100 350	180 350	平	—

表 4-7 明细分类账（乙材料）

材料名称：乙材料　　　　　　　　　　　　　　　　　　　　　　　　　　单位：元

201×年		凭证字号	摘要	借方			贷方	借或贷	余额
月	日			买价	运杂费	合计			
8	1		期初余额					借	70 000
	8	转2 现付1	购入原材料	80 000	200	80 200		借	150 200
	24	转3	购入原材料	35 000	100	35 100		借	185 300
	31	转4	结转入库材料采购成本				185 300	平	—
	31		本期发生额及期末余额	115 000	300	115 300	185 300	平	—

表 4-8 总分类账

账户名称：应付账款　　　　　　　　　　　　　　　　　　　　　　　　　单位：元

201×年		凭证字号	摘要	借方	贷方	借或贷	余额
月	日						
8	1		期初余额			贷	100 000
	5	转1	购入原材料		60 150	贷	160 150
	8	转2	购入原材料		80 000	贷	240 150
	15	银付1	归还前欠货款	190 000		贷	50 150
	24	转3	购入原材料		75 300	贷	125 450
	29	银付2	归还前欠货款	100 000		贷	25 450
	31		本期发生额及期末余额	290 000	215 450	贷	25 450

表 4-9 应付账款明细分类账（瑞达公司）

明细科目：瑞达公司　　　　　　　　　　　　　　　　　　　　　　　　　　　单位：元

201×年		凭证字号	摘要	借方	贷方	借或贷	余额
月	日						
8	1		期初余额			贷	60 000
	5	转1	购入原材料		60 150	贷	120 150
	15	银付1	归还前欠货款	100 000		贷	20 150
	31		本期发生额及期末余额	100 000	60 150	贷	20 150

表 4-10 应付账款明细分类账（金山公司）

明细科目：金山公司　　　　　　　　　　　　　　　　　　　　　　　　　　　单位：元

201×年		凭证字号	摘要	借方	贷方	借或贷	余额
月	日						
8	1		期初余额			贷	40 000
	8	转2	购入原材料		80 000	贷	120 000
	15	银付1	归还前欠货款	90 000		贷	30 000
	24	转3	购入原材料		75 300	贷	105 300
	29	银付2	归还前欠货款	100 000		贷	5 300
	31		本期发生额及期末余额	190 000	155 300	贷	5 300

四、总分类账户和明细分类账户的核对

平行登记完毕后，为检验登记的正确性，要进行核对。实际工作中，具体通过编制"明细分类账户本期发生额及余额表"，将明细分类账户本期发生额及余额登入表中，并与有关总分类账户发生额及余额进行核对，检验平行登记是否正确。

根据【例4-9】中"在途物资""应付账款"账户登记情况，编制相应的发生额及余额表如表4-11、表4-12所示。

表 4-11 "在途物资"明细分类账户本期发生额及余额表

单位：元

明细科目	期初余额		本期发生额		期末余额	
	借方	贷方	借方	贷方	借方	贷方
甲材料	80 000		100 350	180 350	—	
乙材料	70 000		115 300	185 300	—	
合计	150 000		215 650	365 650	—	

表 4-12　"应付账款"明细分类账户本期发生额及余额表

单位：元

明细科目	期初余额		本期发生额		期末余额	
	借方	贷方	借方	贷方	借方	贷方
瑞达公司		60 000	100 000	60 150		20 150
金山公司		40 000	190 000	155 300		5 300
合计		100 000	290 000	215 450		25 450

将表 4-11、表 4-12 分别与"在途物资"总账、"应付账款"总账进行核对，核对这两张表中的期初、期末余额及借方、贷方发生额合计数与总账期初、期末余额及借方、贷方发生额相符，说明平行登记正确。

练习题

一、单项选择题

1. 进行复式记账时，对任何一项交易或事项登记的账户数量应是（　　）。
   A. 仅为一个　　　　　　　　B. 仅为两个
   C. 必须在两个以上　　　　　D. 两个或两个以上

2. 复式记账是指当交易或事项发生以后，在（　　）。
   A. 相互联系的明细账户中加以记录
   B. 互不联系的总账账户中加以记录
   C. 相互联系的总账账户中加以记录
   D. 互不联系的明细账户中加以记录

3. 复式记账对交易或事项的平衡记录，是指将其（　　）。
   A. 以相等的金额在有关总账账户中加以记录
   B. 以相等的金额在有关明细账户中加以记录
   C. 以不等的金额在有关明细账户中加以记录
   D. 以不等的金额在有关总账账户中加以记录

4. 在下列各项中，不属于复式记账含义的是（　　）。
   A. 对发生的交易和事项至少应在两个账户中进行记录
   B. 对发生的交易和事项必须在有关明细账户中以相等金额平衡记录
   C. 对发生的交易和事项必须在相互联系的账户中记录
   D. 交易和事项的记录实质上是反映会计要素内容的变动状况

5. 复式记账的理论依据是（　　）。
   A. 会计要素内容　　B. 资金运动规律　　C. 账户登记规则　　D. 账户设置数量

6. 对发生的交易和事项必须在相互联系的账户中记录，这些账户是指（　　）。
   A. 在同一项交易或事项中建立起相互联系的明细账户

B. 在不同交易或事项中建立起相互联系的总账账户

C. 在同一项交易或事项中建立起相互联系的总账账户

D. 在不同交易或事项中建立起相互联系的明细账户

7. 在下列各项中，不属于复式记账的作用的是（　　）。

A. 能够全面、系统地记录企业发生的所有交易或事项

B. 能够清晰地反映企业设置的会计账户的经济性质

C. 能够清晰地反映企业资金变化的来龙去脉

D. 能够运用有关数据的平衡关系检查账户记录有无差错

8. 借贷记账法的记账符号"借"对下列账户表示增加的是（　　）。

A. "股本"账户　　　　　　　　　B. "应付账款"账户

C. "应收账款"账户　　　　　　　D. "预收账款"账户

9. 借贷记账法的记账符号"贷"对下列账户表示减少的是（　　）。

A. "应付账款"账户　　　　　　　B. "管理费用"账户

C. "长期借款"账户　　　　　　　D. "预收账款"账户

10. 借贷记账法的记账符号"贷"对下列账户表示增加的是（　　）。

A. "原材料"账户　　　　　　　　B. "应收账款"账户

C. "应交税费"账户　　　　　　　D. "预付账款"账户

11. 借贷记账法的记账符号"借"对下列账户表示减少的是（　　）。

A. "生产成本"账户　　　　　　　B. "制造费用"账户

C. "应付职工薪酬"账户　　　　　D. "销售费用"账户

12. 在下列账户中，用借方登记增加额的为（　　）。

A. "生产成本"账户　　　　　　　B. "应交税费"账户

C. "盈余公积"账户　　　　　　　D. "应付账款"账户

13. 借贷记账法下的发生额平衡法平衡公式为（　　）。

A. 全部账户的借方发生额合计＝部分账户的贷方发生额合计

B. 全部账户的借方发生额合计＝全部账户的贷方发生额合计

C. 部分账户的借方发生额合计＝全部账户的贷方发生额合计

D. 某一账户的借方发生额合计＝某账户的贷方发生额合计

14. 对一项交易或事项，既在有关的总账账户进行总括登记，又在这些总账账户所属的明细账户中详细登记的做法称为（　　）。

A. 复式记账　　　B. 账簿登记　　　C. 会计记录　　　D. 平行登记

15. 在下列各项中，属于平行登记特有做法的是（　　）。

A. 为交易或事项编制会计分录

B. 确认交易或事项涉及的会计要素

C. 确定交易或事项变动的金额

D. 在有关总账和明细账中记录

二、多项选择题

1. 下列各项中，属于复式记账含义的有（　　）。
   A. 对发生的交易和事项至少应在两个账户中进行记录
   B. 对发生的交易和事项必须在相关账户中以相等金额平衡记录
   C. 对发生的交易和事项必须在相互联系的账户中记录
   D. 对发生的交易和事项必须在相互联系的科目中记录
   E. 交易和事项的记录实质上是反映会计要素内容的变动状况

2. 下列各项中，属于复式记账作用的有（　　）。
   A. 能够全面、系统地记录企业发生的所有交易或事项
   B. 能够清晰地反映企业设置的会计账户的经济性质
   C. 能够清晰地反映企业资金变化的来龙去脉
   D. 能够运用有关数据的平衡关系检查账户记录有无差错
   E. 能够运用有关数据的平衡关系检查会计分录有无差错

3. 借贷记账法的记账符号"借"与"贷"的基本含义有（　　）。
   A. 表示增加和减少　　　　　　B. 表示借款和贷款
   C. 表示借款和还款　　　　　　D. 表示账户的登记金额
   E. 表示账户的登记方向

4. 借贷记账法的记账符号"借"对下列账户表示增加的有（　　）。
   A. "固定资产"账户　　　　　　B. "无形资产"账户
   C. "银行存款"账户　　　　　　D. "预收账款"账户
   E. "原材料"账户

5. 借贷记账法的记账符号"借"对下列账户表示减少的有（　　）。
   A. "应付账款"账户　　　　　　B. "实收资本"账户
   C. "银行存款"账户　　　　　　D. "预收账款"账户
   E. "库存现金"账户

6. 借贷记账法的记账符号"贷"对下列账户表示增加的有（　　）。
   A. "资本公积"账户　　　　　　B. "应收账款"账户
   C. "短期借款"账户　　　　　　D. "预付账款"账户
   E. "本年利润"账户

7. 借贷记账法的记账符号"贷"对下列账户表示减少的有（　　）。
   A. "资本公积"账户　　　　　　B. "交易性金融资产"账户
   C. "短期借款"账户　　　　　　D. "库存商品"账户
   E. "本年利润"账户

8. 下列账户中，用借方登记增加额的有（　　）。
   A. "原材料"账户　　　　　　　B. "应付债券"账户
   C. "交易性金融资产"账户　　　D. "应收账款"账户

E. "预付账款"账户

9. 在下列账户中，用贷方登记增加额的有（   ）。

A. "资本公积"账户　　　　　　　　B. "应收票据"账户

C. "长期借款"账户　　　　　　　　D. "实收资本"账户

E. "短期借款"账户

10. 在下列账户中，用借方登记减少额的有（   ）。

A. "应付账款"账户　　　　　　　　B. "预收账款"账户

C. "短期借款"账户　　　　　　　　D. "资本公积"账户

E. "盈余公积"账户

三、判断题

（   ）1. 所有账户期末余额的方向都是固定不变的。

（   ）2. 对交易或事项分别在三个或三个以上的账户中登记的做法不属于复式记账。

（   ）3. 在简单的交易和事项中，相关账户记录的双方的金额是相等的，而在复杂交易和事项中，相关账户记录的双方的金额是不相等的。

（   ）4. 账户的增减变动实质上是在某个方面反映了该账户所反映的会计要素内容的增减变动。

（   ）5. 借贷记账法的记账符号"借"只表示增加，"贷"只表示减少。

（   ）6. 根据会计要素的划分，企业设置的所有账户可划分为六类。

（   ）7. 账户所反映的会计要素的经济性质，即账户的性质。

（   ）8. 在借贷记账法下设置的账户中，每一账户的左边均为借方，右边均为贷方。

（   ）9. 在借贷记账法下设置的负债类账户与所有者权益类账户的结构一致。

（   ）10. 所有账户在会计期末一定都有余额。

第五章

工业企业基本业务核算

本章学习目标

1. 掌握资金筹集业务的核算内容和核算方法。
2. 掌握生产准备业务的核算内容和核算方法。
3. 掌握产品生产业务的核算内容和核算方法。
4. 掌握产品销售业务的核算内容和核算方法。
5. 掌握财务成果业务的核算内容和核算方法。

本书在此前的章节中介绍了会计核算的一般原则、账户的设置、复式记账的原理及借贷记账法，本章将要讲述的是工业企业的主要经济业务及核算问题。工业企业的主要经济业务包括资金筹集业务、生产准备业务、产品生产业务、产品销售业务和财务成果业务五个方面。

第一节 工业企业的主要经济业务

工业企业是指按照市场经济的要求，依法成立、自主经营、自负盈亏、自我发展、自我约束的产品生产经营单位。工业企业的中心任务是根据市场经济的需要组织产品生产，或提供工业性劳务，满足社会生产和消费的需要，其总体目标是实现国民经济效益和自身财富的最大化。

工业企业的产品生产过程，同时也是企业的资金运动过程，其资金运动轨迹主要有资金进入、资金在企业内部的循环周转和资金退出。在资金进入阶段上，主要表现为投资者的投资和债权人的放债；在资金循环阶段上，主要表现为进入企业的资金，首先从货币资金形态出发，依次经过供、产、销三个阶段，相继转化为储备资金、生产资金、成品资金，最后又回到货币资金形态;在资金退出阶段上,主要表现为投资的返还、红利的分配、债务的清偿、利息的支付和税金的上交等。资金从货币资金形态出发,最后又回到货币资金形态的转化过程,称为资金循环。由于企业的生产经营活动是持续进行的,故其资金循环不断重复,这种不断重复的资金循环,就是资金周转。

工业企业的生产经营活动过程,就是以产品生产为中心的生产准备、产品生产和产品销售过程的统一,同时也是资金循环和资金价值增值过程的统一。企业利润的形成与实现过程,就是企业资金价值增值过程的具体表现。换句话说,工业企业产品生产经营活动的进行,首先是筹措资金、购置固定资产、采购原材料等;其次是将资产投入运营,进行产品生产,计算产品生产成本;再次是销售产品,取得产品销售收入,确认产品销售成本,并以收入抵补支出形成财务成果;最后就是对企业财务成果进行分配。

综上所述,工业企业的主要经济业务一般是指资金筹集业务、生产准备业务、产品生产业务、产品销售业务和财务成果业务等。

此外,伴随着上述主要经济业务的发生,还会发生对外投资业务和财产清查业务等非主要经济业务。

本章着重阐述工业企业主要经济业务的核算,对于财产清查业务的核算,本书将作为会计核算的基本方法之一,在第九章进行专门介绍。关于对外投资业务的核算,将由后续的专业会计课程说明。

第二节 资金筹集业务的核算

一个工业企业要从事生产经营活动,首先必须筹措一定数量的经营资金。企业筹集资金的渠道,一是吸收投资者的投资,二是向债权人借款。由此可见,资金筹集业务的核算,具体包括投入资本的核算和借入资金的核算两部分内容。

一、投入资本的核算

投入资本是投资者实际投入企业从事生产经营活动的各种经济资源,属于投资者的权益性资金,就其形态而言,可以是现金、银行存款等货币形态的资金,也可以是存货、固定资产等实物形态的资金,还可以是专利权、商标权、有价证券等无实物形态的资金等。投入资本按其投资主体,可分为国家投入资本、法人投入资本、个人投入资本和外商投入资本。

(一) 设置的主要账户

一个账户和另一个账户的本质差别体现在以下四个方面:①账户的性质(账户所反映的经济内容);②账户的用途;③账户的结构;④账户的明细核算方法。为此,本章设置的每个账户都从这四个方面展开。

投入资本的核算,一般应设置"实收资本"账户。现仅将该账户的性质、用途、结构及明细账户设置分别说明如下。

(1) 账户的性质:所有者权益类。

（2）账户的用途：核算和监督非股份制企业的投资者，确定按照企业章程规定所投入资本的增减变动情况及其结果。股份有限公司的投资者投入公司的资本，应在"股本"账户中进行核算和监督。

（3）账户的结构：贷方登记实收资本的增加额，借方登记实收资本的减少额；期末余额在贷方，表示投入资本的实有数额。"实收资本"账户的结构如图5-1所示。

企业实际收到投资者作为资本投入的货币、实物或无形资产时，记入本账户的贷方；投资者依法收回资本时，记入本账户的借方；其贷方余额表示投资者实际投入企业的注册资本总额。一般情况下，除企业将资本公积、盈余公积转作资本外，"实收资本"数额不能随意变动。

借方	实收资本	贷方
实收资本的减少额	实收资本的增加额	
	余额：期末投资者投入的注册资本实有数额	

图 5-1　"实收资本"账户的结构

（4）明细分类账户的设置：本账户应按投资主体（国家、法人、外商或个人）设置明细分类账户，进行明细核算。股份有限公司的投资者投入公司的资本，应在"股本"账户下按"普通股"和"优先股"设置明细分类账户，进行明细核算。

（二）投入资本的总分类核算

【例5-1】企业收到国家投资4 500 000元，款项已存入银行。

该项经济业务的发生，引起企业的银行存款和实收资本同时增加4 500 000元。银行存款属于企业的资产，其增加应记入"银行存款"账户的借方；实收资本属于企业的所有者权益，其增加应记入"实收资本"账户的贷方。在账务处理中，应根据开户银行的"收账通知"或已受理的"进账单回执"等有关原始凭证，编制记账凭证。该业务应编制的会计分录如下。

借：银行存款　　　　　　　　　　　　　　　　　　　　4 500 000
　　贷：实收资本　　　　　　　　　　　　　　　　　　　　4 500 000

【例5-2】企业收到某公司作为投资投入的新设备一台，投资双方确认的价值为220 000元，设备已办理交接验收手续。

该项经济业务的发生，引起企业固定资产和实收资本同时增加220 000元。固定资产属于企业的资产，其增加应记入"固定资产"账户的借方；实收资本的增加，记入"实收资本"账户的贷方。在账务处理中，应根据"固定资产交接验收单"等有关原始凭证编制记账凭证。该业务应编制的会计分录如下。

借：固定资产　　　　　　　　　　　　　　　　　　　　　220 000
　　贷：实收资本　　　　　　　　　　　　　　　　　　　　220 000

【例5-3】企业接受一投资者投入的非专利技术，双方协商作价100 000元。

该项经济业务的发生，引起无形资产和实收资本同时增加 100 000 元。无形资产和实收资本分别归属于资产和所有者权益，无形资产增加应记入"无形资产"账户的借方，实收资本增加应记入"实收资本"账户的贷方。在账务处理中，应根据"无形资产交接验收单"等有关原始凭证编制记账凭证。该业务应编制的会计分录如下。

借：无形资产　　　　　　　　　　　　　　　　　　100 000
　　贷：实收资本　　　　　　　　　　　　　　　　　　100 000

二、借入资金的核算

企业为了保持合理的资本结构并保证资金周转的正常需要，一部分资金需要以借入的方式形成。企业借入的资金主要来源于银行或其他金融机构的各种借款。期限在 1 年以下（含 1 年）的借款为短期借款，期限在 1 年以上（不含 1 年）的借款为长期借款。本书仅介绍短期借款的核算。

（一）设置的主要账户

短期借款的核算应该设置"短期借款"账户。

（1）账户的性质：负债类。

（2）账户的用途：核算和监督企业向银行或其他金融机构借入的期限在 1 年以下（含 1 年）的各种借款。借入的期限在 1 年以上的各种借款，属"长期借款"账户核算的内容，不在本账户核算。

（3）账户的结构：贷方登记借入的各种短期借款，借方登记归还的各种短期借款；期末余额在贷方，表示期末尚未归还的各种短期借款的本金。"短期借款"账户的结构如图 5-2 所示。

企业发生的短期借款利息应当直接计入当期财务费用，借记"财务费用"账户，贷记"应付利息""银行存款"等账户。有关利息的具体账务处理方法，将在本章第六节予以说明。

借方	短期借款	贷方
归还的各种短期借款	取得的各种短期借款	
	余额：期末尚未归还的短期借款	

图 5-2　"短期借款"账户的结构

（4）明细分类账户的设置：本账户应按债权人名称和贷款种类设置明细分类账户，进行明细核算。

（二）短期借款的总分类核算

【例 5-4】企业取得期限为 6 个月的银行借款 80 000 元，年利率为 8%。款项已存入银行。

该项经济业务的发生，引起银行存款和短期借款同时增加 80 000 元。银行存款作为企业的资产，其增加额应记入"银行存款"账户的借方；短期借款作为企业的负债，其增额应记入"短期借款"账户的贷方。在账务处理中,应根据银行的"收账通知"等有关原始凭证编制记账凭证。该业务应编制的会计分录如下。

借:银行存款　　　　　　　　　　　　　　　　　　　　80 000
　　贷:短期借款　　　　　　　　　　　　　　　　　　　80 000

【例5-1】至【例5-4】中资金筹集业务的核算结果如图5-3所示。

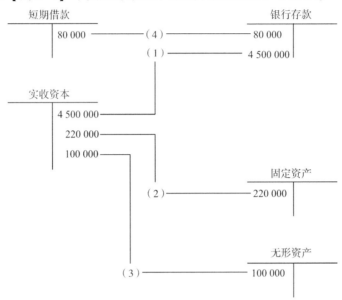

图 5-3　资金筹集业务的核算结果

第三节　生产准备业务的核算

工业企业筹措了一定数量的经营资金之后,紧接着就是做好生产准备活动。生产准备活动的主要内容一方面是购建厂房,购买机器、设备等固定资产,另一方面是采购生产产品需要的各种材料。因此,固定资产的购建业务和材料的采购业务就是生产准备业务的主要内容。

一、购入固定资产的核算

固定资产是指企业为生产产品、提供劳务、出租或者经营管理而持有的、使用时间超过12个月的,价值达到一定标准的非货币性资产,包括房屋、建筑物、机器、机械、运输工具以及其他与生产经营活动有关的设备、器具、工具等。固定资产是企业的劳动手段,也是企业赖以生产经营的主要资产。使用年限超过2年的不属于生产经营主要设备的物品,也应作为固定资产。

(一) 设置的主要账户

为了核算和监督固定资产购建的过程与结果,必须设置"固定资产"和"在建工程"账户。

1. "固定资产"账户

(1) 账户的性质：资产类。

(2) 账户的用途：核算和监督固定资产原始价值的增减变动过程及结存情况。

(3) 账户的结构：借方登记固定资产增加的原始价值，贷方登记固定资产减少的原始价值；期末余额在借方，表示结存的固定资产原始价值。"固定资产"账户的结构如图5-4所示。

企业购入不需经过建造即可使用的固定资产，其增加的原始价值包括实际支付的买价、包装费、运输费、安装成本、所交的有关税金等。

借方	固定资产	贷方
固定资产增加的原始价值	固定资产减少的原始价值	
余额：结存的固定资产原始价值		

图5-4　"固定资产"账户的结构

(4) 明细分类账户的设置：企业应当设置"固定资产登记簿"和"固定资产卡片"，按固定资产类别、使用部门和每项固定资产设置明细分类账户，进行明细核算。

2. "在建工程"账户

(1) 账户的性质：资产类。

(2) 账户的用途：核算和监督企业进行基建工程、安装工程、技术改造工程等发生的工程成本。

(3) 账户的结构：借方登记工程成本的增加额，贷方登记工程成本的减少额和工程竣工转出的数额；期末余额在借方，反映企业未完工的在建工程实际成本。"在建工程"账户的结构如图5-5所示。

企业购入不需要安装的固定资产，借记"固定资产"账户，贷记"银行存款"等账户；购入需要安装的固定资产，先按规定将有关购买支出即安装成本记入"在建工程"账户，安装完毕交付使用时，再转入"固定资产"账户。

借方	在建工程	贷方
工程成本的增加额	工程成本的减少额和工程竣工转出的数额	
余额：未完工的在建工程实际成本		

图5-5　"在建工程"账户的结构

(4) 明细分类账户的设置：本账户应按在建工程类别设置明细分类账户，进行明细核算。

（二）购入固定资产的总分类核算

【例5-5】企业购入不需安装的生产设备一台，价款为50 000元，增值税税率为13%，增值税额为6 500元，价税合计为56 500元，已用银行存款付讫。

该项经济业务的发生，引起一个资产项目固定资产增加50 000元，应交税费减少6 500

元，另一个资产项目银行存款减少 56 500 元。固定资产增加应记入"固定资产"账户的借方；应交税费减少应记入"应交税费"账户的借方，银行存款减少应记入"银行存款"账户的贷方。在账务处理中，应根据购入固定资产时取得的"增值税专用发票"、自制的"固定资产交接验收单"及银行的"付账通知"等有关原始凭证，填制记账凭证。该业务应编制的会计分录如下：

借：固定资产　　　　　　　　　　　　　　　　　　50 000
　　应交税费——应交增值税（进项税额）　　　　　 6 500
　　贷：银行存款　　　　　　　　　　　　　　　　　　56 500

【例5-6】企业购入需要安装的生产设备一台，增值税税率为13%，价税合计为113 000元，运杂费500元，共计113 500元，已用银行存款付讫。该设备在安装中耗用本企业原材料300元，发生应付工人工资500元，同时用银行存款支付外单位安装费用1 200元。设备安装完工后，验收合格，正式交付使用。

这是一个综合性例题，其核算过程应分四步进行。

（1）首先，购入需要安装的设备，一方面引起在建工程成本增加，应借记"在建工程"账户；另一方面引起银行存款减少，应贷记"银行存款"。在账务处理中，应根据"增值税专用发票"等有关原始凭证，编制记账凭证。该业务应编制的会计分录如下：

借：在建工程　　　　　　　　　　　　　　　　　　100 500
　　应交税费——应交增值税（进项税额）　　　　　13 000
　　贷：银行存款　　　　　　　　　　　　　　　　　　113 500

（2）其次，在安装设备时发生材料及人工耗费，一方面引起在建工程成本增加，另一方面引起原材料减少，应付职工薪酬增加。在建工程成本增加，应借记"在建工程"账户；原材料减少即资产减少，应贷记"原材料"账户；应付职工薪酬增加即负债增加，应贷记"应付职工薪酬"账户。在账务处理中，应根据"领料单""工资结算单"等有关原始凭证编制记账凭证。该业务应编制的会计分录如下：

借：在建工程　　　　　　　　　　　　　　　　　　800
　　贷：原材料　　　　　　　　　　　　　　　　　　　300
　　　　应付职工薪酬　　　　　　　　　　　　　　　　500

（3）再次，发生委托安装工程支出，引起在建工程成本增加、银行存款减少。在账务处理中，应根据支付安装费时取得的"发票"等有关原始凭证编制记账凭证。该业务应编制的会计分录如下：

借：在建工程　　　　　　　　　　　　　　　　　　1 200
　　贷：银行存款　　　　　　　　　　　　　　　　　　1 200

（4）最后，设备安装完工并交付使用时，将工程成本总额从"在建工程"账户的贷方转入"固定资产"账户的借方，引起两个资产项目一减一增。此时的账务处理应根据"安装工程竣工决算书""固定资产交接验收单"等有关原始凭证，编制记账凭证。该业务应编制的会计分录如下：

借：固定资产	102 500
贷：在建工程	102 500

二、材料采购业务的核算

材料采购业务的核算内容，主要包括采购支出（材料价款、运输费用、途中合理损耗、入库前的挑选整理费用、增值税进项税额）的核算及材料验收入库的核算。为了正确、及时地核算和监督材料采购业务活动中的资金运动情况，必须根据货款结算方式和钱货两清时间的不同，设置相应的账户，采用相应的账务处理方法，进行总分类核算和明细分类核算。

(一) 设置的主要账户

根据材料采购业务的核算内容及其相关的款项结算方式，必须设置"在途物资""原材料""应付账款""应付票据""预付账款""应交税费——应交增值税"等账户，以保证材料采购业务核算的基本需要。

1. "在途物资"账户

企业采用实际成本核算时，使用该账户；若采用计划成本核算，则使用"材料采购"账户。

（1）账户的性质：资产类。

（2）账户的用途：核算企业采用实际成本（进价）进行材料、商品等物资的日常核算、货款已付尚未验收入库的各种物资（即在途物资）的采购成本。材料采购过程的成本费用一般包括材料的买价、负担的运杂费、运输途中的合理损耗及入库前的挑选整理费用等。

（3）账户的结构：借方登记材料的买价及采购费用，贷方登记已验收入库材料的实际采购成本；期末余额一般在借方，表示在途材料的实际采购成本。"在途物资"账户的结构如图5-6所示。

借方	在途物资	贷方
材料的买价及采购费用	已验收入库材料的实际采购成本	
余额：在途材料的实际采购成本		

图5-6 "在途物资"账户的结构

（4）明细分类账户的设置：为了正确计算各种材料的采购成本，应在"在途物资"账户下，根据材料的具体品种、规格等分别设置明细分类账户，进行明细核算。

2. "原材料"账户

（1）账户的性质：资产类。

（2）账户的用途：核算和监督企业库存材料的增减变动及结存情况。

（3）账户的结构：在按实际成本进行材料日常核算的条件下，借方登记入库材料的实际成本，贷方登记发出材料的实际成本；期末余额在借方，反映库存材料的实际成本。"原材料"账户的结构如图5-7所示。

借方	原材料	贷方
入库材料的实际成本	发出材料的实际成本	
余额：库存材料的实际成本		

图 5-7　"原材料"账户的结构

（4）明细分类账户的设置：为了反映每种库存材料的增减变动情况，应根据材料的品种、规格设置明细分类账户，进行明细核算。

3．"应付账款"账户

（1）账户的性质：负债类。

（2）账户的用途：核算和监督企业因采购物资或接受劳务而发生的应付给供应单位的款项增减变动情况。

（3）账户的结构：贷方登记应付给供应单位的款项，借方登记已偿还的款项；期末余额一般在贷方，表示尚未偿还的应付款项，如为借方余额，则表示企业预付的款项。"应付账款"账户的结构如图5-8所示。

借方	应付账款	贷方
已偿还的款项	应付给供应单位的款项	
余额：企业预付的款项	余额：尚未偿还的应付款项	

图 5-8　"应付账款"账户的结构

（4）明细分类账户的设置：本账户应按供应单位设置明细分类账户，进行明细核算。

4．"应付票据"账户

（1）账户的性质：负债类。

（2）账户的用途：核算和监督企业因购买材料、商品和接受劳务供应等而开出、承兑的商业汇票结算情况，包括银行承兑汇票和商业承兑汇票。

（3）账户的结构：贷方登记企业开出的商业汇票，借方登记偿还的应付票据款；期末贷方余额，表示企业持有的尚未到期的应付票据本息。"应付票据"账户的结构如图5-9所示。

借方	应付票据	贷方
偿还的应付票据款	企业开出的商业汇票	
	余额：企业持有的尚未到期的应付票据本息	

图 5-9　"应付票据"账户的结构

（4）明细分类账户的设置：企业不必设置明细分类账户，但应设置"应付票据备查簿"，详细地记录每一票据的种类、签发日期、票面金额、收款人、付款日期和金额等资料。应付票据到期付清时，应在备查簿内逐笔注销。

5．"预付账款"账户

（1）账户的性质：资产类。

（2）账户的用途：核算企业按照购货合同的规定，预付给供应单位的款项及结算情况。

(3) 账户的结构：借方登记预付的款项和收到所购货物时因预付款不足而补付的款项，贷方登记因收到所购货物而冲销的款项和因预付多余款而退回的款项。期末若为借方余额，表示企业实际预付而尚未冲销的款项；若为贷方余额，表示企业尚未补付的款项。"预付账款"账户的结构如图5-10所示。

借方	预付账款	贷方
预付的款项和收到所购货物时因预付款不足而补付的款项	因收到所购货物而冲销的款项和因预付多余款而退回的款项	
余额：企业实际预付而尚未冲销的款项	余额：企业尚未补付的款项	

图 5-10　"预付账款"账户的结构

(4) 明细分类账户的设置：本账户应按供应单位设置明细分类账，进行明细核算。

6. "应交税费"账户

(1) 账户的性质：负债类。

(2) 账户的用途：核算和监督企业按照税法规定交的各种税费，反映企业与税务机关之间有关税金的结算情况，如增值税、消费税、企业所得税、资源税、土地增值税、城市维护建设税、教育费附加、房产税、城镇土地使用税、车船税、个人所得税等的结算情况等。

(3) 账户的结构：贷方登记应交的各种税费，借方登记实际交的各种税费；期末余额金额可能在贷方，也可能在借方，若为贷方余额，表示应交未交的税费，若为借方余额，则表示多交的税费。"应交税费"账户的结构如图5-11所示。

借方	应交税费	贷方
实际交的各种税费	应交的各种税费	
余额：多交的税费	余额：应交未交的税费	

图 5-11　"应交税费"账户的结构

(4) 明细分类账户的设置：本账户应按税费种类设置明细分类账户，进行明细核算。其中，"应交税费——应交增值税"账户与企业材料采购业务和产品销售业务密切相关，该明细账户用于企业增值税的核算；该账户借方登记企业因购进货物或接受劳务等而负担并准予抵扣的增值税进项税额和实际交的增值税等，贷方登记企业因销售产品或提供劳务等而发生的增值税销项税额，期末余额若在贷方，表示企业应交而尚未交的增值税额，余额若在借方，表示期末多交或尚未抵扣的增值税额。

（二）材料采购业务的总分类核算

【例5-7】企业从本地购入丙种材料5 000千克，每千克10元，计50 000元，增值税进项税额为6 500元，材料已验收入库，货款以银行存款支付。

该经济业务的发生，一方面表明支付丙材料价款为50 000元，应记入"在途物资"账户的借方，增值税进项税额6 500元，应记入"应交税费"账户的借方；另一方面表明材料价款已用银行存款付清，引起银行存款减少，应记入"银行存款"账户的贷方。在账务处理中，应根据购货"发票"等有关原始凭证，编制记账凭证。该业务应编制的会计分录如下。

  借：在途物资——丙材料   50 000
    应交税费——应交增值税（进项税额）   6 500
    贷：银行存款   56 500

【例5-8】企业从异地购入甲材料100吨，每吨600元，计60 000元，增值税进项税额为7 800元。材料已验收入库，货款未付。

  这是一笔赊购业务，该经济业务的发生，一方面增加了材料采购成本60 000元，增加了应交增值税（进项税额）7 800元；另一方面增加应付账款67 800元。其中，材料采购成本的增加，也可看作资产的增加，其增加额应记入"在途物资"账户的借方；应交增值税（进项税额）的增加意味着应交税费的减少，其减少额应记入"应交税费——应交增值税（进项税额）"账户的借方；应付账款增加即负债增加，其增加额应记入"应付账款"账户的贷方。在账务处理中，应根据"增值税专用发票"等有关原始凭证编制记账凭证。该业务应编制的会计分录如下。

  借：在途物资——甲材料   60 000
    应交税费——应交增值税（进项税额）   7 800
    贷：应付账款   67 800

【例5-9】企业从异地购入乙材料5 000千克，每千克8元，计40 000元，增值税进项税额为5 200元，材料已验收入库，货款以商业汇票结算。

  该经济业务的发生，一方面表明乙材料的买价是40 000元，应记入"在途物资"账户的借方，增值税进项税额5 200元，应记入"应交税费——应交增值税（进项税额）"账户的借方；另一方面表明货款用商业汇票结算，形成企业对供应单位的债务，应记入"应付票据"账户的贷方。在账务处理中，应根据购货"发票"等有关原始凭证编制记账凭证。该业务应编制的会计分录如下。

  借：在途物资——乙材料   40 000
    应交税费——应交增值税（进项税额）   5 200
    贷：应付票据   45 200

【例5-10】企业原签发并承兑的商业汇票到期，以银行存款归还应付票据45 200元。

  该经济业务的发生，一方面表明商业汇票到期付款，企业负债减少45 200元，应记入"应付票据"账户的借方；另一方面表明企业的银行存款减少，应记入"银行存款"账户的贷方。在账务处理中，应根据银行的"付账通知"等有关原始凭证，编制记账凭证。该业务应编制的会计分录如下。

  借：应付票据   45 200
    贷：银行存款   45 200

【例5-11】企业拟购甲材料一批，先于月初按照购货合同的规定以银行存款10 000元向A公司预付货款；后于月中收到A公司的材料及发票账单，并将材料验收入库。材料的买价为10 000元，运杂费为800元，增值税进项税额为1 300元，应付款项共计12 100元，冲销原预付的货款后,不足部分以银行存款补付。

本例也是一个综合性业务题,其核算过程包括预付、冲销、补付三个环节。

(1) 首先,预付货款 10 000 元,使得预付账款增加,银行存款减少,涉及"预付账款"和"银行存款"两个账户。预付账款属于企业的资产(债权),其增加应记入"预付账款"账户的借方;银行存款也属于企业的资产,其减少应记入"银行存款"账户的贷方。在账务处理中,应根据银行的"付账通知"等有关原始凭证,编制记账凭证。该业务应编制的会计分录如下。

借:预付账款　　　　　　　　　　　　　　　　　　10 000
　　贷:银行存款　　　　　　　　　　　　　　　　　　10 000

(2) 其次,收到 A 公司提交已预付货款的材料及发票账单,按应付款项总额 12 100 元,冲抵原预付账款,这样一方面使物资采购成本增加 10 800 元,应交税费减少 1 300 元;另一方面使预付账款减少 12 100 元。其中,物资采购成本增加即资产增加,应借记"在途物资"账户;应交税费减少即负债减少,应借记"应交税费——应交增值税(进项税额)"账户;预付账款减少即资产(债权)减少,应贷记"预付账款"账户。在账务处理中,应根据 A 公司提交的"发货单"等有关原始凭证,编制记账凭证。该业务应编制的会计分录如下。

借:在途物资——甲材料　　　　　　　　　　　　　10 800
　　应交税费——应交增值税(进项税额)　　　　　　 1 300
　　贷:预付账款　　　　　　　　　　　　　　　　　　12 100

(3) 最后,补付不足部分贷款 2 100 元(12 100 - 10 000)。鉴于补付是因预付不足所致,加之账户对应关系的需要,在进行账务处理时,应将补付视同预付,直接根据银行的"付款通知"等有关原始凭证,编制记账凭证。该业务应编制的会计分录如下。

借:预付账款　　　　　　　　　　　　　　　　　　 2 100
　　贷:银行存款　　　　　　　　　　　　　　　　　　 2 100

【例 5-12】期末结转已验收入库的三种材料的实际采购成本总额 160 800 元。

该经济业务表明,甲、乙、丙三种材料的采购过程已经完成,各种材料的实际采购成本总额应从"在途物资"账户的贷方转入"原材料"账户的借方,以反映入库材料的实际成本。在进行账务处理时,应根据"入库材料汇总表"或"物资采购成本计算表"等有关原始凭证,编制记账凭证。该业务应编制的会计分录如下。

借:原材料——甲材料　　　　　　　　　　　　　　70 800
　　　　——乙材料　　　　　　　　　　　　　　40 000
　　　　——丙材料　　　　　　　　　　　　　　50 000
　　贷:在途物资——甲材料　　　　　　　　　　　　708 00
　　　　　　——乙材料　　　　　　　　　　　　40 000
　　　　　　——丙材料　　　　　　　　　　　　50 000

【例 5-5】至【例 5-12】中生产准备业务的核算结果如图 5-12 所示。

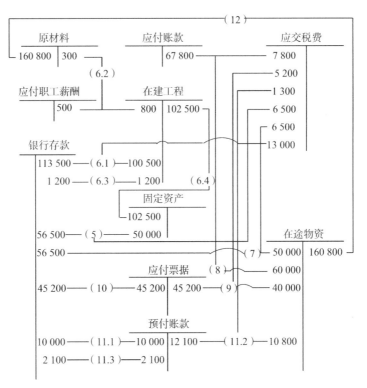

图 5-12 生产准备业务的核算结果

第四节 产品生产业务的核算

一、产品生产业务概述

工业企业在完成生产准备工作之后，接下来就是组织产品生产。产品生产业务是工业企业基本经济业务的中心环节。产品的生产过程，也是各项生产要素的耗费过程。在生产产品的同时，要发生劳动力、劳动资料和劳动对象的耗费。生产费用的产生、归集和分配，以及产品成本的计算与形成，是产品生产业务核算的主要内容。

工业企业为生产一定种类和数量的产品所发生的生产费用，称为产品成本。计入产品成本的生产费用按其经济用途不同所做的分类项目，称为产品成本项目，一般包括直接材料、直接人工和制造费用。

直接材料是直接用于产品生产、构成产品实体的原材料、主要材料、外购半成品及其他直接材料；直接人工是指直接从事产品生产的工人工资和按规定比例计提的职工福利费；制造费用是指企业生产车间为组织和管理车间生产活动而发生的各项间接费用，如生产车间管理人员的工资及福利费、办公费、水电费、修理费、折旧费、劳动保护费等。

产品生产过程中的基本业务，主要包括材料费用的归集与分配业务、人工费用的归集与分配业务、折旧费用的计算与分配业务、制造费用的归集与分配业务、完工产品生产成本的计算与结转业务等。

产品生产业务的核算同前述各项业务的核算一样,都是运用设置账户和复式记账等会计核算方法完成的。

二、产品生产业务的核算

(一) 设置的主要账户

为了满足产品生产业务核算的基本需要,必须设置"生产成本""制造费用""应付职工薪酬""累计折旧""库存商品"等账户。

1. "生产成本"账户

(1) 账户的性质:成本类。

(2) 账户的用途:归集和分配生产费用,计算产品生产成本。

(3) 账户的结构:借方登记为生产产品所发生的直接材料、直接人工等直接费用和分配转入的制造费用,贷方登记结转完工入库产品的生产成本;期末如有余额,应在借方,表示期末尚未制造完工的产品成本。"生产成本"账户的结构如图5-13所示。

借方	生产成本	贷方
为生产产品所发生的直接材料、直接人工等直接费用和分配转入的制造费用	结转完工入库产品的生产成本	
余额:期末尚未制造完工的产品成本		

图5-13 "生产成本"账户的结构

(4) 明细分类账户的设置:本账户应分别按照基本生产车间和成本核算对象设置明细分类账户,进行明细核算。

2. "制造费用"账户

(1) 账户的性质:成本类。

(2) 账户的用途:归集和分配企业生产车间为生产产品和提供劳务而发生的各项间接费用,包括职工薪酬、折旧费、修理费、办公费、水电费及物料消耗等。

(3) 账户的结构:借方登记发生的各种制造费用,贷方登记按一定标准分配转入各产品成本的制造费用;每期的制造费用经分配结转后,期末没有余额。"制造费用"账户的结构如图5-14所示。

借方	制造费用	贷方
发生的各种制造费用	按一定标准分配转入各产品成本的制造费用	

图5-14 "制造费用"账户的结构

(4) 明细分类账户的设置:本账户应按生产车间和费用项目设置明细分类账户,进行明细核算。

3. "应付职工薪酬"账户

（1）账户的性质：负债类。

（2）账户的用途：核算和监督企业根据有关规定应付给职工的各种薪酬及企业与职工之间的薪酬结算情况。

（3）账户的结构：贷方登记企业应付的职工薪酬，借方登记企业实际支付的职工薪酬；期末余额一般在贷方，表示应付未付的职工薪酬。"应付职工薪酬"账户的结构如图5-15所示。

借方	应付职工薪酬	贷方
实际支付的职工薪酬	应付的职工薪酬	
	余额：应付未付的职工薪酬	

图5-15 "应付职工薪酬"账户的结构

（4）明细分类账户的设置：本账户应当按照"工资、奖金、津贴、补贴""职工福利""社会保险费""住房公积金""工会经费""职工教育经费"等设置明细分类账户，进行明细核算。

4. "累计折旧"账户

（1）账户的性质：资产类。

（2）账户的用途：反映和监督企业账面现有固定资产原始价值的累计已减少价值，即累计折旧，或称累计已计提固定资产折旧。所谓固定资产折旧，是指固定资产在使用过程中因为损耗而转移到成本费用中去的那部分价值。固定资产在使用过程中的损耗，具体包括有形损耗和无形损耗。其中，有形损耗是指固定资产在使用过程中不可避免地发生的物质损耗；无形损耗是指由于劳动生产力的提高或科学技术的进步，固定资产相对贬值或提前报废而产生的损耗。

（3）账户的结构：贷方登记固定资产折旧的增加额，借方登记固定资产折旧的减少或注销额；期末余额在贷方，表示账面结存固定资产的累计折旧额。期末将"固定资产"账户的借方余额减去"累计折旧"账户的贷方余额所得之差，即固定资产净值。"累计折旧"账户的结构如图5-16所示。

借方	累计折旧	贷方
固定资产折旧的减少或注销额	固定资产折旧的增加额	
	余额：账面结存固定资产的累计折旧额	

图5-16 "累计折旧"账户的结构

（4）明细分类账户的设置：本账户只进行总分类核算，一般不进行明细分类核算。

5. "库存商品"账户

（1）账户的性质：资产类。

（2）账户的用途：核算和监督企业各种库存商品的增减变动及结存情况。企业的库存商品，包括库存的外购商品、自制产品、存放在门市部准备出售的商品、发出展览的商品以及寄存在外库的商品等。工业企业的库存商品主要是指产成品,即企业已生产完工并验收入库可供销售的产品。

(3) 账户的结构:在工业企业里,本账户借方登记已完工验收入库产品的实际生产成本,贷方登记发出产品的实际生产成本;期末余额在借方,表示库存产品的实际生产成本。"库存商品"账户的结构如图5-17所示。

借方	库存商品	贷方
已完工验收入库产品的实际生产成本	发出产品的实际生产成本	
余额:库存产品的实际生产成本		

图5-17 "库存商品"账户的结构

(4) 明细分类账户的设置:本账户应按库存商品的种类、品种和规格设置明细分类账户,进行明细核算。

(二) 产品生产业务的总分类核算

【例5-13】企业本期生产产品耗用原材料合计54 000元,其中,生产甲产品耗用50 000元,车间一般耗用4 000元。

该经济业务的发生,引起企业生产成本增加50 000元,制造费用增加4 000元,原材料减少54 000元。生产成本和制造费用作为企业的成本费用,增加额分别记入"生产成本"和"制造费用"账户的借方;原材料属于企业的资产,其减少额应记入"原材料"账户的贷方。在账务处理中,应根据"发出材料汇总表"等原始凭证编制记账凭证。该业务应编制的会计分录如下。

借:生产成本　　　　　　　　　　　　　　　　50 000
　　制造费用　　　　　　　　　　　　　　　　 4 000
　　贷:原材料　　　　　　　　　　　　　　　　　　54 000

【例5-14】企业结算本期应付生产工人的工资合计为26 000元,其中,甲产品生产工人工资21 000元,车间管理人员工资5 000元。

该经济业务的发生,引起企业的生产成本增加21 000元,制造费用增加5 000元,应付职工薪酬增加26 000元。生产成本、制造费用作为企业的成本费用,增加额应分别记入"生产成本"和"制造费用"账户的借方;应付职工薪酬属于企业的负债,其增加额应记入"应付职工薪酬"账户的贷方。在账务处理中,应根据"工资分配表"等有关原始凭证编制记账凭证。该业务应编制的会计分录如下。

借:生产成本　　　　　　　　　　　　　　　　21 000
　　制造费用　　　　　　　　　　　　　　　　 5 000
　　贷:应付职工薪酬　　　　　　　　　　　　　　26 000

【例5-15】企业根据财务制度规定,按照工资总额的10%计提福利费2 600元,其中,按直接生产工人工资总额计提的福利费为2 100元(21 000×10%),按车间管理人员工资总额计提的福利费为500元(5 000×10%)。

该经济业务的发生,引起企业生产成本增加 2 100 元,制造费用增加 500 元,应付福利费增加 2 600 元。生产成本、制造费用作为企业的负债,其增加额应记入"生产成本"和"制造费用"账户的借方;应付福利费属于企业的负债,其增加额应记入"应付职工薪酬"账户的贷方。在账务处理中,应根据"应付福利费分配表"等有关原始凭证编制记账凭证。该业务应编制的会计分录如下。

借:生产成本　　　　　　　　　　　　　　　　　　　2 100
　　制造费用　　　　　　　　　　　　　　　　　　　　500
　　贷:应付职工薪酬　　　　　　　　　　　　　　　　　　2 600

【例 5-16】企业计提本期生产车间的固定资产折旧 4 000 元。

该经济业务的发生,使企业的制造费用和固定资产的累计折旧同时增加 4 000 元。制造费用作为企业的成本费用,其增加额应记入"制造费用"账户的借方;累计折旧的增加意味着固定资产价值的减少,所以,累计折旧的增加同固定资产的减少的记账方向相同,即应记入"累计折旧"账户的贷方。在账务处理中,应根据"固定资产折旧计算表"等有关原始凭证,编制记账凭证。该业务应编制的会计分录如下。

借:制造费用　　　　　　　　　　　　　　　　　　　4 000
　　贷:累计折旧　　　　　　　　　　　　　　　　　　　4 000

【例 5-17】企业只生产甲产品一种产品,期末分配结转本期发生的制造费用为 15 200 元。

为了加强对制造费用的管理,企业发生的制造费用一般应单独进行归集。但是,由于制造费用是企业产品的生产成本的重要组成部分,故在期末计算产品成本时,应将"制造费用"按照一定标准在各产品之间进行分配,转入各产品的生产成本。制造费用的分配方法有多种,其中常用的是按照生产工人工时比例进行分配,其计算方法如下。

$$制造费用分配率 = \frac{制造费用总额}{生产工时总额}$$

某产品应分配的制造费用 = 该产品耗用的生产工时数 × 分配率

如企业只生产一种产品,期末计算产品成本时,应将"制造费用"账户归集的制造费用从"制造费用"账户的贷方全部转入"生产成本"账户的借方。

该项经济业务的发生,使企业的生产成本增加 15 200 元,"制造费用"账户归集的成本费用减少 15 200 元。生产成本增加,应记入"生产成本"账户的借方;制造费用减少,应记入"制造费用"账户的贷方。在账务处理中,应根据"制造费用分配表"等原始凭证编制记账凭证。该业务应编制的会计分录如下。

借:生产成本　　　　　　　　　　　　　　　　　　　15 200
　　贷:制造费用　　　　　　　　　　　　　　　　　　　15 200

【例 5-18】企业本期生产甲产品 100 件,期末全部完工,结转完工入库产品的实际成本为 89 140 元,其中直接材料费为 50 000 元,直接人工费为 23 940 元,制造费用为 15 200 元。

该经济业务需要进行产品成本计算，在企业存在在产品时，企业按上述步骤归集到生产成本明细账中的本期的生产费用，应加上期初在产品的成本，计算出生产费用合计，再采用一定的分配方法，将生产费用合计数在本期完工产品和期末在产品之间进行分配，计算出本期完工产品成本。

在本例中，企业不存在在产品，本期发生的生产费用总额就是本期完工产品的成本总额，将总成本除以产量，即可计算出产品的单位成本。

在本经济业务中，结转完工入库产品的实际成本，使企业的库存商品增加89 140元，生产成本减少89 140元。库存商品作为企业的资产，其增加额应记入"库存商品"账户的借方；生产成本作为企业的生产费用，其转出额应记入"生产成本"账户的贷方。在账务处理中，应根据"产品成本计算表"等原始凭证编制记账凭证。该业务应编制的会计分录如下。

借：库存商品　　　　　　　　　　　　　　　　　　　　　89 140
　　贷：生产成本　　　　　　　　　　　　　　　　　　　　89 140

根据甲产品成本明细账资料，可编制产品成本计算表，如表5-1所示。

表5-1　甲产品成本计算表

完工产量：100件　　　　　　　　　　　　　　　　　　　　单位：元

成本项目	总成本	单位成本
直接材料	50 000	500
直接人工	23 940	239.4
制造费用	15 200	152
合计	89 140	891.4

【例5-13】至【例5-18】中产品生产业务的核算结果如图5-18所示。

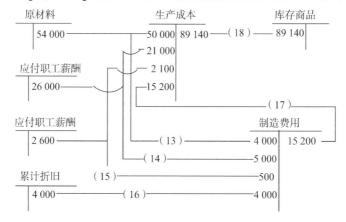

图5-18　产品生产业务的核算结果

第五节　产品销售业务的核算

工业企业的产品生产完工并验收入库之后，必须立即组织销售。产品销售业务处于企业生产经营活动的最后阶段，是实现企业产品价值的关键。在这一业务活动中，确认销售收入、收取销货款项、结转销售成本、支付销售费用、计算有关税金等是产品销售业务核算的主要内容。

企业的生产经营业务，有的属于主营业务，有的属于附带经营业务，所以，与之相联系的销售业务核算可进一步划分为主营业务收支的核算和其他业务收支的核算。

一、主营业务收支的核算

（一）设置的主要账户

企业在主营业务收支的核算中，应设置"主营业务收入""应收账款""应收票据""预收账款""主营业务成本""税金及附加"等主要账户。

1. "主营业务收入"账户

（1）账户的性质：损益类。

（2）账户的用途：核算和监督企业销售产品、提供劳务及让渡资产使用权等日常活动所取得的收入。

（3）账户的结构：贷方登记已确认的主营业务收入，借方登记销售退回和销售折让冲减的主营业务收入，以及期末转入"本年利润"账户的数额；结转后本账户应无余额。"主营业务收入"账户的结构如图5-19所示。

借方	主营业务收入	贷方
销售退回和销售折让冲减的主营业务收入，以及期末转入"本年利润"账户的数额	已确认的主营业务收入	

图5-19　"主营业务收入"的结构

（4）明细分类账户的设置：本账户应按主营业务的种类设置明细分类账户，进行明细核算。

2. "应收账款"账户

（1）账户的性质：资产类。

（2）账户的用途：核算和监督企业因销售商品、产品，提供劳务等形成的应收未收账款。不单独设置"预收账款"账户的企业，预收的账款也在本账户核算。

（3）账户的结构：借方登记应向购买单位收取得的账款，贷方登记已收回或转销的账款；期末余额在借方，表示期末尚未收回的应收账款，如为贷方余额，表示企业尚未冲抵的预收账款。"应收账款"账户的结构如图5-20所示。

借方	应收账款	贷方
应向购买单位收取的账款	已收回或转销的账款	
余额：期末尚未收回的应收账款	余额：尚未冲抵的预收账款	

图 5-20　"应收账款"账户的结构

（4）明细分类账户的设置：本账户应按购货单位设置明细分类账户，进行明细核算。

3. "应收票据"账户

（1）账户的性质：资产类。

（2）账户的用途：核算和监督企业因销售商品、产品，提供劳务等而收到的商业汇票及其结算情况。应收票据具体包括银行承兑汇票和商业承兑汇票。

（3）账户的结构：借方登记应向购买单位收取的商业汇票款，贷方登记已收回的商业汇票款；期末余额在借方，表示期末尚未收回的应收票据款。"应收票据"账户的结构如图 5-21 所示。

借方	应收票据	贷方
应向购买单位收取的商业汇票款	已收回的商业汇票款	
余额：期末尚未收回的商业汇票款		

图 5-21　"应收票据"账户的结构

（4）明细分类账户的设置：本账户无须设置明细分类账户，但为了明确每一应收票据的结算情况，企业应设置"应收票据备查账"，逐笔登记每一笔应收票据的详细资料，票据到期结算后，应在备查簿内逐笔注销。

4. "预收账款"账户

（1）账户的性质：负债类。

（2）账户的用途：核算和监督企业按照合同规定向购货单位预收的货款及其结算情况。

（3）账户的结构：贷方登记企业预收的货款，借方登记企业提供产品或劳务时抵偿的数额；期末余额一般在贷方，表示尚未用产品或劳务补偿的预收账款。"预收账款"账户的结构如图 5-22 所示。

借方	预收账款	贷方
提供产品或劳务时抵偿的数额	预收的货款	
	余额：尚未用产品或劳务补偿的预收账款	

图 5-22　"预收账款"账户的结构

（4）明细分类账户的设置：本账户应按购货单位设置明细分类账户，进行明细核算。

5. "主营业务成本"账户

（1）账户的性质：损益类。

（2）账户的用途：核算和监督企业已销售产品、提供劳务等主营业务活动发生的实际成本及其结转情况。

（3）账户的机构：借方登记已销产品或已提供劳务的实际成本，贷方登记期末转入"本年利润"账户的数额；结转后本账户应无余额。"主营业务成本"账户的结构如图 5-23 所示。

借方	主营业务成本	贷方
已销产品或已提供劳务的实际成本	期末转入"本年利润"账户的数额	

图 5-23 "主营业务成本"账户的结构

（4）明细分类账户的设置：本账户应按产品种类设置明细分类账户，进行明细核算。

6．"税金及附加"

（1）账户的性质：损益类。

（2）账户的用途：核算和监督企业应由销售商品和提供劳务等业务活动负担的税金及附加（包括消费税、城市维护建设税、资源税、教育费附加等）。

（3）账户的结构：借方登记按照规定计算的应由主营业务和其他业务负担的税金及附加，贷方登记期末转入"本年利润"账户的数额；结转后本账户应无余额。"税金及附加"账户的结构如图 5-24 所示。

借方	税金及附加	贷方
应由主营业务或其他业务负担的税金及附加	期末转入"本年利润"账户的数额	

图 5-24 "税金及附加"账户的结构

（4）明细分类账户的设置：本账户应按税金及附加的分类设置明细分类账户，进行明细核算。

（二）主营业务收支的总分类核算

【例 5-19】企业销售甲产品一批，价款为 100 000 元，增值税销项税额为 13 000 元，款项已存入银行。

该项经济业务的发生，使企业的银行存款增加 113 000 元，产品销售收入增加 100 000元，应交税费增加 13 000 元。银行存款作为企业的资产，增加额应记入"银行存款"账户的借方；收入增加，应记入"主营业务收入"账户的贷方；应交税费作为企业的负债，增加额应记入"应交税费"账户的贷方。在账务处理中，应根据"增值税专用发票"及银行的"收款通知"等原始凭证，编制记账凭证。该业务应编制的会计分录如下。

借：银行存款　　　　　　　　　　　　　　　113 000
　　贷：主营业务收入　　　　　　　　　　　　100 000
　　　　应交税费——应交增值税（销项税额）　　13 000

【例 5-20】企业销售甲产品一批，价款为 40 000 元，增值税销项税额为 5 200 元，增值税专用发票已经开出，但款项尚未收回。

这是一笔赊销业务，该项经济业务的发生，使企业的应收账款增加 45 200 元，主营业务收入增加 40 000 元，应交税费增加 5 200 元。应收账款作为企业的资产，增加额应计入"应收账款"账户的借方；主营业务收入、应交税费的增加应计入相应账户的贷方。在账务处理中，应根据"增值税专用发票"等原始凭证，编制记账凭证。该业务应编制的会计分录如下。

借：应收账款　　　　　　　　　　　　　　　　　　　45 200
　　贷：主营业务收入　　　　　　　　　　　　　　　　40 000
　　　　应交税费——应交增值税（销项税额）　　　　　5 200

【例 5-21】企业采用商业汇票结算方式向 B 公司销售甲产品一批，价款为 20 000 元，增值税销项税额为 2 600 元，收到 B 公司签发的商业承兑汇票一张，票面金额为 22 600 元，汇票 6 个月后到期。

该项经济业务的发生，一方面使企业的应收票据增加 22 600 元，另一方面使企业的产品销售收入增加 20 000 元，应交税费增加 2 600 元，涉及"应收票据""主营业务收入""应交税费——应交增值税（销售税额）"三个账户。其中，应收票据应记入"应收票据"账户的借方。在账务处理中，应根据"增值税专用发票"等原始凭证，编制记账凭证。该业务应编制的会计分录如下。

借：应收票据　　　　　　　　　　　　　　　　　　　22 600
　　贷：主营业务收入　　　　　　　　　　　　　　　　20 000
　　　　应交税费——应交增值税（销项税额）　　　　　2 600

【例 5-22】企业收到 C 公司预付购买甲产品的货款 40 000 元，已存入银行。

该项经济业务的发生，一方面使企业的银行存款增加 40 000 元，另一方面使企业的预收账款增加 40 000 元。其中，预收款项的增加即负债增加，应记入"预收账款"账户的贷方。在账务处理中，应根据银行的"收款通知"等原始凭证，编制记账凭证。该业务应编制的会计分录如下。

借：银行存款　　　　　　　　　　　　　　　　　　　40 000
　　贷：预收账款　　　　　　　　　　　　　　　　　　40 000

【例 5-23】按合同规定，企业向预付货款的 C 公司发送甲产品一批，产品价款为 30 000 元，增值税销项税额为 3 900 元，以银行存款代垫运杂费 500 元，冲销原预收账款 34 400 元，同时用银行存款退还 C 公司多付的款项 5 600 元。

该项经济业务的发生，一方面使预收账款减少 40 000 元，另一方面使产品销售收入增加 30 000 元，应交税费增加 3 900 元，银行存款减少 6 100 元（500+5 600），涉及"预收账款""主营业务收入""应交税费——应交增值税（销项税额）""银行存款"四个账户。其中，预收账款减少即负债减少，应记入"预收账款"账户的借方。在账务处理中，应根据"增值税专用发票"和银行的"付款通知"等原始凭证，编制记账凭证。该业务应编制的会计分录如下。

借：预收账款　　　　　　　　　　　　　　　　　　　40 000
　　贷：主营业务收入　　　　　　　　　　　　　　　　30 000
　　　　应交税费——应交增值税（销项税额）　　　　　3 900
　　　　银行存款　　　　　　　　　　　　　　　　　　6 100

【例5-24】期末结转已销甲产品的实际生产成本80 000元。

该项经济业务的发生，使企业主营业务成本增加80 000元，库存商品减少80 000元。产品销售成本增加，应记入"主营业务成本"账户的借方；库存商品减少，应记入"库存商品"账户的贷方。在账务处理中，应根据"产品销售成本计算表"等原始凭证，编制记账凭证。该经济业务应编制的会计分录如下。

借：主营业务成本　　　　　　　　　　　　　　　　　80 000
　　贷：库存商品　　　　　　　　　　　　　　　　　　80 000

【例5-25】按税法的规定，企业计算出应交城市维护建设税2 260元。

该项经济业务的发生，使企业的税金及附加和应交税费同时增加2 260元。税金及附加增加，应记入"税金及附加"账户的借方；应交税增加，应记入"应交税费"账户的贷方。在账务处理中，应根据"产品销售税金计算表"等原始凭证，编制记账凭证。该经济业务应编制的会计分录如下。

借：税金及附加　　　　　　　　　　　　　　　　　　2 260
　　贷：应交税费——应交城市维护建设税　　　　　　　2 260

二、其他业务收支的核算

企业在其他业务收支的核算中，应设置"其他业务收入""其他业务成本"等账户。

（一）设置的主要账户

1. "其他业务收入"账户

（1）账户的性质：损益类。

（2）账户的用途：核算和监督企业因销售材料、出租包装物等而取得的非主营业务收入。

（3）账户的结构：贷方登记已确认的其他业务收入，借方登记期末转入"本年利润"账户的数额；结转后本账户应无余额。"其他业务收入"账户的结构如图5-25所示。

借方	其他业务收入	贷方
期末转入"本年利润"账户的数额	已确认的其他业务收入	

图5-25　"其他业务收入"账户的结构

（4）明细分类账户的设置：本账户应按其他业务的种类，如"材料销售""包装物出租"等设置明细分类账户，进行明细核算。

2. "其他业务成本"账户

（1）账户的性质：损益类。

（2）账户的用途：核算和监督企业因销售材料、出租包装物等其他业务活动而发生的相关成本、费用等。

（3）账户的结构：借方登记销售材料、出租包装物等业务活动发生的相关成本、费用，贷方登记期末转入"本年利润"账户的数额；结转后本账户应无余额。"其他业务成本"账户的结构如图5-26所示。

借方	其他业务成本	贷方
销售材料出租包装物等业务活动发生的相关成本、费用	期末转入"本年利润"账户的数额	

图5-26 "其他业务成本"账户的结构

（4）明细分类账户的设置：本账户应按其他业务的种类设置明细分类账户，进行明细核算。

（二）其他业务收支的总分类核算

【例5-26】企业销售A材料，价款为10 000元，增值税销项税额为1 300元，款项已存入银行。

该项经济业务的发生，使企业银行存款增加11 300元，其他业务收入增加10 000元，应交税费增加1 300元。银行存款作为企业资产，增加额应记入"银行存款"账户的借方；材料销售收入作为其他业务收入，增加额应记入"其他业务收入"账户的贷方；应交税费作为企业的负债，增加额应记入"应交税费"账户的贷方。在账务处理中，应根据"增值税专用发票"和银行的"收账通知"等原始凭证，编制记账凭证。会计分录如下。

借：银行存款　　　　　　　　　　　　　　　　　11 300
　　贷：其他业务收入　　　　　　　　　　　　　　10 000
　　　　应交税费——应交增值税（销项税额）　　　1 300

【例5-27】企业结转已销售材料的实际成本8 000元。

该项经济业务的发生，使企业的材料销售成本增加8 000元，库存材料减少8 000元。材料销售成本作为企业的其他业务成本，增加额应记入"其他业务成本"账户的借方；库存材料作为企业的资产，减少额应记入"原材料"账户的贷方。在账户处理中，应根据"材料出库单"等原始凭证，编制记账凭证。该业务应编制的会计分录如下。

借：其他业务成本　　　　　　　　　　　　　　　8 000
　　贷：原材料　　　　　　　　　　　　　　　　　8 000

【例5-19】至【例5-27】中销售业务的核算结果如图5-27所示。

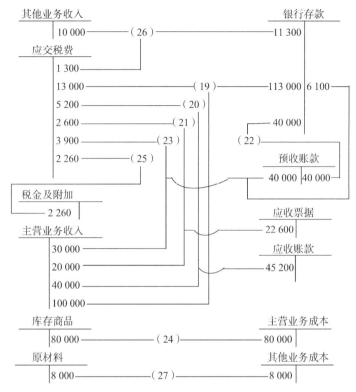

图 5-27 销售业务的核算结果

第六节 财务成果业务的核算

一、财务成果业务概述

财务成果是指企业一定期间内所取得的利润，利润是综合反映企业经济效益的重要指标。企业的利润有营业利润、利润总额和净利润，其相互关系如下。

营业利润=营业收入-营业成本-税金及附加-销售费用-管理费用-财务费用-资产减值损失+投资收益

营业收入=主营业务收入+其他业务收入

营业成本=主营业务成本+其他业务成本

利润总额=营业利润+营业外收入-营业外支出

净利润=利润总额-所得税费用

计算公式中的投资收益是指企业对外投资所获得的利润、股利和利息等投资收入减去投资损失后的净额。营业外收入是指与企业的生产经营活动无直接关系的各项收入，即直接计入当期损益的利得，如固定资产盘盈收益、处置固定资产净收益、出售无形资产收益、罚款净收入等。营业外支出是指与企业的生产经营活动无直接关系的各项支出，即直接计入当期损益的损失，如固定资产盘亏损失、处置固定资产净损失、出售无形资产损失、罚款支出、捐赠支出、债务重组损失、非常损失等。销售费用是指企业在销售商品、提供劳务等日常经营过程中发生发生的各项费用以及专设销售机构发生的各项经费，包括销售过程中发生的运杂费、广告费、代销手续费、展览费、专设销售机构经费等。管理费用是指企业行政管理部门为组织和管理生产经营活动而发生的各种费用，主要包括企业行政管理部门人员工资及福利费、差旅费、办公费、折旧费、业务招待费、坏账损失、存货跌价损失等。财务费用是指企业为筹集生产经营所需资金等而发生的费用，包括利息支出（减利息收入）、汇兑损失（减汇兑收益）以及相关的手续费等。为购建固定资产的专门借款所发生的借款费用，在固定资产达到预定可使用状态前按规定应予资本化的部分，不属于企业的财务费用。

企业实现的净利润，即所得税后利润，应按规定的程序和方法进行分配。企业对实现的净利润的一般分配程序和方法如下。

（1）按净利润的一定比例提取法定盈余公积，该盈余公积主要用于弥补企业亏损。
（2）按净利润的一定比例计提任意盈余公积，该盈余公积主要用于企业集体福利设施。
（3）对投资者分配利润或股利。

综上所述，反映企业利润的形成和对利润进行分配，是企业财务成果业务核算的主要内容。

二、利润形成过程的核算

从利润的构成情况看，利润形成业务的核算不仅与前面所述产品生产、产品销售等业务直接相关，同时还与财产清查业务、期间费用（销售费用、管理费用、财务费用）业务、营业外收支业务、对外投资业务等有着密切联系。其中，财产清查业务将在本书第九章中专门介绍；对外投资业务不是工业企业的基本业务，故留待后续专业课程介绍；期间费用业务和营业外收支业务是利润形成过程核算中不可缺少的内容。

（一）设置的主要账户

为了开展利润形成过程的核算，一般应在前面已设账户的基础上增设"销售费用""管理费用""财务费用""应付利息""营业外收入""营业外支出""本年利润""所得税费用"等账户。

1．"销售费用"账户

（1）账户的性质：损益类。
（2）账户的用途：核算和监督企业销售费用的发生和结转情况。
（3）账户的结构：借方登记实际发生的销售费用，贷方登记期末转入"本年利润"账户的数额；结转后该账户无余额。"销售费用"账户的结构如图5-28所示。

借方	销售费用	贷方
实际发生的销售费用	期末转入"本年利润"账户的数额	

图5-28　"销售费用"账户的结构

（4）明细分类账户的设置：本账户应按销售费用项目设置明细分类账户，进行明细核算。

2."管理费用"账户

（1）账户的性质：损益类。

（2）账户的用途：核算和监督企业管理费用的发生和结转情况。

（3）账户的结构：借方登记实际发生的管理费用，贷方登记期末转入"本年利润"账户的数额；结转后该账户无余额。"管理费用"账户的结构如图5-29所示。

借方	管理费用	贷方
实际发生的管理费用	期末转入"本年利润"账户的数额	

图5-29 "管理费用"账户的结构

（4）明细分类账户的设置：本账户应按管理费用项目设置明细分类账户，进行明细核算。

3."财务费用"账户

（1）账户的性质：损益类。

（2）账户的用途：核算和监督企业财务费用的发生和结转情况。

（3）账户的结构：借方登记实际发生的财务费用，贷方登记期末转入"本年利润"账户的数额；结转后该账户无余额。"账务费用"账户的结构如图5-30所示。

借方	财务费用	贷方
实际发生的财务费用	期末转入"本年利润"账户的数额	

图5-30 "财务费用"账户的结构

（4）明细分类账户的设置：本账户应按费用项目设置明细分类账户，进行明细核算。

4."应付利息"账户

（1）账户的性质：负债类。

（2）账户的用途：核算和监督企业按照借款合同约定而发生的应付未付的利息及其结算情况。

（3）账户的结构：贷方登记期末计算确定的应付未付的利息，借方登记实际支付的利息数额；期末余额在贷方，表示尚未支付的利息。"应付利息"账户的结构如图5-31所示。

借方	应付利息	贷方
实际支付的利息数额	期末计算确定的应付未付的利息	
	余额：尚未支付的利息	

图5-31 "应付利息"账户的结构

(4) 明细分类账户的设置：本账户一般无须设置明细分类账户，必要时也可按债权人名称设置明细分类账户，进行明细分类核算。

5. "营业外收入"账户

(1) 账户的性质：损益类。

(2) 账户的用途：核算和监督企业营业外收入的发生和结转情况。

(3) 账户的结构：贷方登记取得的营业外收入，借方登记期末转入"本年利润"账户的数额；结转后本账户无余额。"营业外收入"账户的结构如图5-32所示。

借方	营业外收入	贷方
期末转入"本年利润"账户的数额		取得的营业外收入

图 5-32　"营业外收入"账户的结构

(4) 明细分类账产的设置：本账户应按营业外收入项目设置明细分类账户，进行明细核算。

6. "营业外支出"账户

(1) 账户的性质：损益类。

(2) 账户的用途：核算和监督企业营业外支出的发生和结转情况。

(3) 账户的结构：借方登记发生的营业外支出，贷方登记期末转入"本年利润"账户的数额；结转后本账户应无余额。"营业外支出"账户的结构如图5-33所示。

借方	营业外支出	贷方
发生的营业外支出		期末转入"本年利润"账户的数额

图 5-33　"营业外支出"账户的结构

(4) 明细分类账户的设置：本账户应按营业外支出项目设置明细分类账户，进行明细核算。

7. "本年利润"账户

(1) 账户的性质：所有者权益类。

(2) 账户的用途：核算和监督企业实现的利润或发生的亏损。

(3) 账户的结构：贷方登记期末转入的各收入类账户的数额，借方登记期末转入的各费用（支出）类账户的数额。将收入与费用相抵后，如收入大于费用，即为贷方余额，表示本期实现的利润；如费用大于收入，即为借方余额，表示本期发生的亏损。在年度中间，本账户各期余额不予结转，表示截至当期末本年度累计实现的利润（或亏损）。年末，应将本账户余额转入"利润分配"账户，结转贷方余额（利润）时，借记本账户，贷记"利润分配"账户；结转借方余额（亏损）时，做相反的会计分录。结转后本账户应无余额。"本年利润"账户的结构如图5-34所示。

借方	本年利润	贷方
期末转入的各费用（支出）类账户的数额		期末转入的各收入类账户的数额
余额：累计发生的亏损		余额：累计实现的利润

图 5-34 "本年利润"账户的结构

（4）明细分类账户的设置：本账户一般不设置明细分类账户。

8．"所得税费用"账户

（1）账户的性质：损益类。

（2）账户的用途：核算和监督企业按规定从本期利润中减去的所得税费用。

（3）账户的结构：借方登记企业按规定计算的本期应纳所得税税额，贷方登记期末转入"本年利润"账户的数额；结转后本账户应无余额。

企业所得税通常按年计算，分期预交。按年计算企业所得税的基本公式如下。

$$企业所得税 = 应纳税所得额 \times 适用税率$$

应纳税所得额是企业每一纳税年度的收入总额减去准予扣除项目金额后的余额，其计算公式如下。

$$应纳税所得额 = 纳税年度的收入总额 - 准予扣除项目的金额$$

在实际工作中，应纳税所得额是在利润总额的基础上调整计算确定的，其计算公式如下。

$$应纳税所得额 = 利润总额 + 税前调整项目$$

分期预交所得税的计算公式如下。

$$当期应纳所得税 = 当期累计应纳所得税额 - 上期累计已交所得税额$$

"所得税费用"账户的结构如图 5-35 所示。

借方	所得税费用	贷方
企业按规定计算的本期应纳所得税税额		期末转入"本年利润"账户的数额

图 5-35 "所得税费用"账户的结构

（4）明细分类账户的设置：本账户无须设置明细分类账户。

（二）利润形成的总分类核算

【例 5-28】企业以银行存款支付广告费 5 000 元。

该项经济业务的发生，使企业的销售费用增加 5 000 元，银行存款减少 5 000 元。销售费用作为企业的费用，其增加额应记入"销售费用"账户的借方；银行存款作为企业的资产，其减少额应记入"银行存款"账户的贷方。在账务处理中，应根据银行"付账通知"等原始凭证，编制记账凭证。该业务应编制的会计分录如下。

借：销售费用　　　　　　　　　　　　　　　　　　　　　　5 000
　　贷：银行存款　　　　　　　　　　　　　　　　　　　　　　　5 000

【例5-29】企业结算出本期应付行政管理人员工资8 000元。

该项经济业务的发生，使企业的管理费用和应付职工薪酬同时增加8 000元。管理费用作为企业的费用，其增加额应记入"管理费用"账户的借方；应付职工薪酬作为企业的负债，其增加额应记入"应付职工薪酬"账户的贷方。在账务处理中，应根据"工资分配表"等原始凭证，编制记账凭证。该业务应编制的会计分录如下。

借：管理费用　　　　　　　　　　　　　　　　　　　　　　　8 000
　　贷：应付职工薪酬　　　　　　　　　　　　　　　　　　　　8 000

【例5-30】企业签发现金支票3 000元，预付管理人员李某差旅费。

该项经济业务的发生，使企业的银行存款减少3 000元，其他应收款增加3 000元。银行存款作为企业的资产，其减少额应记入"银行存款"账户的贷方；其他应收款作为企业的资产，其增加额应记入"其他应收款"账户的借方。在账务处理中，应根据管理人员填写的"借支单"等原始凭证，编制记账凭证。该业务应编制的会计分录如下。

借：其他应收款　　　　　　　　　　　　　　　　　　　　　　3 000
　　贷：银行存款　　　　　　　　　　　　　　　　　　　　　　3 000

【例5-31】企业管理人员李某出差归来，报销差旅费1 700元，余款以现金退回。

这是一笔综合性经济业务，其核算过程应分两步进行。

（1）首先，报销差旅费，使其他应收款减少1 700元，管理费用增加1 700元。其他应收款作为企业的资产，其减少额应记入"其他应收款"账户的贷方；管理费用作为企业的费用，其增加额应记入"管理费用"账户的借方。在账务处理中，应根据"差旅费报销单"等原始凭证，编制记账凭证。该业务应编制的会计分录如下。

借：管理费用　　　　　　　　　　　　　　　　　　　　　　　1 700
　　贷：其他应收款　　　　　　　　　　　　　　　　　　　　　1 700

（2）其次，收回现金，引起其他应收款减少1300元，库存现金增加1300元。其他应收款减少即资产减少，应记入"其他应收款"账户的贷方；库存现金增加即资产增加，应记入"库存现金"账户的借方。在账务处理中，应根据李某退回现金开具的"收据（记账联）"，编制记账凭证。该业务应编制的会计分录如下。

借：库存现金　　　　　　　　　　　　　　　　　　　　　　　1 300
　　贷：其他应收款　　　　　　　　　　　　　　　　　　　　　1 300

【例5-32】企业计提本期应付短期借款利息1 500元。

该项经济业务的发生，使企业的财务费用增加1 500元，应付利息增加1 500元。财务费用的增加，应记入"财务费用"账户的借方；应付利息的增加，应记入"应付利息"账户的贷方。在账务处理中，应根据银行的"利息计算单"，编制记账凭证。该业务应编制的会计分录如下。

借：财务费用　　　　　　　　　　　　　　　　　　　　　　1 500
　　贷：应付利息　　　　　　　　　　　　　　　　　　　　　　1 500

【例 5-33】企业用银行存款支付短期借款利息 1 500 元。

该项经济业务的发生，使企业应付利息减少 1 500 元，银行存款减少 1 500 元。应付利息的减少，应记入"应付利息"账户的借方；银行存款的减少，应记入"银行存款"账户的贷方。在账务处理中，应根据银行的"付账通知"，编制记账凭证。该业务应编制的会计分录如下。

借：应付利息　　　　　　　　　　　　　　　　　　　　　　1 500
　　贷：银行存款　　　　　　　　　　　　　　　　　　　　　　1 500

【例 5-34】企业取得一笔 2 000 元的违约金罚款收入并已存入银行。

该项经济业务的发生，使企业的银行存款和罚款收入同时增加 2 000 元。其中，银行存款增加即资产增加，应记入"银行存款"账户的借方；罚款收入增加即营业外收入增加，应记入"营业外收入"账户的贷方。在账务处理中，应根据罚款时填制的"收据"等原始凭证，编制记账凭证。该业务应编制的会计分录如下。

借：银行存款　　　　　　　　　　　　　　　　　　　　　　2 000
　　贷：营业外收入　　　　　　　　　　　　　　　　　　　　　2 000

【例 5-35】企业因违反合同而以银行存款支付罚款 20 800 元。

该项经济业务的发生，使企业营业外支出增加 20 800 元，银行存款减少 20 800 元。营业外支出的增加额，应记入"营业外支出"账户的借方；现金的减少额，应记入"银行存款"账户的贷方。在账务处理中，应根据支付罚款时取得的"收据"等原始凭证，编制记账凭证。该业务应编制的会计分录如下。

借：营业外支出　　　　　　　　　　　　　　　　　　　　　20 800
　　贷：银行存款　　　　　　　　　　　　　　　　　　　　　　20 800

【例 5-36】企业将本期各收入类账户的期末贷方余额合计 202 000 元，转入"本年利润"账户。其中，主营业务收入 190 000 元，其他业务收入 10 000 元，营业外收入 2 000 元。

该项转账业务的操作，涉及"主营业务收入""其他业务收入""营业外收入""本年利润"四个账户。结转时应将结转前各收入类账户的贷方余额，从各账户的借方转入"本年利润"账户的贷方。在账务处理中，应根据账簿记录编制记账凭证。该业务应编制的会计分录如下。

借：主营业务收入　　　　　　　　　　　　　　　　　　　　190 000
　　其他业务收入　　　　　　　　　　　　　　　　　　　　　 10 000
　　营业外收入　　　　　　　　　　　　　　　　　　　　　　 2 000
　　贷：本年利润　　　　　　　　　　　　　　　　　　　　　 202 000

【例5-37】企业将本期各费用类账户的期末借方余额127 260元转入"本年利润"账户。其中,主营业务成本80 000元,税金及附加2 260元,其他业务成本8 000元,销售费用5 000元,管理费用9 700元,财务费用1 500元,营业外支出20 800元。

该项转账业务的操作,涉及"主营业务成本""税金及附加""其他业务成本""销售费用""管理费用""财务费用""营业外支出""本年利润"账户。结转时应将结转前各费用类账户的借方余额,从各账户的贷方转入"本年利润"账户的借方。在账务处理中,应根据账簿记录编制记账凭证。该业务应编制的会计分录如下。

借:本年利润　　　　　　　　　　　　　　　　　　127 260
　　贷:主营业务成本　　　　　　　　　　　　　　　80 000
　　　　税金及附加　　　　　　　　　　　　　　　　 2 260
　　　　其他业务成本　　　　　　　　　　　　　　　 8 000
　　　　销售费用　　　　　　　　　　　　　　　　　 5 000
　　　　管理费用　　　　　　　　　　　　　　　　　 9 700
　　　　财务费用　　　　　　　　　　　　　　　　　 1 500
　　　　营业外支出　　　　　　　　　　　　　　　　20 800

通过结转,将本期发生的全部收入与全部费用(未含所得税费用)都汇集于"本年利润"账户,即可计算出本期实现的利润总额为74 740元(202 000-127 260)。

【例5-38】企业本纳税年度累计利润总额为388 367.73元,亦为企业本年度累计应纳税所得额,其中包括本年度1—11月份累计的利润总额313 627.73元和12月份实现的利润总额74 740元。企业所得税的适用税率为25%,1—11月份累计已交企业所得税78 406.93元,计提本期应交所得税18 685元(388 367.73×25%-78 406.93)。

该项经济业务的发生,使企业的所得税费用和应交税费同时增加。所得税作为企业的费用支出,其增加额应计入"所得税费用"账户的借方;应交税费作为企业的负债,其增加额应计入"应交税费"账户的贷方。在账务处理中,应根据"所得税计算表",编制记账凭证。该业务应编制的会计分录如下。

借:所得税费用　　　　　　　　　　　　　　　　　 18 685
　　贷:应交税费　　　　　　　　　　　　　　　　　18 685

【例5-39】企业将本期发生的所得税费用18 685元转入"本年利润"账户。

结转所得税费用时,转入的金额应记入"本年利润"账户的借方,转出的金额应记入"所得税费用"账户的贷方。在账务处理中,应根据账簿记录编制记账凭证。该业务应编制的会计分录如下。

借:本年利润　　　　　　　　　　　　　　　　　　 18 685
　　贷:所得税费用　　　　　　　　　　　　　　　　18 685

【例5-28】至【例5-39】中,利润形成业务的核算结果如图5-36所示。

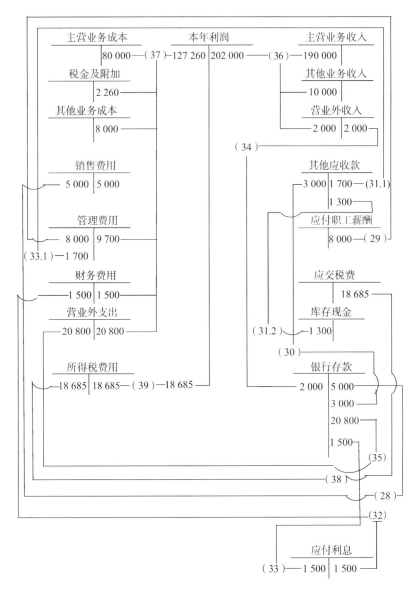

图 5-36 利润形成业务的核算结果

三、利润分配的核算

(一) 设置的主要账户

为了开展利润分配业务的核算,一般应设置"盈余公积""应付股利""利润分配"等账户。

1. "盈余公积"账户

(1) 账户的性质:所有者权益类。

(2) 账户的用途:核算和监督企业盈余公积的提取和使用情况。

(3) 账户的结构:贷方登记从净利润中提取的盈余公积,借方登记盈余公积的使用数额；期末余额在贷方，表示企业未动用的盈余公积。"盈余公积"账户的结构如图 5-37 所示。

借方	盈余公积	贷方
盈余公积的使用数额	从净利润中提取的盈余公积	
	余额：未动用的盈余公积	

图 5-37 "盈余公积"账户的结构

（4）明细分类账户的设置：本账户应按盈余公积的种类设置明细分类账户，进行明细核算。

2. "应付股利"账户

（1）账户的性质：负债类。

（2）账户的用途：核算和监督应付投资者的现金股利或利润的发生及结算情况。

（3）账户的结构：贷方登记企业应付给投资者的现金股利或利润，借方登记实际支付的现金股利或利润；期末余额在贷方，表示尚未支付的现金股利或利润。"应付股利"账户的结构如图 5-38 所示。

借方	应付股利	贷方
实际支付的现金股利或利润	应付给投资者的现金股利或利润	
	余额：尚未支付的现金股利或利润	

图 5-38 "应付股利"账户的结构

（4）明细分类账户的设置：本账户可按投资人设立明细分类账户，进行明细核算。

3. "利润分配"账户

（1）账户的性质：所有者权益类。

（2）账户的用途：核算和监督企业利润的分配（或亏损的弥补）和历年分配（或弥补）后的积存余额。

（3）账户的结构：贷方登记年终从"本年利润"账户转入的全年实现的净利润，借方登记利润分配的数额。年终，该账户的余额如在贷方，表示历年积存的未分配利润；如在借方，表示历年积存的未弥补亏损。"利润分配"账户的结构如图 5-39 所示。

借方	利润分配	贷方
利润分配的数额	年终从"本年利润"账户转入的全年实现的净利润	
余额：历年积存的未弥补亏损	余额：历年积存的未分配利润	

图 5-39 "利润分配"账户的结构

（4）明细分类账户的设置：本账户应按利润分配项目设置"提取法定盈余公积""应付股利""未分配利润"等明细分类账户，进行明细核算。年度终了，将"利润分配"账户下其他明细账户的余额转入"未分配利润"明细账户。

(二)利润分配的总分类(及明细分类)核算

【例5-40】接【例5-38】与【例5-39】,企业计算全年净利润为291 275.80元(313 627.73+74 740-78 406.93-18 685),并按净利润的10%提取法定盈余公积29 127.58元(291 275.80×10%)。

该项经济业务的发生,使利润分配和盈余公积同时增加。其中,利润分配增加,即所有者权益减少,应入"利润分配"账户的借方;盈余公积增加,即所有者权益增加,应记入"盈余公积"账户的贷方。在账务处理中,应根据"利润分配表",编制记账凭证。该业务应编制的会计分录如下。

借:利润分配——提取法定盈余公积　　　　29 127.58
　　贷:盈余公积——法定盈余公积　　　　　　　　29127.58

【例5-41】企业确定向投资者分配利润180 000元。

该项经济业务的发生,引起企业所有者权益的减少和负债的增加。利润分配的增加,即所有者权益减少,应记入"利润分配"账户的借方;应付利润的增加,即负债的增加,应记入"应付股利"账户的贷方。在账务处理中,应根据"利润分配表",编制记账凭证。该业务应编制的会计分录如下。

借:利润分配——应付股利　　　　　　　　180 000
　　贷:应付股利　　　　　　　　　　　　　　　　180 000

【例5-42】企业将全年实现的净利润291 275.80元转入"利润分配"账户。

该项转账业务,引起企业所有者权益项目的一增一减,应根据账簿记录编制记账凭证。该业务应编制的会计分录如下。

借:本年利润　　　　　　　　　　　　　　291 275.80
　　贷:利润分配——未分配利润　　　　　　　　　291 275.80

【例5-43】年末,企业将"利润分配"账户下其他明细账户的期末余额转入"未分配利润"明细账。

这笔转账业务应根据账簿记录编制记账凭证。该业务应编制的会计分录如下。

借:利润分配——未分配利润　　　　　　　209 127.58
　　贷:利润分配——提取法定盈余公积　　　　　　29 127.58
　　　　　　　——应付股利　　　　　　　　　　　180 000

年末,企业"本年利润"账户应无余额。"利润分配——未分配利润"明细账户的贷方余额,表示企业历年积存的未分配利润。假定该企业年初没有未分配利润,则"利润分配——未分配利润"明细账户的年末贷方余额为82 148.22元(291 275.80-209 127.58)。

【例5-40】至【例5-43】中利润分配业务的明细分类核算结果如图5-40所示,明细分类核算结果如图5-41所示。

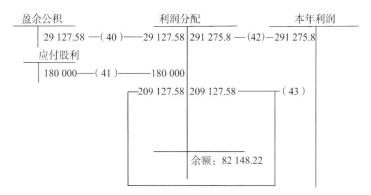

图 5-40 利润分配业务的总分类核算结果

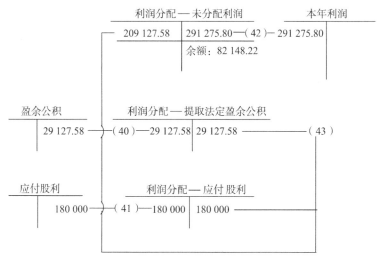

图 5-41 利润分配业务的明细分类核算结果

练习题

一、单项选择题

1. 以下账户中期末一般无余额的是（　　）。
   A. 应交税费　　B. 本年利润　　C. 应付利息　　D. 营业外收入

2. 下列项目中不构成材料采购成本的是（　　）。
   A. 买价　　　　B. 增值税　　　C. 消费税　　　D. 关税

3. 某企业购买甲材料 500 千克，取得增值税专用发票上注明单价为单价 20 元/千克，价款为 10 000 元，增值税税额为 1 300 元，发生运杂费 500 元，材料运输途中发生合理损耗 20 千克，入库前发生挑选整理费 300 元，则甲材料的采购成本为（　　）元。
   A. 10 800　　　B. 11 200　　　C. 12 900　　　D. 10 400

4. "应付职工薪酬"是（　　）科目。
   A. 资产类　　　B. 负债类　　　C. 所有者权益类　　D. 损益类

5. "材料采购"账户期末若有余额，表示（　　）。

A. 已购入但尚未验收入库的材料

B. 企业本月及以前各期累计购买的材料金额

C. 企业目前尚存的原材料

D. 企业已入库和耗用材料差额

6. 工业企业将多余闲置的固定资产出租，收取的租金收入应计入（　　）。

A. 主营业务收入　　B. 其他业务收入　　C. 投资收益　　D. 营业外收入

7. 以下属于所有者权益项目的是（　　）。

A. 著作权　　B. 固定资产　　C. 投入资本　　D. 应收账款

8. 甲企业从银行借款 10 万元归还原欠 B 公司的购货款，借款和还款手续办妥后，企业（　　）。

A. 资产和负债都增加　　　　　　B. 权益和资产都增加

C. 一项负债减少另一项负债增加　　D. 负债减少，资产增加

9. 企业出售无形资产取得的净收益应计入（　　）。

A. 主营业务收入　　B. 其他业务收入　　C. 营业外收入　　D. 投资收益

10. 甲企业经股东大会批准后，决定将 10 万元盈余公积转增为资本金，这项业务发生后该企业（　　）。

A. 资产总额增加

B. 负债总额减少

C. 所有者权益减少，资产增加

D. 原有的资产、负债、所有者权益总额均未变化

11. 企业利润分配中以下项目的分配顺序为（　　）。

①提取任意盈余公积；②弥补亏损；③提取法定盈余公积；④向投资者分配利润。

A. ①②③④　　　　　　　　　　B. ②③①④

C. ③①②④　　　　　　　　　　D. ②①③④

12. 企业其他业务交纳的消费税应借记的科目是（　　）。

A. 其他营业成本　　B. 应交税费　　C. 税金及附加　　D. 营业外支出

13. 企业的应付款项确实无法支付，经确认后转作（　　）。

A. 主营业务收入　　B. 其他业务收入　　C. 营业外收入　　D. 资本公积

14. 企业支付工会经费和职工教育经费用于工会活动和职工培训，应借记的科目是（　　）。

A. 其他应收款　　B. 应付职工薪酬　　C. 管理费用　　D. 其他应付款

15. 下列各项中，应计入管理费用的是（　　）。

A. 审计费　　B. 广告费　　C. 采购运费　　D. 自然灾害损失

16. 企业生产车间发生的固定资产修理费应计入（　　）。

A. 生产成本　　B. 制造费用　　C. 管理费用　　D. 营业外支出

17. 企业出租固定资产计提的折旧应计入（　　）。

A. 制造费用　　B. 管理费用　　C. 其他业务成本　D. 营业外支出

二、多项选择题

1. 以下项目中构成材料采购成本的有（　　）。
   A. 买价　　　B. 运杂费　　　C. 广告费　　　D. 挑选整理费
2. 企业的期间费用包括（　　）。
   A. 制造费用　B. 销售费用　　C. 管理费用　　D. 财务费用
3. 企业产品成本的构成项目包括（　　）。
   A. 生产成本　B. 制造费用　　C. 直接材料　　D. 直接人工
4. 以下账户中期末无余额的有（　　）。
   A. 生产成本　B. 制造费用　　C. 本年利润　　D. 管理费用
5. 工业企业以下收入中应计入其他业务收入的有（　　）。
   A. 销售产品　　　　　　B. 销售材料
   C. 固定资产盘盈收益　　D. 固定资产出租收入
6. 工业企业以下各项应计入营业外支出的有（　　）。
   A. 罚款支出　　　　　　B. 固定资产盘亏损失
   C. 公益性捐赠　　　　　D. 租入固定资产租金
7. 下列费用不能全部计入当期损益的有（　　）。
   A. 生产成本　B. 制造费用　　C. 销售费用　　D. 管理费用
8. 下列支出不得列入成本费用的有（　　）。
   A. 支付给金融机构的手续费　B. 支付给银行的借款利息
   C. 偿还银行的长期借款本金　D. 支付给投资者的利润
9. 年末下列账户中无余额的有（　　）。
   A. 生产成本　B. 应交税费　　C. 制造费用　　D. 本年利润
10. 以下费用中应计入销售费用的有（　　）。
    A. 广告费　　　　　　　B. 销售机构人员工资
    C. 销售机构人员差旅费　D. 销售产品运杂费
11. 以下费用中应计入财务费用的有（　　）。
    A. 支付给金融机构手续费　B. 利息支出
    C. 汇兑损益　　　　　　　D. 财务人员工资
12. 工业企业以下税金中应计入税金及附加的有（　　）。
    A. 增值税　　B. 消费税　　C. 企业所得税　D. 城市维护建设税
13. 计提固定资产折旧可能涉及的账户包括（　　）。
    A. 固定资产　B. 累计折旧　　C. 制造费用　　D. 销售费用
14. 工业企业以下项目中应计入营业外收入的有（　　）。
    A. 材料销售款　　　　　B. 固定资产出租租金
    C. 确定无法支付的应付账款　D. 接受捐赠款

三、判断题

（　　）1. 材料采购成本中的买价是指向购买方支付的采购账款。

（　　）2. 财务费用是一种期间费用，按月归集，月末全部转入"本年利润"账户。

（　　）3. 由于损益类账户期末余额需全额转入"本年利润"账户，因此，损益类账户期末无余额。

（　　）4. 未分配利润等于"本年利润"账户的贷方余额减去"利润分配"账户的借方余额。

（　　）5. 增值税对企业的经营成本和损益核算没有影响。

（　　）6. "累计折旧"账户是固定资产的备抵账户，表示固定资产的累计损耗价值。

（　　）7. 企业预付下一年度保险费，应记入"管理费用"账户。

（　　）8. "本年利润"账户的借方余额表示本年度累计实现的净利润，贷方余额表示本年累计发生的净亏损。

（　　）9. "利润分配——未分配利润"账户的贷方余额表示本年度的未分配利润金额。

（　　）10. 本期支付本期受益的费用，应在其支付时直接作为当期费用处理。

（　　）11. 当期发生的产品生产成本不能直接计入当期损益，而应在产品实际销售并确认销售收入时，再将已销售产品的生产成本计入该期损益。

（　　）12. 企业按职工工资总额一定比例计提的工会经费及职工教育经费应计入管理费用。

（　　）13. 企业专设销售机构的固定资产修理费用应计入销售费用。

（　　）14. "生产成本"账户若有余额应在借方，反映期末自制半成品的实际生产成本。

（　　）15. 年度终了，"利润分配"账户所属的各明细账户中，除"未分配利润"明细账户可能有余额外，其他明细账户均无余额。

四、业务题

1. 企业某月发生如下经济业务。

（1）以银行存款偿付到期的三年期借款 4 000 000 元。

（2）以银行存款交增值税 2 400 元、企业所得税 6 000 元。

（3）安通实业公司以商标权投资，作价 200 000 元。

（4）以银行存款偿付前欠账款 58 500 元。

（5）从银行借入 6 个月期限贷款 1 000 000 元。

（6）将盈余公积 600 000 元转为资本金。

（7）收到长发投资公司投入资本金 100 000 元，存入银行。

（8）职工李家预借差旅费 2 000 元，以现金支付。

（9）以银行存款支付分配给投资者的利润 200 000 元，其中安通实业公司 80 000 元，长发投资公司 120 000 元。

（10）长发投资公司以机器设备一台投资，账面原值 400 000 元，已提折旧 80 000 元，协议作价 350 000 元。

（11）收到利达公司交来的借用包装物押金 3 000 元，存入银行。

（12）以银行存款支付到期的商业汇票款 1 170 000 元。

要求：编制以上经济业务的会计分录。

2. 企业某月发生如下经济业务。

（1）从利达公司购入甲材料 1 000 千克，增值税专用发票上注明的单价为 20 元/千克，价款为 20 000 元，增值税税额为 2 600 元，款项以银行存款支付。

（2）上述甲材料运至企业，用现金支付挑选整理费 400 元，材料已验收入库。

（3）从天安电子厂购入甲材料 4 000 千克，增值税专用发票上注明单价为 18 元/千克，价款为 72 000 元，增值税税额为 9 360 元；乙材料 6 000 千克，单价为 50 元/千克，价款为 300 000 元，增值税税额 39 000 元，货款以银行承兑汇票支付。

（4）以银行存款支付上述甲、乙材料运费 4 800 元，用现金支付装卸费 200 元。上述甲、乙材料运到企业，甲材料进行挑选整理，乙材料验收入库。

（5）向永昌贸易公司购买丙材料 5 000 千克，增值税专用发票上注明的单价为 10 元/千克，价款为 50 000 元，增值税税额为 6 500 元，永昌贸易公司代垫了 1 000 元运费，账款尚未支付，材料尚在途中。

（6）上述签发给天安电子厂的商业汇票到期，以银行存款支付票款。

（7）以银行存款支付前欠永昌贸易公司货款。

（8）以银行存款购入不需安装的机器设备一台，取得的增值税专用发票中注明价款为 300 000 元，增值税税额为 39 000 元。

要求：编制以上经济业务的会计分录。

3. 企业某月发生以下经济业务。

（1）结算本月职工工资 80 000 元，其中 A 产品生产人员工资 20 000 元，B 产品生产人员工资 10 000 元，车间管理人员工资 10 000 元，销售人员工资 15 000 元，行政管理人员工资 25 000 元。

（2）按本月员工工资总额的 16% 计提社会保险费。

（3）按本月员工工资总额的 2% 计提职工福利费。

（4）计提本月固定资产折旧 8 400 元，其中车间固定资产折旧 5 000 元，销售部门固定资产折旧 1 400 元，管理部门固定资产折旧 2 000 元。

（5）以银行存款支付车间房屋修理费 1 200 元。

（6）以现金支付企业管理部门机动车修理费 400 元。

（7）以银行存款支付产品广告费 1 500 元。

（8）计提本月应负担的短期借款利息 2 000 元，该项利息费用不符合资本化条件。

（9）以银行存款支付销售产品过程中发生的运输费 600 元，以现金支付包装费 100 元。

（10）以银行存款支付电费 2 400 元，其中车间用 1 600 元，销售部门使用 300 元，行政管理部门使用 500 元。

(11) 销售人员李家报销差旅费 2 500 元，原预支 2 000 元，不足部分补付现金。

(12) 以银行存款支付本月租入行政办公用房房租 3 000 元。

(13) 以银行存款支付本季短期借款利息 6 000 元。

要求：编制以上经济业务的会计分录。

4. 企业某月初"生产成本——A 产品"账户期初余额为 10 000 元，本月发生如下业务。

(1) 以银行存款支付生产车间电费 2 000 元。

(2) 车间购买零星办公用品 480 元，以现金支付。

(3) 生产车间从仓库领用如下材料：用于生产 A 产品甲材料 150 千克，乙材料 100 千克；用于生产 B 产品甲材料 120 千克，乙材料 80 千克；用于车间共同耗用的甲材料 30 千克。甲材料单价为 50 元/千克，乙材料单价为 80 元/千克。

(4) 结算本月应付工资，按用途归集如下。

A 产品生产工人工资 8 000 元；B 产品生产工人工资 4 000 元；车间职工工资 2 000 元；销售人员工资 3 000 元；管理部门职工工资 3 000 元。

(5) 按规定根据职工工资总额的 16% 计提社会保险费。

(6) 计提本月固定资产折旧，车间使用的固定资产折旧 6 000 元，管理部门使用的固定资产折旧 3 000 元。

(7) 根据生产工人工资比例分配并结转本月制造费用。

(8) 本月生产 A 产品 100 件已完工并验收入库，结转其实际生产成本。

要求：编制以上经济业务的会计分录。

5. 企业某月发生如下经济业务。

(1) 向甲工厂出售 A 产品 500 件，开具的增值税专用发票上注明每件售价 60 元，增值税税率为 13%，货款已收到，存入银行。

(2) 向乙公司出售 B 产品 300 件，开具的增值税专用发票上注明每件售价 150 元，增值税税率为 13%，货款尚未收到。

(3) 以银行存款支付上述 A、B 两种产品在销售过程中发生的运输费 800 元、包装费 200 元。

(4) 结算本月销售人员工资 1 000 元，并按工资总额的 9% 和 7% 分别计提职工养老保险费和医疗保险费。

(5) 按 10% 的税率计提 B 产品应负担的消费税。

(6) 向丙工厂出售材料 100 千克，单价为 12 元/千克，增值税税率为 13%，货款 1 356 元已存入银行。

(7) 结转本期销售产品的实际生产成本（A 产品每件 45 元，B 产品每件 115 元）。

(8) 结转本期销售材料的实际采购成本（每千克 10 元）。

要求：编制以上经济业务的会计分录。

6. 企业某月发生如下经济业务。

（1）销售给甲公司 A 产品 200 件，开具的增值税专用发票上注明单价为 200 元/件，价款为 40 000 元，增值税税额为 5 200 元，收到甲单位签发的商业汇票一张。

（2）销售给乙单位 B 产品 200 件，开具的增值税专用发票上注明单价为 70 元/件，价款为 14 000 元，增值税税额为 1 820 元，以银行存款代垫运费 2 500 元，款项尚未收到。

（3）以银行存款支付本月广告费 7 000 元。

（4）销售给丙单位 A 产品 100 件，单价为 226 元/件，价税合计为 22 600 元；B 产品 50 件，单价为 90.4 元/件，价税合计为 4 520 元，款项已收存银行。

（5）以银行存款支付上述销售给丙单位的产品运杂费 2 000 元。

（6）用银行存款支付销售部门办公费 2 500 元。

（7）乙单位偿还前欠账款，已收妥存入银行。

（8）向丁单位销售材料一批，开出的增值税专用发票中注明价款为 2 000 元，增值税税额为 260 元，款项已收妥存入银行。

（9）本企业 A 产品适用 10% 的消费税，月末按本月 A 产品销售收入计算应交消费税。

（10）分别按 7% 和 3% 的比例计提本月城市维护建设税和教育费附加。

（11）结转销售原材料的实际成本 1 000 元。

（12）结转本月销售产品的实际生产成本（A 产品每件生产成本为 150 元，B 产品每件生产成本为 50 元）。

要求：编制以上经济业务的会计分录。

7. 企业于 12 月 31 日结账前有关账户的余额如下。

（1）"本年利润"账户贷方余额为 50 000 元。

（2）"利润分配"账户贷方余额为 75 000 元，其所属"未分配利润"明细账户的贷方余额为 75 000 元，其他明细账户无余额。

（3）损益类账户的余额如表 5-2 所示。

表 5-2 损益类账户的余额

单位：元

账户名称	借方余额	贷方余额
主营业务收入		800 000
其他业务收入		6 000
营业外收入		15 000
主营业务成本	600 000	
其他业务成本	5 000	
税金及附加	30 000	
销售费用	35 000	
管理费用	86 000	
财务费用	3 300	
营业外支出	1 700	

要求：编制以下经济业务的会计分录。

（1）将损益类账户的余额结转到"本年利润"账户，计算本期利润总额。

（2）根据利润总额计算并结转本期应交企业所得税，适用的企业所得税税率为25%。

（3）按本年税后利润的10%计提法定盈余公积。

（4）将剩余可分配利润的60%分配给投资者。

（5）将"本年利润"账户的余额结转到"利润分配"账户。

（6）将"利润分配"所属的其他明细分类账户余额结转到"利润分配——未分配利润"账户。

第六章

会计凭证

本章学习目标

1. 了解会计凭证的作用及种类。
2. 掌握原始凭证的种类、填制方法和审核要求。
3. 掌握记账凭证的种类、内容填制和审核。
4. 了解会计凭证传递和保管的要求。

第一节 会计凭证概述

一、会计凭证的概念

会计凭证是用来记录经济业务发生和完成情况、明确经济责任的书面证明,也可作为登记账簿依据的书面证明。会计凭证是记录经济信息的载体。

填制和审核会计凭证是会计循环和账务处理流程的起点,是会计核算工作的基本环节,会计凭证的真实性和正确性,关系着账簿记录的质量。

会计管理工作要求会计核算提供真实无误的会计资料,强调记录经济业务的真实性和正确性,因此,任何企业、事业和行政单位,对任何一项经济业务的发生,都必须由执行或完成该项经济业务的有关人员取得或填制会计凭证,记录经济业务发生或完成的日期、经济业务的内容、数量及金额等具体内容,并在凭证上签名或盖章,以对凭证上所记载的内容负责。由此可见,任何会计凭证都必须经过会计机构和会计人员的严格审核,确认无误后,才可以作为登记账簿的依据。

二、会计凭证的作用

填制和审核会计凭证作为会计核算的一项重要内容,在经济管理中具有重要作用,概括起来,主要表现在以下几个方面。

(一)填制和审核会计凭证,记录经济业务完成情况,提供经济信息和会计信息

会计凭证是记录经济业务最原始的资料,任何一笔经济业务的发生和完成,都必须有经办人员及时取得或填制相应的会计凭证。会计凭证中记录经济业务发生的各项信息,可以及时协调各部门、各单位之间的经济活动,确保生产经营活动的各个环节顺利进行。通过会计凭证的填制,会计人员可以了解每一笔经济业务的完成情况,也可以为经济管理提供有用的会计信息。

(二)填制和审核会计凭证,是登记账簿的重要依据

在会计工作中,企业发生的任何一笔经济业务,都必须按规定的手续取得和填制会计凭证,并经过有关人员审核无误后,方可作为登记账簿的依据。在账务处理程序中,填制和审核会计凭证是会计核算的初始环节。

(三)填制和审核会计凭证,明确经济责任,强化内部控制

通过会计凭证的审核,可以明确各个职能部门和经办人员的经济责任,强化岗位责任制,检查经济业务发生是否符合有关的法律制度规定,确保经济业务的合理性、合法性和有效性,监督经济业务发生的真实性,也可以促使会计人员做好本职工作,如果发现问题,做到有据可查,以加强岗位责任制。

(四)填制和审核会计凭证,监督经济活动,使经济业务合理合法

通过对会计凭证的审核,可以检查和控制各个经济业务是否符合国家的有关会计政策、法规和制度,是否有违法乱纪、弄虚作假等行为,对查出的不合理不合法的经济业务,应及时纠正,保证企业的经济活动按国家的规章制度顺利进行。

三、会计凭证的种类

由于企业经济业务的复杂性,会计凭证种类繁多。按照填制的程序和用途,可以将会计凭证分为原始凭证和记账凭证。

第二节 原始凭证的填制与审核

一、原始凭证的概念和内容

原始凭证又称单据,是在经济业务发生时直接取得或填制的,用于记录经济业务的发生和完成情况,具有法律效力、明确经济责任的书面证明。原始凭证是会计核算的原始资料,也是编制记账凭证的依据。

企业经济业务多种多样,因此原始凭证的名称、格式和内容繁简程度也不尽相同。原始凭证还必须由经办人员或指定人员签名或盖章,以加强内部控制,保证原始凭证的合法性和有效性;但是所有原始凭证都是经济业务的原始单据,每一个原始凭证都必须具备以下要素。

(1) 原始凭证的名称。
(2) 填制原始凭证的日期及编号。
(3) 填制原始凭证的单位名称或者填制人姓名。
(4) 接受凭证单位的名称。
(5) 经济业务的内容。
(6) 填制单位、填制人、经办人员、验收人员等的签字或盖章。

原始凭证的格式如图6-1所示。

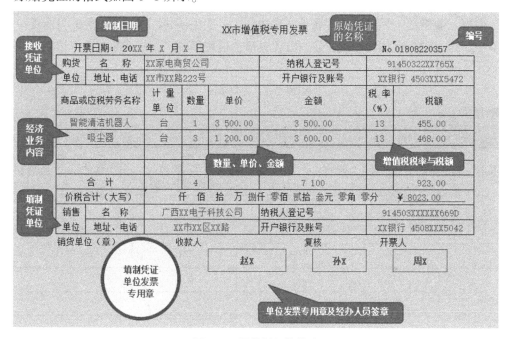

图6-1 原始凭证的格式

在实际工作中,各单位可根据会计核算和管理的需要,自行设计印制适合单位需要的各种原始凭证。但是对于在一个地区范围内经常发生的大量同类经济业务,应由各主管部门统一设计印制原始凭证。如由银行统一印制的银行汇票、转账支票和现金支票等,由铁路部门统一印制的火车票,由税务部门统一印制的发票,由财政部门统一印制的收款收据等。这样可以使原始凭证的内容格式统一,便于加强监督管理。

二、原始凭证的分类

(一) 外来原始凭证和自制原始凭证

原始凭证按来源,可以分为外来原始凭证和自制原始凭证。

1. 外来原始凭证

外来原始凭证是业务经办人员在业务发生或完成时，从外单位或个人取得的原始凭证，如购货时从供货单位取得的"发货票"，银行开来的收付款通知，职工出差取得的车票、住宿票等。外来原始凭证一般是一次凭证。

2. 自制原始凭证

自制原始凭证是由本单位内部经办业务的部门或人员，在办理某项经济业务时自行填制的凭证，如借款单、收料单、领料单、工资结算单、成本计算单等。

（二）一次凭证、累计凭证和汇总凭证

原始凭证按其填制手续和内容，可以分为一次凭证、累计凭证和汇总凭证。

一次凭证是指在经济业务发生时一次填制完成的，只反映一项经济业务的原始凭证。借款单、收据、收料单、领料单等都属于一次凭证。一次凭证的特点是一张凭证只能反映一笔经济业务，也必须一次填制完成，使用方便灵活，但数量较多，核算起来工作量较大。领料单的格式如表6-1所示。

表6-1 领料单

领料单位：　　　　　　　　　　　　　　　　　　　领料编号：
用　　途：　　　　　　　　年　月　日　　　　　　发料仓库：

材料编号	材料类别	材料名称	材料规格	计量单位	数量		单价	金额
					请领	实发		
合　计								
备注								

累计凭证是在一些特定单位，为了简化填制手续，在一定时期内记录重复发生的同类型、分次进行的经济业务，需要在一张凭证中连续、累计填列该项特定业务的具体情况的原始凭证，如限额领料单。限额领料单中标明了某种材料在规定期限内的领用额度，用料单位每次领料及退料，都要由经办人员在限额领料单上逐笔记录、签章，并结出限额结余。使用这种凭证，可以做到对领用材料的事前控制，减少凭证填制的手续，也可以随时计算出累计数，方便同计划数或定额数进行对比，控制支出，防止浪费。由于累计凭证要反复使用，必须严格规定凭证的保管制度和材料收发手续与制度。限额领料单的格式如表6-2所示。

表 6-2 限额领料单

领料单位：　　　　　　　　　　　　　　　　　　　　　　　　　领料编号：
用　　途：　　　　　　　　　年　月　日　　　　　　　　　　　发料仓库：

材料类别	材料编号	材料名称	材料规格	计量单位	全月领用限额	全月实领		
						数量	单价	金额

领料日期	请　领		实　发			退　库		
	数量	领料部门负责人签章	数量	领料人签章	发料人签章	数量	退库单编号	限额结余
合计								

供应部门负责人：　　　　　　　　生产计划部门负责人：　　　　　　　仓库负责人：

汇总凭证也称原始凭证汇总表，是指在实际工作中，为了集中反映某项经济业务的总括情况，并简化记账凭证的填制工作，将一定时期内若干份记录同类经济业务的原始凭证汇总编制成一张汇总凭证的原始凭证。收货汇总表、商品销货汇总表、收料凭证汇总表、发出材料汇总表、工资结算汇总表、差旅费报销单等都属于汇总凭证。汇总凭证既可以提供经营管理所需要的总量指标，又可以简化核算手续。发料凭证汇总表的格式如表 6-3 所示。

表 6-3 发料凭证汇总表

年　月　日

应借科目	领料部门	原料及主要材料	辅助材料	燃料	合计	备注
合计						

会计负责人：　　　　　　　　　　　　　　复核：　　　　　　　　　　　　制表：

（三）通知凭证、执行凭证和计算凭证

原始凭证按用途，可以分为通知凭证、执行凭证和计算凭证。

通知凭证是指要求、指示或命令企业进行某项经济业务的原始凭证，如罚款通知书、付款通知单等。

执行凭证是用来证明某项经济业务发生或已经完成的原始凭证，又称为证明凭证，如销货发票、收料单、领料单等。

计算凭证是指根据原始凭证和有关会计核算资料进行一系列计算而编制的原始凭证，又称为手续凭证。计算凭证一般是为了便于日常记账和掌握各项数据来源和产生的情况而编制的，如制造费用分配表、产品成本计算单、工资结算表等。

（四）通用凭证和专用凭证

原始凭证按其格式和适用范围，可以分为通用凭证和专用凭证。

通用凭证是指由有关部门统一印制、在一定范围内使用的具有统一格式和使用方法的原始凭证。通用凭证的使用范围因制作部门不同而不同，可以是某一地区、某一行业，也可以是全国通用。如全国统一的异地银行结算凭证，由国家税务总局统一印制的全国通用的增值税专用发票，地区规定的同域旅行结算凭证等。

专用凭证是指由某些单位自行印制的具有专门用途的原始凭证，如高速公路通过费收据、差旅费报销单、银行汇票等。

以上是按不同的标准对原始凭证进行的分类。它们之间是相互依存、密切联系的，有些原始凭证按照不同的分类标准分别属于不同的种类。例如，现金收据对出具收据的单位来说是自制原始凭证；而对接收收据的单位来说则是外来原始凭证；同时，它既是一次凭证，又是执行凭证，也是专用凭证。外来原始凭证大多为一次凭证、计算凭证、累计凭证大多为自制原始凭证。原始凭证的分类可归纳为图 6-2 所示的样子。

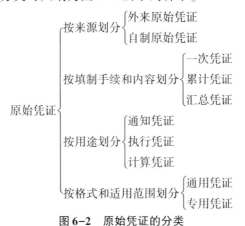

图 6-2 原始凭证的分类

三、原始凭证的填制

《会计基础工作规范》中规定，各单位在对企业的会计事项办理会计手续、进行会计核算时，必须取得或者填制原始凭证，并及时送交会计机构。可见，原始凭证作为填制记账凭证或登记账簿的原始依据，在会计核算中具有举足轻重的作用。

原始凭证是具有法律效力的证明文件，是进行会计核算的依据，必须认真填制。由于原始凭证的具体格式千差万别，其具体填制方法也不尽相同。但是无论哪种原始凭证，都要说明经济业务的发生和完成情况，都要明确相关部门和经办人员的经济责任。因此，各种原始凭证的填制，必须遵循以下要求。

（一）基本要求

1. 真实可靠

原始凭证应如实填列经济业务内容，填制的日期、经济业务内容和数字必须是经济业务发生或完成的实际情况，不得弄虚作假，不得涂改、挖补，虚假的会计信息只会误导信息使用者。

2. 内容完整

原始凭证中应该填写的项目要逐项填写，不可缺漏；名称要写完整，不要简化；品名和用途要填写明确，不能含糊不清；有关部门和人员的签名和盖章必须齐全。

接受凭证方应特别注意逐项检查收到的凭证是否按规定填写。在实际工作中，具体填制应注意以下几点。

（1）单位自制原始凭证，必须有经办人员和经办单位负责人的签名或盖章，经办单位负责人指定人员的签名或盖章也视为有效。

（2）对外开出的凭证必须加盖本单位的公章或财务专用章；从外单位取得的原始凭证必须盖有填制单位的公章。这里所说的"公章"，是指具有法律效力和特定用途，能够证明单位身份和性质的印鉴，包括业务公章、财务专用章、发票专用章、结算专用章等。不同的行业、单位对票据上的单位公章有不同的要求，视具体情况而定。

（3）从个人取得的原始凭证，必须有填制人员的签名或盖章。

3. 填制及时

在每一项经济业务发生或完成时，有关部门和人员都应及时填制原始凭证，做到不积压、不误时、不事后补制，并按规定的程序审核。

（二）具体要求

由于经济业务千差万别，各单位在管理上的要求也不尽相同，原始凭证在具体的内容和格式上存在很大差异。因此，在填制原始凭证时，除了应遵循上述基本要求外，对于不同业务的原始凭证还应注意一些具体的要求。

1. 手续完备

原始凭证的填制手续，必须符合内部牵制原则的要求。在实际工作中，具体应注意以下几点。

（1）购买实物的原始凭证必须有验收证明。换句话说，必须由购买人以外的第三者查证核实后，会计人员才能据此入账，其目的是防止货物短缺流失，明确经济责任。

（2）支付款项的原始凭证必须有收款单位和收款人的收款证明，付款人不能自己证明自己已付出款项，其目的是防止舞弊行为的发生。

（3）企业发生销货退回时，除填制退货发票（红字发票）外，还必须有退货验收证明；

退款的,必须取得对方的收款收据或者汇款银行的凭证,不得以退货发票代替收据。其目的是防止货物及款项的流失,堵塞漏洞。

(4)职工借款凭据,必须附在记账凭证之后。收回借款时,应当另开收据或者退还借款副本,不得退还原借款凭据。因为借款和还款是两笔经济业务,应分别记账。

2. 连续编号

各种原始凭证必须连续编号,如果凭证上已预先印定编号,如发票、支票等,在因填写错误或其他原因需要作废时,应当加盖"作废"戳记,连同存根一起保存,不得撕毁。一式几联的发票和收据,必须用双面复写纸套写,并连续编号。

3. 填写票据时,票据日期应大写

月为壹、贰、壹拾的,应在其前加"零";日为壹至玖或壹拾、贰拾、叁拾的,应在其前加"零";日为拾壹至拾玖的,应在其前加"壹"。例如,2018年2月10日,大写日期应为"贰零壹捌年零贰月零壹拾日"。

4. 书写工整、规范

原始凭证上的文字和数字要按规定书写,文字简洁,字迹清晰,易于辨认,具体应符合以下要求。

(1)阿拉伯数字应当一个一个地写,不得连笔写。阿拉伯金额数字前面应当书写货币币种符号,如人民币符号"¥",美元符号"$"。币种符号与阿拉伯金额数字之间不得留有空白。凡阿拉伯数字前写有币种符号的,数字后面不再写货币单位。所有以元为单位的阿拉伯数字,除表示单价等情况外,一律填写到角分,无角分的,角位和分位可写"00"或符号"—";有角无分的,分位应当写"0",不得用符号"—"代替。

(2)大写金额用汉字零、壹、贰、参、肆、伍、陆、柒、捌、玖、拾、佰、仟、万、亿等,一律用正楷或者行书体书写,不得用0、一、二、三、四、五、六、七、八、九、十等字代替,不得任意自造简化字。大写金额前没有印"人民币"字样的,应加写"人民币"字样,并且"人民币"三个字和大写金额之间不得留有空白。大写金额数字到元或角为止的,在"元"或者"角"字之后应写"整"或者"正"字,大写金额数字有分的,分字后面不写"整"或者"正"字。如小写金额¥100 006.20,大写金额应写成"人民币壹拾万零陆元贰角整"。

(3)阿拉伯金额数字中间有"0"时,汉字大写金额要写"零"字,阿拉伯金额数字中间连续有几个"0"时,汉字大写金额中可以只写一个"零"字,阿拉伯金额数字元位是"0"或者数字中间连续有几个"0"、元位也是"0",但角位不是"0"时,汉字大写金额可以只写一个"零"字,也可以不写"零"字。

(4)凡填有大写和小写金额的原始凭证,大写与小写金额必须相符。

四、原始凭证的审核

为了保证原始凭证内容的合理性、真实性、完整性和合法性,企业必须对填制或取得的原始凭证按照国家统一会计准则的规定进行严格审核,只有经过审核无误的原始凭证才能成为记账的依据。原始凭证的审核主要从以下三个方面进行。

（一）对原始凭证的合理性、真实性和合法性审核

企业对所有会计信息最基本的要求就是会计信息必须是真实的。原始凭证作为会计信息的最初资料，其真实性直接关系到企业会计信息的整体质量。对原始凭证记载的经济业务，应审核其是否符合国家有关规定的要求、是否有违反财经制度、所列经济业务是否真实、有无弄虚作假的情况等。例如，审核原始凭证如果发现有多计支出、擅自扩大开支范围、虚报冒领等违反财经制度和纪律的情况，相关原始凭证不仅不能作为合法的凭证入账，而且要按规定进行处理。

（二）对原始凭证的完整性审核

对原始凭证的完整性审核主要包括审核原始凭证各项基本要素是否填列齐全，如是否填制接受凭证单位的名称、填制单位和人员是否签章等情况。

（三）对原始凭证的正确性审核

对原始凭证的正确性审核主要是审核原始凭证在计算方面是否正确，如数量、单价、金额计算是否正确，金额合计是否正确等。审核原始凭证的填制是否符合规定的要求，首先应审查所用的凭证格式是否符合规定；其次审查凭证上的数字是否完整，大写、小写金额是否一致；最后审查凭证上的数字和文字是否有涂改、污损等不符合规定之处。如果通过审查发现凭证不符合上述要求，那么凭证本身就失去作为记账依据的资格，会计部门应把那些不符合规定的凭证退还给原编制凭证的单位或个人，要求重新补办手续。

可见，原始凭证的审核是一项细致且十分严肃的工作。要做好原始凭证的审核，充分发挥会计监督作用，会计人员既要精通会计业务，熟悉有关的政策、法令、规章制度，又要具有高度的责任感，坚持原则，敢于同违法乱纪行为做斗争。经过审核的原始凭证，如果发现问题，应根据不同情况进行处理。

（1）对不真实、不合法的原始凭证有权不予接受，并向单位负责人报告。如果会计人员予以受理，或者对违法的收支不向单位领导提出书面意见，情节严重的，给予行政处分，给企业财产造成重大损失、构成犯罪的，依法追究刑事责任。

（2）对记载不准确、不完整的原始凭证予以退回，并要求按照国家统一会计制度的规定更正、补充。

（3）原始凭证记载的各项内容均不得涂改，原始凭证有错误的，应当由出具单位重开或更正，更正处应当加盖出具单位印章。

（4）原始凭证金额有错误的，应当由出具单位重开，不得在原始凭证上更正。

第三节　记账凭证的填制与审核

一、记账凭证的基本内容

记账凭证又称记账凭单、分录凭单，是会计人员根据审核无误的原始凭证，按照经济业务的内容加以归类整理，并在确定会计分录后填制的会计凭证。记账凭证是登记账簿的依据。

原始凭证种类繁多，格式不一，只能反映经济业务已经发生或者已经完成，不能直接记账，所以需要根据审核无误的原始凭证填制记账凭证。记账凭证可以把原始凭证中零散的经济业务内容加以归类汇总，明确账户的名称、方向和金额，便于登记账簿，而且减少登记账簿的工作量和记账差错，更有利于会计工作人员对账和查账，提高工作效率和记账工作的质量。

为了做到分类反映经济业务的内容，必须按会计核算方法的要求，将其归类、整理、编制记账凭证，标明经济业务应记入的账户名称及应借应贷的金额，作为记账的直接依据。所以，记账凭证必须具备以下内容。

（1）记账凭证的名称。
（2）填制凭证的日期、凭证编号。
（3）经济业务的内容和摘要。
（4）经济业务应记入账户的名称、记账方向和金额。
（5）所附原始凭证的张数和其他附件资料。
（6）会计主管、记账、复核、出纳、制单等有关人员的签名或盖章。

记账凭证和原始凭证同属会计凭证，但二者存在以下区别。

（1）填制人不同：原始凭证由经办人员填制，记账凭证一律由会计人员填制。
（2）填制依据不同：原始凭证根据发生或完成的经济业务填制，记账凭证根据审核后的原始凭证填制。
（3）填制意义不同：原始凭证仅用以记录、证明经济业务已经发生或完成，记账凭证要依据会计科目对已经发生或完成的经济业务进行归类、整理。
（4）填制的作用不同：原始凭证是填制记账凭证的依据，记账凭证是登记账簿的依据。

二、记账凭证的种类

由于会计凭证记录和反映的经济业务多种多样，记账凭证也是多种多样的。记账凭证按不同的标志，可以分为不同的种类。

（一）通用记账凭证和专用记账凭证

记账凭证按用途，分为通用记账凭证和专用记账凭证。

1. 通用记账凭证

通用记账凭证是不区分收款、付款和转账业务类型，用一种格式记录全部经济业务的记账凭证。通用记账凭证主要适用于规模比较小、经济业务少的企业；为了简化会计凭证，所有经济业务都采用同一种格式进行记录。通用记账凭证的格式如表6-4所示。

表 6-4　通用记账凭证的格式

2019年4月25日　　　　　　　　　　　　　　　　　　　　　　　　　编号 8 号

摘要	一级科目	二级或明细科目	借方金额/元	贷方金额/元	记账
销售产品	银行存款		22 600.00		
	主营业务收入	C产品		20 000.00	
	应交税费	应交增值税（销项税额）		2 600.00	
合计			¥ 22 600.00	¥ 22 600.00	

附件贰张

会计主管：张×　　记账：李×　　稽核：沈×　　填制：方×　　出纳：黄×　　交款：胡×

2. 专用记账凭证

专用记账凭证是专门记录某一类经济业务的记账凭证。企业的全部经济业务可归纳为三种：①收款业务，与收到货币资金有关的经济业务，会直接引起库存现金或银行存款的增加，如销售产品收到款项；②付款业务，与支付货币资金有关的经济业务，会引起库存现金或银行存款的减少，如购买原材料支付款项；③转账业务，与货币资金收付无关的经济业务，如领用原材料进行生产、计提固定资产折旧。专用记账凭证可以根据记载经济业务的内容，分为收款凭证、付款凭证和转账凭证。

（1）收款凭证。

收款凭证是指专门用于记录现金和银行存款收款业务的会计凭证，是根据有关库存现金和银行存款收入业务的原始凭证为依据填制的凭证。收款凭证又可以进一步分为库存现金收款凭证和银行存款收款凭证。收款凭证是出纳人员收讫款项的依据，也是登记现金和银行存款总账、现金日记账和银行存款日记账以及有关明细账的依据。收款凭证一般按现金和银行存款分别编制。收款凭证的格式如表 6-5 所示。

表 6-5　收款凭证的格式

借方科目：　银行存款　　　　　2019年4月14日　　　　　　　　　收字第 2 号

摘要	贷方科目		金额/元	记账
	一级科目	二级或明细科目		
销售产品	主营业务收入	A产品	20 000.00	
	应交税费	应交增值税（销项税额）	2 600.00	
合计			¥ 22 600.00	

附件贰张

会计主管：张×　记账：李×　稽核：沈×　填制：方×　出纳：黄××　交款：胡××

（2）付款凭证。

付款凭证是指专门用于记录库存现金和银行存款付款业务的会计凭证，是根据有关库存现金和银行存款支付业务的原始凭证为依据填制的凭证。付款凭证又可以进一步分为库存现金付款凭证和银行存款付款凭证。付款凭证是出纳人员支付款项的依据，也是登记库存现金和银行存款总账、现金日记账和银行存款日记账以及有关明细账的依据。付款凭证一般按现金和银行存款分别编制。付款凭证的格式如表6-6所示。

表6-6 付款凭证的格式

贷方科目：银行存款　　　　　　　　2018年4月25日　　　　　　　　付字第 3 号

摘要	借方科目		金额/元	记账
	一级科目	二级或明细科目		
购买 B 材料	在途物资	B 材料	20 000.00	
	应交税费	应交增值税（进项税额）	2 600.00	
合计			￥ 22 600.00	

附件壹张

会计主管：张×　记账：李×　稽核：沈×　填制：方×　出纳：黄××　交款：胡××

（3）转账凭证。

转账凭证是指专门用于记录不涉及现金和银行存款收付款业务的会计凭证。转账凭证是根据有关转账业务的原始凭证编制的，是登记总账和有关明细账的依据。转账凭证的格式如表6-7所示。

表6-7 转账凭证的格式

2018年3月25日　　　　　　　　　　　　　　转字第 7 号

摘要	一级科目	二级或明细科目	借方金额/元	贷方金额/元	记账
生产用料	生产成本	甲产品	20 000.00		
	原材料	钢材		20 000.00	
合计			￥ 20 000.00	￥ 20 000.00	

附件壹张

会计主管：张×　　记账：李××　　稽核：沈×　　填制：方×

收款凭证、付款凭证和转账凭证分别用以记录现金和银行存款收款业务、现金和银行存款付款业务以及与现金、银行存款收支无关的转账业务，为了便于识别，各种凭证印制成不同的颜色。在会计实务中，对于现金和银行存款之间的收付款业务（即把现金存入银行或者从银行提取现金），为了避免记账重复，一般只按照贷方会计科目编制付款凭证，不编制收款凭证。

（二）单式记账凭证和复式记账凭证

记账凭证按其会计科目是否单一，分为单式记账凭证和复式记账凭证。

1. 单式记账凭证

单式记账凭证又称单科记账凭证，指每一项经济业务所涉及的会计科目，分别填制记账凭证，也就是说，一笔经济业务涉及几个会计科目，就填制几张记账凭证，每张单式记账凭证只填列一个会计科目。

单式记账凭证是在每张凭证上只填列经济业务所涉及的一个会计科目及其金额的记账凭证。填列借方科目的称为借项记账凭证，填列贷方科目的称为贷项记账凭证。一项经济业务涉及几个科目，就分别填制几张凭证，并采用一定的编号方法将它们联系起来。单式记账凭证的优点是内容单一，便于记账工作的分工，也便于按科目汇总，并可加速凭证的传递；其缺点是凭证张数多，内容分散，在一张凭证上不能完整地反映一笔经济业务的全貌，不便于检验会计分录的正确性，故需加强凭证的复核、装订和保管工作。单式记账凭证中借项记账凭证和贷项记账凭证的格式分别如表6-8和表6-9所示。

表6-8 借项记账凭证

对应科目　　　　　　　　　　　年　月　日　　　　　　　　　　　记字第　　号

摘要	总账科目	明细科目	金额	账页
合计				

会计主管　　　　　　记账　　　　　　出纳　　　　　　审核　　　　　　制单

表6-9 贷项记账凭证

对应科目　　　　　　　　　　　年　月　日　　　　　　　　　　　记字第　　号

摘要	总账科目	明细科目	金额	账页
合计				

会计主管　　　　　　记账　　　　　　出纳　　　　　　审核　　　　　　制单

2. 复式记账凭证

复式记账凭证是指将每一笔经济业务事项所涉及的全部会计科目及其发生额均填制在一张记账凭证中，即一张记账凭证上登记一项经济业务所涉及的两个或者两个以上的会计科目，既有"借方"又有"贷方"的记账凭证。复式记账凭证的优点是可以集中反映一项经济业务的科目对应关系，便于了解有关经济业务的来龙去脉，减少凭证张数，减轻编制记账凭证的工作量,便于检验会计分录的正确性;其缺点是不便于汇总计算每一会计科目的发生额和进行分工记账。在实际工作中,普遍使用的是复式记账凭证,上述介绍的收款凭证、付款凭证、转账凭证都是复式记账凭证。

(三)汇总记账凭证和非汇总记账凭证

记账凭证按是否汇总分类,分为汇总记账凭证和非汇总记账凭证。

1. 非汇总记账凭证

上面讲的单式记账凭证和复式记账凭证(收款凭证、付款凭证、转账凭证)都是非汇总记账凭证。

2. 汇总记账凭证

汇总记账凭证按汇总方法,又分为分类汇总凭证和全部汇总凭证。

(1)分类汇总凭证。

分类汇总凭证是指定期按现金、银行存款及转账业务进行分类汇总,也可以按科目进行汇总的汇总记账凭证。例如,可以将一定时期的收款凭证、付款凭证、转账凭证分别汇总,编制汇总收款凭证、汇总付款凭证、汇总转账凭证。汇总收款凭证、汇总付款凭证、汇总转账凭证的格式分别如表6-10、表6-11、表6-12所示。

表6-10 汇总收款凭证的格式

借方科目:银行存款　　　　　　　　　2018年3月　　　　　　　　　汇收字第 1 号

贷方科目	金额				记账	
	(1)	(2)	(3)	合计	借方	贷方
主营业务收入/元	45 000.00	145 000.00	110 000.00	300 000.00		
应交税费/元	6 500.00	30 000.00	19 200.00	55 700.00		
预收账款/元	30 000.00			30 000.00		
短期借款/元	16 000.00			16 000.00		
应收账款/元	38 000.00			38 000.00		
实收资本/元	34 000.00		208 900.00	242 900.00		
其他业务收入/元		20 000.00		20 000.00		
合计/元	169 500.00	195 000.00	338 100.00	702 600.00		

附注:(1)自　1　日至　10　日　　收款凭证　共计　12　张
　　　(1)自　11　日至　20　日　　收款凭证　共计　16　张
　　　(1)自　21　日至　31　日　　收款凭证　共计　15　张

表 6-11　汇总付款凭证的格式

贷方科目：银行存款　　　　　　　　2018 年 3 月　　　　　　　　汇付字第 3 号

借方科目	金额				记账	
	（1）	（2）	（3）	合计	借方	贷方
库存现金/元	20 000.00	10 000.00	18 000.00	48 000.00		
预付账款/元	39 800.00		18 000.00	57 800.00		
制造费用/元	6 000.00	5 000.00	5 000.00	16 000.00		
管理费用/元	2 800.00	2 100.00	2 400.00	7 300.00		
短期借款/元	13 000.00			13 000.00		
财务费用/元	5 500.00			5 500.00		
实收资本/元		19,000.00		19 000.00		
合计/元	87 100.00	36 100.00	43 400.00	166 600.00		

附注：（1）自 __1__ 日至 __10__ 日　付款凭证　共计 __10__ 张
　　　（1）自 __11__ 日至 __20__ 日　付款凭证　共计 __15__ 张
　　　（1）自 __21__ 日至 __31__ 日　付款凭证　共计 __13__ 张

表 6-12　汇总转账凭证的格式

贷方科目：原材料　　　　　　　　2018 年 3 月　　　　　　　　汇转字第 1 号

贷方科目	金额				记账	
	（1）	（2）	（3）	合计	借方	贷方
生产成本/元	200 000.00	190 000.00	210 000.00	600 000.00		
制造费用/元	4 000.00	3 500.00	3 500.00	11 000.00		
管理费用/元	1,000.00	1 100.00	1 300.00	3 400.00		
在建工程/元	30 800.00	28 100.00	29 400.00	88 300.00		
合计/元	235 800.00	222 700.00	244 200.00	702 700.00		

附注：（1）自 __1__ 日至 __10__ 日　转账凭证　共计 __6__ 张
　　　（1）自 __11__ 日至 __20__ 日　转账凭证　共计 __7__ 张
　　　（1）自 __21__ 日至 __31__ 日　转账凭证　共计 __9__ 张

（2）全部汇总凭证。

全部汇总凭证是指将单位一定时期内编制的会计分录，全部汇总在一张记账凭证上的汇总记账凭证。将一定时期的所有记账凭证按相同会计科目的借方和贷方分别汇总，编制的记账凭证汇总表（或称科目汇总表）如表 6-13 所示。

表 6-13 科目汇总表

科汇 1

编制单位：××公司　　　　　　　　　　2018 年 6 月　　　　　　　　　　单位：元

科目名称	本期发生额		记账
	借方	贷方	
库存现金	6 000.00		
银行存款	180 000.00	124 000.00	
应收账款		38 000.00	
预付账款	50 000.00		
在途物资		8 000.00	
原材料	8 000.00	250 000.00	
生产成本	180 000.00		
制造费用	8 800.00		
短期借款	50 000.00	42 000.00	
预收账款	12 200.00	30 000.00	
实收资本		3 000.00	
合计	495 000.00	495 000.00	

汇总凭证是将许多同类记账凭证逐日或定期（3 天、5 天、10 天等）加以汇总后编制的记账凭证，有利于简化总分类账的登记工作。

记账凭证的分类如图 6-3 所示。

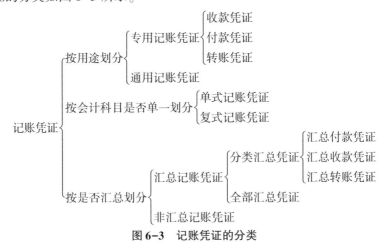

图 6-3　记账凭证的分类

三、记账凭证的填制

（一）记账凭证的填制要求

填制记账凭证是一项重要的会计工作，为了便于登记账簿，保证账簿记录的正确性，除了遵守原始凭证的填制要求外，还应该符合以下要求。

1. 依据真实

除结账和更正错误外，记账凭证应根据审核无误的原始凭证及有关资料填制，记账凭证必须附有原始凭证并如实填写所附原始凭证的张数。记账凭证所附原始凭证张数的计算一般应以原始凭证的自然张数为准。如果记账凭证中附有原始凭证汇总表，则应该把所附的原始凭证和原始凭证汇总表的张数一起计入附件的张数；但报销差旅费等零散票券，可以粘贴在一张纸上，作为一张原始凭证。一张原始凭证如果涉及几张记账凭证，可以将原始凭证附在一张主要的记账凭证后面，在该主要记账凭证摘要栏注明"本凭证附件包括××号记账凭证业务"字样，并在其他记账凭证上注明该主要记账凭证的编号或者附上该原始凭证的复印件，以便复核查阅。

2. 内容完整

记账凭证应具备的内容应完整，要按照记账凭证上所列项目逐一填写清楚，有关人员的签名或者盖章要齐全，不可缺漏。如有以自制的原始凭证或者原始凭证汇总表代替记账凭证使用的，也必须具备记账凭证应有的内容。金额栏数字的填写必须规范、准确，与所附原始凭证的金额相符。金额登记方向、数字必须正确，角分位不留空格。

3. 分类正确

填制记账凭证，要根据经济业务的内容，区别不同类型的原始凭证，正确应用会计科目和记账凭证。一般情况下，现金或银行存款的收、付款业务，应使用收款凭证或付款凭证；不涉及现金和银行存款收付的业务，如将现金送存银行，或者从银行提取现金，只填制付款凭证不填制收款凭证，以避免重复记账。在一笔经济业务中，如果既涉及现金或银行存款的收、付，又涉及转账业务，则应分别填制收款或付款凭证和转账凭证。例如，单位职工出差归来报销差旅费并交回剩余现金时，就应根据有关原始凭证按实际报销的金额填制一张转账凭证，同时按收回的现金数额填制一张收款凭证。

4. 日期正确

记账凭证的填制日期一般为填制记账凭证当天的日期，不能提前或拖后；按权责发生制原则计算收益、分配费用、结转成本利润等调整分录和结账分录的记账凭证，虽然需要到下月才能填制，但为了便于在当月的账内进行登记，仍应填写当月月末的日期。

5. 连续编号

为了分清会计事项处理的先后顺序，以便记账凭证与会计账簿之间的核对，确保记账凭证完整无缺，填制记账凭证时，应当对记账凭证连续编号。记账凭证编号的方法有多种：一种是将全部记账凭证作为一类统一编号；另一种是分别按现金和银行存款收入业务、现金和银行付款业务、转账业务三类进行编号，这样记账凭证的编号应分为收字第×号、付字第×号、转字第×号。一笔经济业务需要填制两张或两张以上记账凭证的，可以采用分数编号法进行编号。例如，有一笔经济业务需要填制三张记账凭证，凭证顺序号为6，就可以编成 $6\frac{1}{3}$，$6\frac{2}{3}$，$6\frac{3}{3}$，前面的整数表示凭证顺序，后面分数的分母表示该号凭证共有三张，分子表示三张凭证中的第一张、第二张、第三张。

6. 摘要必须简明扼要

记账凭证的摘要栏，填写经济业务的说明，语言必须简单扼要，与原始凭证内容一致，能正确反映经济业务的主要内容，既要避免简而不明，又要避免过于烦琐。应能使信息使用者通过摘要就了解该项经济业务的性质、特征、内容，并判断出该项经济业务的会计记录是否正确，一般不需要再去翻阅原始凭证或询问有关人员。

7. 会计分录正确

会计分录是记账凭证中重要的组成部分，在记账凭证中，要正确编制会计分录，保证会计科目的运用和记账方向正确，并保持借贷平衡，因此必须根据国家统一会计制度的规定和经济业务的内容，正确使用会计科目，不得任意简化或改动。应填写会计科目的名称，或者同时填写会计科目的名称和会计科目编号，不应只填编号不填会计名称；应填明总账科目和明细科目，以便于登记总账和明细账并进行核对。填入金额数字后，要在记账凭证的合计行计算填写合计金额，并保证借贷方金额会计数相等。

8. 空行注销

填制记账凭证时，应按行次逐行填写，不得跳行或留有空行。填完经济业务后，记账凭证如有空行，应当在金额栏自最后一笔金额数字下的空行至合计数上的空行处划斜线注销。

9. 填制记账凭证时，如果发生错误应当重新填制

已经登记入账的记账凭证在当年内发生错误的，如果是使用的会计科目或记账凭证方向有错误，可以用红字金额填制一张与原始凭证内容相同的记账凭证，在摘要栏注明"注销×月×日×号凭证"字样，同时再用蓝字重新填制一张正确的记账凭证，在摘要栏注明"更正某月某日某号凭证"字样；如果会计科目和记账方向都没有错误，只是金额错误，可以按正确数字和错误数字之间的差额，另编一张调整的记账凭证，调增金额用蓝色数字，调减金额用红色数字。

在记账凭证中，文字、数字和货币符号的书写要求与原始凭证相同。实行会计电算化的单位，其机制记账凭证应当符合记账凭证的基本要求，打印出来的机制凭证上，要加盖制单人员、审核人员、记账人员和会计主管人员的印章或者签字，以明确责任。

（二）记账凭证的填制方法

1. 单式记账凭证的填制

单式记账凭证就是在一张凭证上只填列一个会计科目。一项经济业务的会计分录涉及几个会计科目，就填制几张记账凭证。为了保持会计科目间的对应关系，便于核对，在填制一个会计分录时编一个总号，再按凭证张数编几个分号，如第4笔经济业务涉及三个会计科目，编号则为 $4\frac{1}{3}$，$4\frac{2}{3}$，$4\frac{3}{3}$。

在单式记账凭证中，填列借方账户名称的称为借项记账凭证，填列贷方账户名称的称为贷项记账凭证；为了便于区别，两者常用不同的颜色印制。

2. 复式记账凭证的填制

复式记账凭证就是在一张记账凭证上记载一笔完整的经济业务所涉及的全部会计科目。为了清晰地反映经济业务的来龙去脉，不应将不同的经济业务合并填制。

（1）收款凭证的填制。

收款凭证是根据审核无误的现金和银行存款收款业务的原始凭证填制的。收款凭证左上角的"借方科目"，按收款的性质填写"现金"或者"银行存款"；日期填写的是填制本凭证的日期；右上角填写收款凭证顺序号；"摘要栏"简明扼要地填写经济业务的内容梗概；

"贷方科目"栏内填写与收入"现金"或"银行存款"科目相对应的总账科目及所属明细科目;"金额"栏内填写实际收到的现金或银行存款的数额,各总账科目与所属明细科目的应贷金额,应分别填写于和总账科目或明细科目同一行的"总账科目"或"明细科目"金额栏内;"金额栏"的合计数,只合计"总账科目"金额,表示借方科目"现金"或"银行存款"的金额;"记账栏"供记账人员在根据收款凭证登记有关账簿后作记号用,表示已经记账,防止经济业务的重记或漏记;凭证右边"附件 张"根据所附原始凭证的张数填写;凭证最下方有关人员签章处供有关人员在履行责任后签名或签章,以明确经济责任。

(2)付款凭证的填制。

付款凭证是根据审核无误的现金和银行存款付款业务的原始凭证填制的。付款凭证左上角的"贷方科目",应填列"现金"或者"银行存款";"借方科目"栏应填写与"现金"或"银行存款"科目相对应的总账科目及所属的明细科目;其余各部分的填制方法与收款凭证基本相同。

(3)转账凭证的填制。

转账凭证是根据审核无误的不涉及现金和银行存款收付的转账业务的原始凭证填制的。转账凭证的"会计科目"栏应按照先借后贷的顺序分别填写应借应贷的总账科目及所属的明细科目;借方总账科目及所属明细科目的应记金额,应在与科目同一行的"借方金额"栏内相应栏次填写,贷方总账科目及所属明细科目的应记金额,应在与科目同一行的"贷方金额"栏内相应栏次填写;"合计"行只合计借方总账科目金额和贷方总账科目金额,借方总账科目金额合计数与贷方总账金额合计数应相等。

下面分别举例说明通用记账凭证和专用记账凭证(收款凭证、付款凭证和转账凭证)的填制。

【例6-1】某公司销售甲产品取得收入20 000元,应交增值税2 600元,款项已存入银行。根据经济业务的原始凭证填制的通用记账凭证如图6-4所示。

图6-4 填制的通用记账凭证

【例6-2】某公司销售甲产品取得收入20 000元,应交增值税2 600元,款项已存入银行。根据经济业务的原始凭证填制的收款记账凭证如图6-5所示。

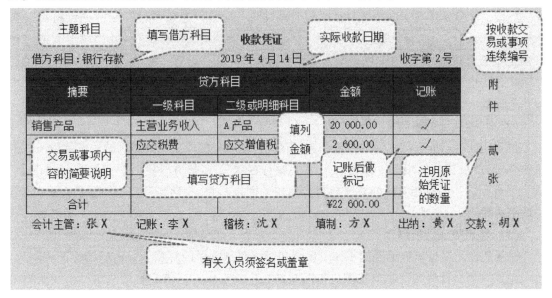

图6-5 填制的收款凭证

【例6-3】某公司采购原材料,价款为20 000元,增值税进项税额为2 600元,使用银行存款支付全部款项。

根据这项经济业务的原始凭证填制的付款凭证如图6-6所示。

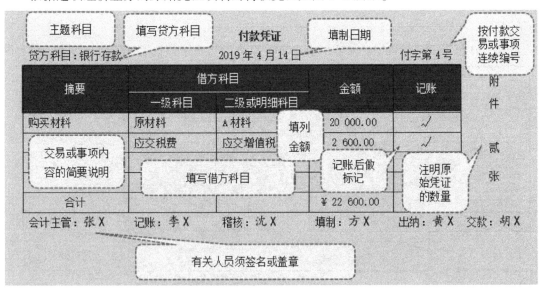

图6-6 填制的付款凭证

【例6-4】某企业生产甲产品领用原材料23 200元。

根据该项经济业务的原始凭证填制的转账凭证如图6-7所示。

图 6-7 填制的转账凭证

四、记账凭证的审核

记账凭证填制以后,必须由专人进行审核,借以监督经济业务的真实性、合法性和合理性,并检查记账凭证的编制是否符合要求。因此,记账凭证的审核是一项严肃细致、政策性很强的工作。只有做好这项工作才能正确地发挥会计反映和监督的作用。记账凭证审核的基本内容包括以下几项。

(1) 内容是否真实。审核记账凭证是否有原始凭证为依据,所附原始凭证的内容是否与记账凭证的内容一致,记账凭证汇总表的内容与其所依据的记账凭证的内容是否一致等。

(2) 项目是否齐全。审核记账凭证各项目的填写是否齐全,如日期、凭证编号、摘要、金额、所附原始凭证张数及有关人员签章等。

(3) 科目是否准确。审核记账凭证的应借、应贷科目是否准确,是否有明确的账户对应关系,所使用的会计科目是否符合国家统一的会计制度的规定等。

(4) 金额是否正确。审核记账凭证所记录的金额与原始凭证的有关金额是否一致、计算是否正确,记账凭证汇总表的金额与记账凭证的金额合计是否相符等。

(5) 书写是否规范。审核记账凭证中的记录是否文字工整、数字清晰,是否按规定进行更正等。

在审核过程中,如果发现有不符合要求的地方,应要求有关人员采取正确的方法进行更正。只有审核无误的记账凭证,才能作为登记账簿的依据。

第四节　会计凭证的传递与保管

一、会计凭证的传递

会计凭证的传递是指从会计凭证的填制或者取得到归档为止，在有关业务部门之间按照规定的时间、路线进行处理的程序。会计凭证的传递包括传递路线、传递时间、传递过程中的衔接手续等。各种会计凭证所记载的经济业务不同，涉及的部门和人员不同，办理的业务手续也不同，因此，应当为各种会计凭证规定一个合理的传递程序，即一张会计凭证填制后应交到哪个部门、哪个岗位、由谁办理业务手续等，直到归档保管为止。会计凭证的传递顺序如图6-8所示。

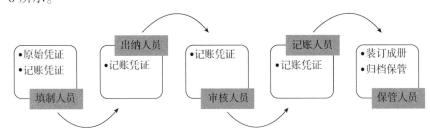

图6-8　会计凭证的传递顺序

（一）会计凭证传递的意义

会计凭证的传递是指会计凭证从取得、填制、使用到归档保管为止，在企业内部有关部门和人员之间传递的程序。会计凭证是办理交易或事项的依据，这就决定了会计凭证具有在相关的职能部门和有关人员之间流动的特性。正确组织会计凭证的传递，对于提高会计核算资料的及时性、正确组织经济活动、加强经济责任、实行会计监督具有重要意义。

1. 有利于提高工作效率

正确组织会计凭证的传递，能够及时、真实地反映和监督各项经济业务的发生和完成情况，为经济管理提供可靠的经济信息。例如，材料运到企业后，仓库保管员应在规定的时间内将材料验收入库，填制"收料单"，注明实收数量等情况，并将"收料单"及时送到财会部门及其他有关部门；财会部门接到"收料单"，经审核无误，就应及时编制记账凭证和登记账簿；生产部门得到该批材料已验收入库凭证后，便可办理有关领料手续，用于产品生产等。如果仓库保管员未按时填写"收料单"或虽填写"收料单"但没有及时送到有关部门，就会给人以材料尚未入库的假象，影响企业生产的正常进行。

2. 能更好地发挥会计监督作用

正确组织会计凭证的传递，便于有关部门和个人的分工协作、相互牵制、加强岗位责任制，更好地发挥会计监督作用。例如，从材料运到企业验收入库，需要多少时间，由谁填制"收料单"，何时将"收料单"送到供应部门和财会部门，财会部门收到"收料单"后由谁进行审核并同供应部门的发货单进行核对，由谁、何时编制记账凭证和登记账簿，由谁负责整理保管凭证等。这样就把材料收入业务、验收入库到登记入账的全部工作，在本单位内部进行分工合作，共同完成。同时可以考核经办业务的有关部门和人员是否按规定的手续办理，从而加强经营管理，提高工作质量。

（二）会计凭证传递的基本要求

各单位的经营业务性质是多种多样的，各种经营业务又有各自的特点，所以，办理各项经济业务的部门和人员以及办理凭证所需要的时间、传递程序也必然各不相同。这就要求每个单位都必须根据自己的业务特点和管理特点，由单位领导会同会计部门及有关部门共同设计一套会计凭证的传递程序，使各个部门保证有序、及时地按规定的程序传递会计凭证。各单位在设计会计凭证传递程序和路线时，应注意以下几个问题。

1. 根据经济业务的特点、机构设置和人员分工情况，明确会计凭证的传递程序和路线

由于企业生产经营业务的内容不同，企业管理的要求也不尽相同。在会计凭证的传递过程中，要根据具体情况，确定每一种凭证的传递程序和方法。合理设计会计凭证所经过的环节，规定每个环节负责传递的相关责任人员，规定会计凭证的联数以及每一联凭证的用途。做到既可使各有关部门和人员了解经济活动情况、及时办理手续，又可避免凭证经过不必要的环节，以提高工作效率。

会计凭证的传递路线是指凭证的流经环节及先后次序。应根据交易或事项的具体内容及处理要求，确定合理有序的凭证传递路线，使会计凭证沿着最快捷、最合理的流向运行，既要保证经办人员能够及时进行交易或事项的处理和，会计人员能够及时进行账务处理，又要避免凭证传递"越位"，更不能使凭证的传递经过不必要的环节。

2. 明确合理的传递时间，规定会计凭证经过每个环节所需要的时间，以保证凭证传递的及时性

传递时间是指会计凭证在有关部门或人员中停留的时间。应根据各个环节处理交易或事项的需要，合理地确定会计凭证在有关部门或人员中的停留时间，以保证会计凭证的及时传递，避免停留时间过长而影响到下一个环节。

会计凭证的传递时间，应考虑各部门和有关人员的工作内容和工作量在正常情况下完成的时间，明确规定各种凭证在各个环节停留的最长时间，不能拖延和积压会计凭证，以免影响会计工作的正常程序。一切会计凭证的传递和处理，都应在报告期内完成，不允许跨期，否则将影响会计核算的准确性和及时性。

3. 办理严密的传递手续

会计凭证的传递手续是指相关部门或人员在凭证的交接过程中应当办理的手续，为避免会计凭证的丢失或损坏，消除会计凭证在传递过程中的安全隐患，应在凭证交接的各个环节办理交接手续，明确各个环节及有关人员的责任。会计凭证在传递过程中的衔接手续，应该做到既完备严密，又简单易行。凭证的收发、交接都应当按一定的手续制度办理，以保证会计凭证的安全和完整。会计凭证的传递程序、传递时间和衔接手续明确后，设计凭证传递程

序，规定凭证传递路线、环节及在各个环节上的时间、处理内容及交接手续，使凭证传递工作有条不紊、迅速而有效地进行。

二、会计凭证的保管

会计凭证的保管主要是指对各种会计凭证的保存与管理。会计凭证是企业的重要经济档案和历史资料，应当采取措施妥善保管。在将会计凭证上的交易或事项登记入账以后，对于使用完毕的会计凭证应进行必要的整理、装订，并归档存查、不得丢失或任意销毁，切实保证会计凭证的安全与完整。会计凭证的保管期限可分为10年、30年、永久三类。会计凭证保管期满后，方可按规定销毁。会计凭证的保管应注意以下要求。

（1）整理归类，装订成册，归档保管。企业在每个月末，一般应对本月已登记入账的记账凭证进行整理，按照编号顺序连同所附原始凭证装订成册、以防散失。对于数量过多的原始凭证，也可以单独装订保管，在原始凭证封面上注明所属记账凭证的日期、编号和种类；在记账凭证上应注明"附件另订"及原始凭证的名称和编号，以便查阅。为便于日后查阅，应在装订成册的凭证上加具封面，会计凭证封面应注明单位名称、凭证种类、凭证张数、起止号数、年度、月份、会计主管人员、装订人员等有关事项，会计主管人员和保管人员应在封面上签章。会计年度终了时，由会计部门按照会计凭证归档的要求整理立卷。当年的会计凭证可以在年度终了后由会计部门保管一年，以便于对跨年度的交易或事项进行核对与接续处理。期满后应由会计部门编制移交清册，移交本单位档案部门，按档案保管的要求妥善保管。会计凭证装订封面的基本格式如图6-9所示。

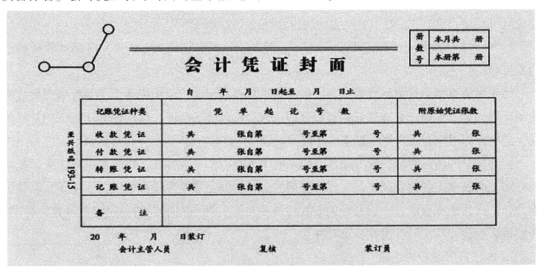

图6-9 会计凭证装订封面的基本格式

（2）妥善保管，控制借阅。对处于保管过程中的会计凭证，既要防止自然环境等因素可能造成的损害，也要防止人为的损坏和丢失等，应采取措施严密保管。保管中的会计凭证原则上不得外借，如有特殊需要，须报经单位负责人批准，但不得拆散原卷册，并应限期归还。对外提供的原始凭证的复印件应在专设的登记簿上登记，并由提供人员和收取人员签名或盖章。会计凭证应加贴封条，防止抽换凭证。原始凭证（原件）不得外借，可以查阅复制，并办理登记手续。查阅复制的必要手续如下。

①必须经本单位会计机构负责人批准后才能复制。

②必须在专设的登记簿上登记，并由提供人员和收取人员共同签名或盖章。

③严禁在会计档案上涂画、拆封和抽换。

（3）保管期满，酌情处理。每年装订成册的会计凭证，在年度终了时可暂由单位会计机构保管一年，期满后应当移交本单位档案机构统一保管；未设立档案机构的，应当在会计机构内部指定专人保管。出纳人员不得兼管会计档案。保管期未满时，任何人都不得私自随意销毁会计凭证。保管期满后，应按规定销毁。对按规定需要永久保存的会计凭证不得销毁。

（4）原始凭证遗失时，应取得原签发单位盖有公章的证明，由会计机构负责人、会计主管人员和单位负责人批准后，才能代作原始凭证；无法取得证明的，应由当事人写明详细情况，由会计机构负责人、会计主管人员和单位负责人批准后，代作原始凭证。

练习题

一、单项选择题

1. 下列不属于原始凭证的是（　　）。
   A. 火车票　　　B. 住宿发票　　　C. 购货合同　　　D. 借款单
2. 原始凭证中一般没有（　　）。
   A. 凭证编号　　B. 编制日期　　　C. 会计科目的名称　D. 凭证名称
3. 外来原始凭证属于（　　）。
   A. 一次凭证　　B. 累计凭证　　　C. 汇总凭证　　　D. 记账凭证
4. 原始凭证和记账凭证的相同点是（　　）。
   A. 反映经济业务的内容相同　　　B. 法律效力相同
   C. 作用相同　　　　　　　　　　D. 编制的时间相同
5. 下列原始凭证中，属于累计原始凭证的是（　　）。
   A. 限额领料单　　　　　　　　　B. 入库单
   C. 增值税专用发票　　　　　　　D. 差旅费报销单
6. 从银行提取现金，会计人员应该编制的专用记账凭证是（　　）。
   A. 现金收款凭证　　　　　　　　B. 银行存款收款凭证
   C. 现金付款凭证　　　　　　　　D. 银行存款付款凭证
7. 记账凭证中不可能有（　　）。
   A. 凭证名称　　B. 凭证日期　　　C. 摘要　　　　　D. 接受单位的名称
8. 下列经济业务应该编制转账凭证的是（　　）。
   A. 从银行提取现金　　　　　　　B. 用银行存款购买办公用品
   C. 生产产品领用原材料　　　　　D. 用银行存款购买固定资产

9. 通用记账凭证的填制方法和（　　）的填制方法一样。

A. 转账凭证　　　B. 收款凭证　　　C. 付款凭证　　　D. 原始凭证

10. 记账凭证的内容中，不包括（　　）。

A. 记账凭证的编号　　　　　　　B. 经济业务的内容摘要

C. 附原始凭证张数　　　　　　　D. 经济业务的数量、单价和金额

二、多项选择题

1. 以下单据中可以作为原始凭证的有（　　）。

A. 出差车票　　B. 医药费报销单　　C. 领料单　　D. 购销发票

2. 原始凭证按填制手续和完成情况不同，可以分为（　　）。

A. 一次凭证　　B. 累计凭证　　C. 汇总凭证　　D. 转账凭证

3. 原始凭证的内容包括（　　）。

A. 凭证的名称　　　　　　　　B. 填制凭证的日期

C. 填制单位的签章　　　　　　D. 经办人员的签章

4. 自制原始凭证包括（　　）。

A. 工资结算单　　B. 成本计算单　　C. 收料单　　D. 领料单

5. 记账凭证应具备的基本内容有（　　）。

A. 经济业务的内容摘要　　　　B. 接收凭证单位的名称

C. 应记的会计科目、方向及金额　　D. 所附原始凭证张数

6. 限额领料单同时属于（　　）。

A. 原始凭证　　B. 累计凭证　　C. 自制凭证　　D. 一次凭证

7. 以下业务要填制转账凭证的有（　　）。

A. 计提工资　　　　　　　　B. 计提利息

C. 领用原材料生产产品　　　　D. 产品完工入库

8. 专用记账凭证有（　　）。

A. 收款凭证　　B. 付款凭证　　C. 转账凭证　　D. 原始凭证

9. 可以作为记账凭证依据的是（　　）。

A. 发货单　　B. 收货单　　C. 入库单　　D. 经济合同

10. 记账凭证的审核包括（　　）。

A. 内容是否真实　　　　　　B. 科目是否准确

C. 金额是否正确　　　　　　D. 书写是否规范

三、判断题

（　　）1. 原始凭证必须由会计部门填写。

（　　）2. 对应数量过多的原始凭证，可以单独装订。

（　　）3. 企业为了简化会计核算工作，可以将不同内容、不同类型的经济业务汇总编制一张记账凭证。

（　　）4. 原始凭证有错误的，出具凭证的单位可以进行更改。

（　　）5. 填制和审核会计凭是会计工作的第一步。

（　　）6. 自制原始凭证必须由会计部门工作人员填写。

（　　）7. 记账凭证和原始凭证的填制日期一定是相同的。

（　　）8. 未设立会计档案机构的，应当在会计机构内部指定专人保管。例如：出纳可以兼管会计档案工作。

（　　）9. 对于职工出差借款凭据，企业收回借款时，应该退还原借款凭据。

（　　）10. 会计凭证是重要的经济档案，全部应该永久保管。

四、业务题

根据以下经济业务填制记账凭证。

（1）甲公司收到国家增拨的投资 1 200 000 元存入银行。

（2）从银行取得期限为 1 年的借款 150 000 元，年利率为 7.2%，所得款项已存入银行。

（3）以银行存款支付前欠某厂货款 39 000 元。

（4）从银行提取现金 1 000 元。

（5）以银行存款购入车间办公用品 6 300 元。

（6）以银行存款支付广告费 1 800 元。

（7）收回应收星海公司货款 15 000 元存入银行。

（8）乙公司成立时由 2 位投资者投资组成，每人投资 200 000 元，共计实收资本 400 000 元。现有第三位投资者加入，出资 260 000 元已存入银行，协议约定 3 位投资者各占 1/3 的股份。

（9）企业购入材料，买价为 30 000 元，增值税进项税额为 3 900 元，材料已验收入库，款项尚未支付。

（10）企业购入材料，买价为 40 000 元，增值税进项税额为 5 200 元，开出期限为 6 个月、面值为 45 200 元的商业承兑汇票，材料已验收入库。

（11）本月车间生产甲产品领用 A 材料 43 000 元，领用 B 材料 21 000 元；生产乙产品领用 A 材料 18 000 元，领用 B 材料 6 000 元；车间一般耗用 B 材料 5 000 元。

（12）企业销售甲产品 100 件，每件售价 300 元，增值税税额为 3 900 元，收到支票已存入银行。

（13）销售库存材料一批，售价为 60 000 元，增值税税额为 7 800 元，款项已存入银行。材料成本为 33 000 元。

（14）向华联公司转让商标的使用权，获得收入 123 000 元，已存入银行。该无形资产本月应计提摊销 3 100 元。

（15）将一项专利权出售给某企业，该专利权的账面原价为 200 000 元，已摊销 125 000 元，实际取得出售收入 110 000 元，款项已存入银行。

（16）公司为交易目的所持有的股票投资，账面余额为 167 000 元，出售时取得价款 246 000 元。

（17）向希望工程捐款 200 000 元。

（18）总经理李华出差回来，报销差旅费 2 600 元，补付给李华现金 200 元。

（19）本月存款利息 3 800 元划入企业存款账户。

（20）计算本月应负担的城市维护建设税 2 600 元，教育费附加 600 元。

（21）计算应交纳车船税 3 100 元。

（22）使用现金支付印花税 100 元。

（23）期末计提坏账准备 12 000 元。

（24）期末结转已销售产品的成本。本月销售甲产品数量为 450 件，甲产品每件成本为 100 元；本月销售乙产品数量为 360 件，乙产品每件成本为 180 元。

第七章

会计账簿

本章学习目标

1. 了解设置账簿的意义及其在会计核算工作中的作用。
2. 了解账簿的种类及其记账规则。
3. 掌握各种账簿的设置和登记方法。
4. 熟练运用错账更正方法更正错账。
5. 通过本章的学习,能够熟练登记会计账簿并对差错进行更正。

第一节 会计账簿的作用、分类与基本内容

一、会计账簿的概念和作用

会计账簿简称账簿,是指由一定格式账页组成的,以经过审核的会计凭证为依据,全面、系统、连续地记录各项经济业务的簿籍。会计账簿通过开设账户,序时、分类地反映和监督经济业务的增减变动情况及其结果。各单位应当按照国家统一的会计制度的规定和会计业务的需要设置会计账簿。

在发生经济业务时,会计凭证作出了最初的反映和监督,但由于会计凭证记载的都是个别经济业务,提供的会计资料分散零星,不能对某一时期内的经济业务形成全面、系统、连续的反映。因此,需要把分散的会计凭证上的核算资料加以归类、整理、集中,并将其记入设置在账簿中的账户里。设置和登记会计账簿是会计核算工作的中心环节之一。设置和登记账簿是编制会计报表的基础,是连接会计凭证与会计报表的中间环节,在会计核算中具有重要意义。通过账簿的设置和登记,可以记载、储存会计信息,分类、汇总会计信息,检查、校正会计信息,编报、输出会计信息。

二、会计账簿与账户的关系

账户是根据会计科目开设的,账户存在于账簿之中,账簿中的每一个账页就是账户的存在形式和载体,没有账簿,账户就无法存在;账簿序时、分类地记载经济业务,是在个别账户中完成的。因此,账簿只是一个外在形式,账户才是它的真实内容。账簿与账户的关系,是形式和内容的关系。

三、会计账簿的分类

账簿的种类是多种多样的,一般可以按照其用途、账页格式、外形特征进行划分。

(一) 会计账簿按用途分类

会计账簿按用途分类,可分为序时账簿、分类账簿和备查账簿。

1. 序时账簿

序时账簿又称日记账,是按照经济业务发生或完成时间的先后顺序逐日逐笔进行登记的账簿。日记账按记录的内容又可分为普通日记账和特种日记账。

普通日记账又称为会计分录簿或原始分类簿。它将发生的所有经济业务,按照时间的先后顺序,编成会计分录记入账簿中。登记普通日记账只能由一个人负责,并且每笔会计记录都需要逐笔分别转记到分录账中,工作量很大。特别是随着企业规模的扩大、经济业务的增多及记账凭证的出现,普通日记账不便于登记分类账和登账工作量很大的缺陷日渐显露,而且由于普通日记账不是分类记录经济业务,不便于日后查阅,不利于对重要经济业务的严格管理。因此,在当代会计的实际工作中,普通日记账运用得较少。

特种日记账是按时间先后顺序专门登记某类经济业务发生情况的日记账,通常用来记录某一类比较重要的经济业务。我国的会计制度规定,对于那些发生频繁、要求严格管理和控制的业务,应设置特种日记账。企业一般必须设置现金和银行存款日记账,对库存现金和银行的收付及结存情况进行序时登记。各单位还可根据自身的业务特点和管理需要来确定是否需要设置其他特种日记账,如为登记采购业务而设置的采购日记账,为登记产品销售业务而设置的销售日记账等。

2. 分类账簿

分类账簿是按照设置的会计科目开设账户对各项经济业务进行分类登记的账簿。分类账簿按其反映内容的详细程度和范围可分为总分类账簿和明细分类账簿。

总分类账簿简称总账,是根据总分类会计科目(一级科目)开设账户,总括反映会计主体经济业务情况的账簿。总分类账簿主要为编制会计报表提供直接数据资料。

明细分类账簿又称明细分类账,简称明细账,是根据二级科目或明细科目设置账户,详细记录某一类经济业务情况,提供明细核算资料的账簿。明细分类账簿可采用的格式主要有三栏式明细账、数量金额式明细账、多栏式明细账和平行式明细账。分类账簿是会计账簿的主体,是编制会计报表的主要依据。

3. 备查账簿

备查账簿也称辅助账簿或备查簿,是用来补充登记日记账簿和分类账簿等主要账簿中未记载或记载不全的经济业务的账簿,可以为某项经济业务的内容提供必要的参考资料,加强企业对使用和保管的属于他人的财产物资的监督;例如,为反映企业租入的固定资产而设置的"租入固定资产登记簿"、帮其他企业代管商品而设置的"代管商品物资登记簿"等。备查账簿不一定在每个单位都设置,各单位根据需要而定。备查账簿没有固定的格式。备查账簿不是根据会计科目设置的,而是根据表外科目设置的,与其他账户之间不存在密切的依存关系。

备查账簿与序时账簿和分类账簿相比,存在两点不同之处:一是登记依据可能不需要记账凭证,甚至不需要一般意义上的原始凭证;二是账簿的格式和登记方法不同,备查账簿的主要栏目不记录金额,它更注重用文字来表述某项经济业务的发生情况。

(二)会计账簿按外形特征分类

会计账簿按外形特征分类,可分为订本账、活页账和卡片账。

1. 订本账

订本账是指在启用前就把账页装订成册并编好页码的账簿,即订本式账簿。采用订本账,有利于防止账页散失,并防止非法抽换账页等舞弊行为的发生,保证账簿记录的安全、完整。但是,采用订本账也存在缺点:一方面,由于账页序号和总数已经固定,不能增减,虽然开设账户时,凭借经验为每一账户预留好了账页,但是在使用中可能会出现某些账户预留账页不足,而另外一些账户预留账页过多的情况,往往会造成浪费现象;另一方面,采用订本账在同一时间里只能由一人登账,不便于会计人员的分工记账。

订本账主要适用于比较重要、业务量较多的账簿,如总分类账和库存现金日记账、银行存款日记账等。

2. 活页账

活页账在账簿登记完毕之前并不固定装订在一起,而是装订在活页账夹中;当账簿登记完毕之后(通常是一个会计年度结束之后),才将账页予以装订,加具封面,并给各账页连续编号。各种明细分类账一般采用活页账形式。

3. 卡片账

卡片账是将账户所需格式印刷在硬卡上的一种账簿。严格来说,卡片账也是一种活页账,只不过它不是装在活页账夹中,而是装在卡片箱内。在我国,一般只对固定资产的核算采用卡片账形式。

(三)会计账簿按账页格式分类

会计账簿按账页格式分类,可分为三栏式账簿、多栏式账簿、数量金额式账簿和平行式账簿。

1. 三栏式账簿

三栏式账簿是设有借方、贷方和余额三个基本栏目的账簿。特种日记账、总分类账以及资本、债权、债务明细账都可采用三栏式账簿。三栏式账簿有设对方科目和不设对方科目两种，区别是在摘要栏和借方科目之间是否有一栏"对方科目"。有"对方科目"栏的，称为设对方科目的三栏式账簿；没有"对方科目"栏的，称为不设对方科目的三栏式账簿。

2. 多栏式账簿

多栏式账簿是在账簿的两个基本栏目——借方和贷方按需要分设若干专栏的账簿。收入、成本、费用、利润和利润分配明细账，一般均采用多栏式账簿。

3. 数量金额式账簿

数量金额式账簿是指在借方、贷方和余额三个栏目内，都分设数量、单价和金额三小栏，借以反映财产物资的实物数量和价值量的账簿。原材料、库存商品、产成品等明细账一般采用数量金额式账簿。

4. 平行式账簿

平行式账簿也称横线登记式账簿，其特点是前后密切相关的经济业务登记在同一横格，以便检查每笔业务的发生和完成情况。其他应收款、在途物资等明细账一般采用这种格式的账簿。

在经济业务比较简单的企业，日记账和分类账可以合并在一本账簿中登记，这种既进行序时登记又进行分类登记的账簿称为联合账簿。此外，还可以根据需要开设两栏式账簿。两栏式账簿是指只有借方和贷方两个基本栏目的账簿。

四、会计账簿的基本内容

由于会计主体的经济业务性质、特点不同，账簿的种类形式和格式也不完全一样。但各种账簿应具备以下基本内容。

1. 封面

封面主要用来标明账簿名称，如总分类账、明细分类账、现金日记账、银行存款日记账等。

2. 扉页

扉页主要列明科目索引、账簿启用和经管人员一览表；活页账、卡片账在装订成册后，再填写账簿启用和经管人员一览表（账簿启用登记表）。

3. 账页

账页是账簿用来记录经济业务或事项的载体，包括账户的名称、登记账户的日期栏、凭证种类和号数栏、摘要栏、金额栏、总页次和分户页次等基本内容。

第二节　会计账簿的启用与记账规则

一、会计账簿的启用

在启用会计账簿时，应当在账簿封面上写明单位名称和账簿名称，并在账簿扉页上附启用表，表内详细载明单位名称、账簿名称、账簿编号、账簿页数、启用日期、记账人员和会计主管人员姓名，并加盖有关人员的签章和单位公章。账簿启用表的格式如表 7-1 所示。

表 7-1 账簿启用表

单位名称									单位盖章
账簿名称									
账簿编号		年总　　册第　　册							
账簿页数		本账簿共计　页　　第　页							
启用日期		年　　月　　日至　　年　　月　　日							
经管人员	责任人		主办会计			记账			印花税票粘贴处
			职别	姓名	盖章	职别	姓名	盖章	
	职别	姓名	盖章	接管			移交		
				年	月	日	盖章	年 月 日 盖章	

更换记账人员时，应办理交接手续，在交接记录内填写交接日期和交接人员姓名并签章。启用订本账，应当从第一页到最后一页顺序编定页数，不得跳页、缺号。使用活页账，应当按账户顺序编号，并定期装订成册；装订后再按实际使用的账页顺序编好页码，另加目录记录每个账户的名称和页次。

二、会计账簿的记账规则

（一）分类账的设置与登记

（1）登记会计账簿时，应当将会计凭证日期、编号、业务内容摘要、金额和其他有关资料逐项记入账内，做到数字准确、摘要清楚、登记及时、字迹工整。账簿记录中的日期，应该填写记账凭证上的日期。

（2）账簿登记完毕后，要在记账凭证上签名或者盖章，并在记账凭证的"过账"栏内注明或画"√"，表示已经记账完毕，避免重记或漏记。

（3）账簿中书写的文字和数字上面要留有适当的空格，不要写满格，一般应占格距的 1/2。

（4）为了保持账簿记录的持久性，防止涂改，登记账簿必须使用蓝黑墨水或碳素墨水书写，不得使用圆珠笔（银行的复写账簿除外）或者铅笔书写。

(5) 在下列情况下，可以用红色墨水记账。

①按照红字冲账的记账凭证，冲销错误记录。

②在不设借贷等栏的多栏式账页中，登记减少数。

③在三栏式账户的余额栏前，如未印明余额方向的，在余额栏内登记负数余额。

④根据国家统一的会计制度的规定可以用红字登记的其他会计记录。

由于会计中的红字表示负数，因而除上述情况外，不得用红色墨水登记账簿。

(6) 各种账簿应按页次顺序连续登记，不得隔页、跳行。如无意发生隔页、跳行现象，应在空页、空行处用红色墨水划对角线注销，或者注明"此页空白"或"此行空白"字样，并由记账人员签名或者盖章。

(7) 凡需要结出余额的账户，结出余额后，应当在"借或贷"栏目内注明"借"或"贷"，并在"余额"栏列明余额。现金日记账和银行存款日记账必须逐日结出余额。

(8) 每一账页登记完毕结转下页时，应当结出本页合计数及余额，写在本页最后一行和下一行有关栏内，并在摘要栏内注明"过次页"和"承前页"字样；也可以将本页合计数及金额只写在下页第一行有关栏内，并在摘要栏内注明"承前页"字样；以保持账簿记录的连续性，便于对账和结账。

①对需要结计本月发生额的账户，结计"过次页"的本页合计数应当为自本月初起至本页末止的发生额合计数。

②对需要结计本年累计发生额的账户，结计"过次页"的本页合计数应当为自年初起至本页末止的累计数。

③对既不需要结计本月发生额也不需要结计本年累计发生额的账户，可以只将每页末的余额结转次页。

第三节　总分类账和明细分类账的格式与登记方法

一、总分类账的格式和登记方法

（一）总分类账的格式

总分类账是按照总分类账户分类登记以提供总括会计信息的账簿。总分类账是根据总分类科目（一级科目）开设，用以记录全部经济业务总括核算资料的分类账簿。因为总分类账能分类、连续、全面、总括地反映企业经济活动的情况，并为编制会计报表提供资料，所以，每个企业必须设置总分类账。总分类账必须采用订本账，其账页格式一般采用"借方""贷方""余额"三栏式，根据实际需要，也可以在"借方""贷方"两栏内增设"对方科目"栏。总分类账的账页格式也可以采用多栏式，如把序时记录和总分类记录结合在一起的联合账簿，即日记总账。总分类账的格式如表7-2所示。

表 7-2 总分类账

账户名称：　　　　　　　　　　　　　　　　　　　　　　　　　　　　　　　　单位：

年		凭证字号		摘要	借方	贷方	借或贷	余额
月	日	字	号					

（二）总分类账的登记方法

由于采用的账务处理程序不同，总分类账的登记依据和登记程序不一样。总分类账可以直接根据收款凭证、付款凭证和转账凭证，按经济业务发生时间的先后顺序逐笔登记；也可以通过科目汇总表或汇总记账凭证等按期或分次汇总登记。

二、明细分类账的格式和登记方法

（一）明细分类账的格式

明细分类账是根据二级账户或明细账户开设账页，分类、连续地登记经济业务以提供明细核算资料的账簿。明细分类账格式有三栏式、多栏式、数量金额式和平行式等。

1. 三栏式明细分类账

三栏式明细分类账是设有借方、贷方和余额三个栏目，用以分类核算各项经济业务，提供详细核算资料的账簿，其格式与三栏式总分类账的格式相同，如表 7-3 所示。三栏式明细分类账适用于只进行金额核算的资本、债权、债务类账户，如"应收账款""应付账款""短期借款""实收资本"等账户。

表 7-3 三栏式明细分类账

账户名称：　　　　　　　　　　　　　　　　　　　　　　　　　　　　　　　　单位：

年		凭证字号		摘要	借方	贷方	借或贷	余额
月	日	字	号					

2. 多栏式明细分类账

多栏式明细分类账将属于同一个总账科目的各个明细科目合并在一张账页上进行登记，即在这种格式账页的借方或贷方金额栏内按照明细项目设若干专栏。多栏式明细分类账适用于收入、成本、费用、利润和利润分配明细账的核算，如"生产成本""制造费用""管理费用""销售费用"等账户。多栏式明细分类账的常见格式如表 7-4、表 7-5 所示。

表 7-4 明细账

账户名称：本年利润　　　　　　　　　　　　　　　　　　　　　　　　　　　单位：

年		凭证		摘要	借方				贷方				余额
月	日	字	号		主营业务成本	其他业务成本	……	合计	主营业务收入	其他业务收入	……	合计	

表 7-5 明细账（管理费用）

账户名称：　　　　　　　　　　　　　　　　　　　　　　　　　　　　　　　　单位：

年		凭证		摘要	借方				贷方	余额
月	日	字	号		办公费	工资及福利费	折旧费	合计		

3. 数量金额式明细分类账

数量金额式明细分类账的借方（收入）、贷方（发出）和余额（结存）都分别设有数量、单价和金额三个专栏。数量金额式明细分类账适用于既要进行金额核算又要进行数量核算的存货类账户，如"原材料""库存商品"等账户的明细分类核算。数量金额式明细分类账的格式如表 7-6 所示。

表 7-6 明细账

账户名称：　　　　　　　　　　　　　　　　　　　　　　　　　　　　　　　　单位：

年		凭证		摘要	收入			发出			结余		
月	日	字	号		数量	单价	金额	数量	单价	金额	数量	单价	金额

4. 平行式明细分类账

平行式明细分类账是采用横线登记，即将每一相关的业务登记在同一行，从而可依据每一行各个栏目的登记是否齐全来判断该项业务的进展情况。这种明细账实际上也是一种多栏式明细分类账，适用于登记其他应收账款、在途物资、应收票据等明细账。

（二）明细分类账的登记方法

企业可根据管理需要，依据记账凭证、原始凭证或汇总原始凭证逐日逐笔或定期汇总登记不同的明细分类账。

固定资产、债权、债务等明细分类账应逐日逐笔登记；库存商品、原材料、在途物资等明细分类账以及收入、费用明细分类账可以逐笔登记，也可定期汇总登记。

"库存现金""银行存款"账户由于已设置了日记账，不必再设明细分类账，其日记账实质上也是一种明细分类账。

第四节　序时账的设置与登记

一、现金日记账的格式和登记方法

（一）现金日记账的格式

现金日记账是用来核算和监督库存现金每天的收入、支出和结存情况的账簿，其格式有三栏式和多栏式两种。无论采用三栏式还是多栏式现金日记账，都必须使用订本账。三栏式现金日记账的格式如表7-7所示。

表7-7　现金日记账

单位：

年		凭证		摘要	对方科目	收入	支出	结余
月	日	字	号					

（二）现金日记账的登记方法

现金日记账由出纳人员根据涉及现金收、付的记账凭证，按经济业务发生的先后顺序，逐日逐笔进行登记，并根据"上日余额+本日收入－本日支出＝本日余额"（即期初余额+本期增加额－本期减少额＝期末余额）的公式，逐日结出现金余额，与库存现金实存数核对，以检查每日现金收付是否有误。

1. 三栏式现金日记账的登记方法

三栏式现金日记账中各栏目的登记方法如下。

①日期栏：登记记账凭证的日期，应与现金实际收付日期一致。

②凭证栏：登记入账的收付款凭证的种类和编号，如库存现金收（付）款凭证简写为"现收（付）"，银行存款收（付）款凭证简写为"银收（付）"。凭证栏还应登记凭证的编号数，以便于查账和核对。

③摘要栏：简要说明登记入账的经济业务的内容。文字要简练，但要能说明问题。

④对方科目栏：登记现金收入的来源科目或支出的用途科目。例如，从银行提取现金，其来源科目（即对方科目）为"银行存款"。

⑤收入、支出栏（或借方、贷方）：登记现金实际收付的金额。每日终了，应分别计算现金收入和支出的合计数，结出余额，同时将余额与库存现金实有数核对，即通常说的"日清"。如账款不符，应查明原因，并记录备案。月终同样要计算现金收、付和结存的合计数，通常称为"月结"。

2. 多栏式现金日记账的登记方法

在实际工作中，如果收付业务较多需要设多栏式现金日记账，一般常把现金收入业务和支出业务分设"现金收入日记账"和"现金支出日记账"两本账，格式分别如表7-8和表7-9所示。其中，现金收入日记账按对应的贷方科目设置专栏，另设"支出合计"栏、"收入合计"栏和"结余"栏；现金支出日记账则只按支出的对方科目（借方）设专栏，不设"收入合计"栏和"结余"栏。

表7-8 现金收入日记账

单位：

年		凭证		摘要	贷方科目			收入合计	支出合计	结余
月	日	字	号		银行存款	主营业务收入	营业外收入			

表7-9 现金支出日记账

单位：

年		凭证		摘要	借方科目			支出合计
月	日	字	号		银行存款	管理费用	其他应收款	

多栏式现金日记账的登记方法基本与三栏式现金日记账的登记方法相同，区别在于现金收入和支出分别反映在两本账簿上，即分为现金收入日记账和现金支出日记账。现金收入日记账按日结出库存现金收入总数，登记在"收入合计"栏内，并结出当天的现金余额，与实存数核对；现金支出日记账按日结出现金支出总数，填列在"支出合计"栏内，同时转记到现金收入日记账的"支出合计"栏内。

二、银行存款日记账的格式和登记方法

银行存款日记账是用来核算和监督银行存款每日的收入、支出和结余情况的账簿。银行存款日记账应按企业在银行开立的账户和币种分别设置，每个银行账户设置一本日记账。

银行存款日记账的格式和登记方法与现金日记账的格式和登记方法类似，此处不再赘述。

第五节　对账与结账

一、对账

（一）对账的意义

对账是指对账簿记录进行核对。在会计核算中，由于种种原因，难免会发生各种差错和账实不符的现象。对账就是为了保证账簿记录的真实性、完整性和准确性，在记账以后、结账之前，定期或不定期地对有关数据进行检查、核对，以便为编制会计报表提供真实可靠的数据资料。对账工作至少每年进行一次。

（二）对账的内容

按照《会计基础工作规范》的要求，各单位应当对会计账簿记录的有关数字与库存实物、货币资金、有价证券、往来单位或个人等进行相互核对，保证账簿的记录与记账凭证相符、账簿与账簿之间相符，账簿记录与实物记录相符。由此可见，对账的主要内容包括账证核对、账账核对和账实核对三个方面。

1. 账证核对

账证核对是指核对会计账簿记录与原始凭证、记账凭证的时间、凭证字号、内容、金额是否一致，记账方向（两者都有的项目）是否相符，目的是检查登账中有无错误，以保证账证相符。账证核对通常是通过编制凭证和记账过程中的"复核"环节进行的。

2. 账账核对

账账核对是在账证核对相符的基础上，对不同账簿记录之间的有关数字进行的核对。账账核对主要包括以下内容。

（1）总分类账簿有关账户的余额核对。即核对全部总分类账账户的期末借方余额合计数与全部总分类账账户的期末贷方余额合计数是否相符。这种核对可以通过编制总分类账账

户试算平衡表进行。

（2）总分类账簿与序时账簿核对。即核对总分类账中"库存现金"和"银行存款"账户期末余额与库存现金日记账、银行存款日记账的期末余额是否相符。

（3）总分类账簿与所属的明细账分类账簿核对。即核对总分类账中各账户的期末余额与其所属明细分类账的期末余额合计数是否相符。这种核对可以通过编制"总分类账户与明细分类账户发生额及余额对照表"来进行。

（4）明细分类账簿之间的核对。即核对财会部门的各种财产物资明细分类账的期末余额与财产物资保管和使用部门的财产物资明细账的结存数是否相符。

3. 账实核对

账实核对是在账账核对的基础上，将各种财产物资和结算款项的账面余额与实存数额进行核对。账实核对包括以下内容。

（1）核对库存现金日记账账面余额与库存现金实存是否相符。

（2）核对银行存款日记账账面余额与银行对账单余额是否相符。每月至少核对一次。

（3）核对各种应收、应付款项明细账账面余额与有关债务人、债权人的相关账面余额是否相符。

（4）核对各种财产物资明细分类账账面余额与财产物资实存数是否相符。

二、结账

（一）结账的意义

结账是指在将一定期间发生的经济业务全部登记入账的基础上，结算出各个账户的本期发生额和期末余额的一项工作。通过结账，可以全面、系统地反映单位在一定时期内发生的全部经济活动的变化情况及其结果，为总结生产经营情况、考核财务成果及编制会计报表提供资料。

（二）结账程序

（1）检查本期内发生的经济业务是否已经全部登记入账。结账前，必须将本期内发生的各项经济业务全部登记入账，并通过对账确保账簿记录正确。若发现漏账、错账，应及时补记、更正。不能为了赶编会计报表而提前结账或将本期发生的经济业务拖延至下期登账，也不能先编会计报表而后结账。

（2）在实行权责发生制的单位，应按照权责发生制的要求，编制有关账项调整的记账凭证，进行账项调整，以正确反映本期的收入和费用；对于需要在本月办理的有关转账业务，如销售成本的结转、税金及附加的计算等，均应编制有关记账凭证并登记入账，从而确保会计信息的真实性和可靠性。

（3）编制记账凭证，结转损益类账户本期发生额。将本期实现的各种收入从"主营业务收入"等收入类账户转入"本年利润"账户的贷方；将本期发生的各项费用从"主营业务成本""管理费用"等费用类账户转入"本年利润"账户的借方，以便计算确定本期的财务成果。

（4）结算出所有账户的本期发生额和期末余额。年末结账时，应将有余额账户的年末余额结转下年。

（三）结账的方法

结账工作一般按月度、季度、半年度和年度进行。结账时，应当结出每个账户的期末余额，有些账户还要求结出本期发生额。结出余额后，应在余额栏前的"借或贷"栏内写明"借"或"贷"字样；没有余额的账户，应在余额栏前的"借或贷"栏内写"平"字，并在余额栏内用"ø"表示。结账一般都划"结账线"。平时结账划单线，年末结账划双线。"结账线"用通栏红线表示，不能只在账页中的金额部分划线。

1. 月结

月结时，对于需要按月结计发生额的账户，如现金日记账和银行存款日记账，应在各账户本月最后一笔金额下划一条通栏单红线，并在红线下的"摘要"栏中注明"本月发生额及余额"或"本月合计"字样，同时结算出本月借方和贷方发生额及期末余额，并标明余额方向，然后在本行下面再划一条通栏单红线，表示月结工作完毕；对不需要按月结计发生额的账户，如各项应收应付款明细账和财产物资明细账等，在每次记账后，都要随时结出余额，每月最后一笔余额即为月末余额，月末结账时，在最后一笔经济业务记录下划一条通栏单红线即可。对需要结出本年累计发生额的某些明细账户，每月结账时，应在"本月合计"行下结出自年初起至本月止的累计发生额，并在摘要栏内注明"本年累计"字样，在本行下再划一条通栏双红线。

2. 季结

季度结账时，应在本季度末最后一个月进行月结后，在季终月的"月结"行下的"摘要"栏内注明"本季发生额及季末余额"字样，并在季结行下再划一条通栏单红线。半年度结账方法可比照季结进行。

3. 年结

年度终了时，所有总账账户都应结出全年发生额及年末余额。具体做法是：在本年的第四季度季结的红线下面一行，结算出全年四个季度的借、贷方发生额和年末余额，并标明余额方向。在摘要栏内注明"本年发生额及余额""本年合计"或"年结"字样，并在下一行划通栏双红线，表示"封账"。

年度终了结账时，有余额的账户，要将其余额结转下年，并在摘要栏注明"结转下年"字样；在下一会计年度新建有关账簿的第一行"余额"栏内填写上年结转的余额，并在摘要栏注明"上年结转"字样。将有余额账户的余额直接计入新账余额栏内，不需要编制记账凭证，也不必将余额再计入本年账户的借方或贷方。

第六节　错账更正方法

如果账簿记录发生错误，必须按照规定的方法予以更正，不准涂改、挖补、刮擦或者用药水消除字迹,不准重新抄录。错账更正方法通常有划线更正法、红字更正法、补充登记法。

一、划线更正法

划线更正法又称红线更正法,适用于在结账前发现账簿记录有文字或数字错误,而记账凭证无误的情况。

更正方法是:在错误的文字或数字上划一条红线,在红线上方填写正确的文字或数字,并由记账及相关人员在更正处盖章。划线时,对于错误的数字,应全部划红线更正,不能只更改其中的错误数字。对于文字错误,可只划去错误的部分。例如,张玲在记账过程中将"650"误写成"560",发现后更改时应将"560"用单红线全部划去,再在红线上用蓝笔书写"650"字样,并在旁边加盖私章,不能只划去"56"两字。

二、红字更正法

红字更正法又称红字冲账法,适用于对以下两种错误的更正。

(1)记账后在当年内发现记账凭证中所记的会计科目、记账方向错误。

更正方法是:先用红字填制一张内容与原错误记账凭证完全相同的记账凭证,以示注销原记账凭证,在摘要中写明"冲销×月×日×字第×号错误凭证";然后再用蓝字填制一张正确的记账凭证,在摘要栏内写明"补记×月×日账",并据以登记入账。

【例7-1】某企业计提固定资产折旧,在编制记账凭证时误将应属于管理费用的行政部门用固定资产折旧3 500元计入销售费用,并已登记入账。

原错误记账凭证中的会计分录如下。

  借:销售费用   3 500
    贷:累计折旧   3 500

发现错误时填制一张红字金额记账凭证,并据以登记入账,冲销原错误记录。

  借:销售费用 |3 500|
    贷:累计折旧 |3 500|

再用蓝字填制一张正确的记账凭证,并据以登记入账。

  借:管理费用   3 500
    贷:累计折旧   3500

(2)记账后在当年内发现记账凭证中所记会计科目或记账方向无误,但所记金额大于应计金额,即记账凭证中金额多记了,从而引起记账错误。

更正方法:按多记的金额用红字填制一张与原记账凭证应借、应贷科目完全相同的记账凭证,以冲销多记的金额,在摘要栏中注明"冲销×月×日第×号记账凭证多记金额",并据已入账。

【例7-2】承【例7-1】,假设记账凭证中会计科目、借贷方向均未发生错误,但所记金额大于应记金额,正确金额应为3 000元。

在这种情况下，更正时只要按多记的金额 500 元填制一张红字金额的记账凭证，在摘要栏内注明"冲销×月×日×字第×号凭证多记金额"字样并据已入账即可。

原错误记账凭证中的会计分录如下。

  借：销售费用   3 500
    贷：累计折旧   3 500

发现错误，编制更正记账凭证中的会计分录如下。

  借：销售费用   500
    贷：累计折旧   500

三、补充登记法

记账后发现记账凭证填写的会计科目或记账方向无误，但是所记金额小于应计金额，即记账凭证中金额少记了，致使账簿记录发生错误，可以采用补充登记法。

更正方法：按少计的金额用蓝字填制一张与原记账凭证应借、应贷科目完全相同的记账凭证，以补充少计的金额，在摘要栏内注明"补记×月×日×字第×号凭证少计金额"字样，并据以入账。

【例 7-3】承【例 7-1】，假设正确的销售费用金额应为 4 000 元。

在这种情况下，只要用蓝字填制一张 500 元（4 000－3 500）的记账凭证并据以入账，即可将错误更正。

原错误记账凭证中的会计分录如下。

  借：销售费用   3 500
    贷：累计折旧   3 500

发现错误后更正时，将少计的金额补记。

  借：销售费用   500
    贷：累计折旧   500

第七节　会计账簿的更换与保管

一、会计账簿的更换

年度结账后，必须按照规定更换新的账簿。总账、日记账和大部分明细账每年都应更换一次。一些财产物资明细账和债权债务明细账，如固定资产明细账、应收账款明细账等，可以跨年度继续使用，各种备查账簿也可以跨年度继续使用，不必每年更换新账，以避免重复抄账增加工作量。

更换新账时，应将各账户的年末金额过入下一年度新账簿。在新账簿有关账户新账页的第一行"余额"栏内，填上该账户上年的余额；同时在"摘要"栏内加盖"上年结转"戳记。

二、会计账簿的保管

会计账簿与会计凭证、会计报表一样都是会计核算的重要档案资料，也是重要的经济档案，必须按照国家会计档案管理办法的规定，妥善保管，不得丢失和任意销毁。年度终了，各种账簿在结转下年、建立新账后，一般都要把旧账送交总账会计集中统一管理。会计账簿暂由本单位财会部门保管一年，期满之后，由财会部门编制移交清册移交本单位的档案部门保管。保管期满后，需要销毁的，应按照规定的审批程序报经批准后，再行销毁。对会计账簿的管理包括以下几个方面的内容。

（1）各种会计账簿要分工明确，指定专人管理，账簿经管人员既要负责记账、对账、结账等工作，又要负责保证账簿安全。

（2）会计账簿未经领导和会计负责人或者有关人员批准，非经管人员不能随意翻阅查看、摘抄和复制。

（3）会计账簿除需要与外单位核对外，一般不能携带外出，对携带外出的会计账簿，一般应由经管人员或会计主管人员指定专人负责。

（4）会计账簿不能随意交与其他人员管理，以保证会计账簿安全，防止任意涂改等问题发生。

练习题

一、单项选择题

1. 登记账簿的依据是（　　）。
   A. 经济合同　　　B. 会计凭证　　　C. 会计报表　　　D. 会计账簿

2. 年终结账、将余额转接下年时（　　）。
   A. 不需要编制记账凭证，但应将上年账户的余额反向结平才能结转下年
   B. 应编制记账凭证，并将上年账户的余额反向结平
   C. 不需要编制记账凭证，也不需要将上年的账户余额结平，直接注明"结转下年"即可
   D. 应编制记账凭证予以结转，但不需要将上年的余额反向结平

3. 现金日记账和银行存款日记账一般采用（　　）账簿。
   A. 活页式　　　B. 备查登记簿　　　C. 卡片式　　　D. 订本式

4. "原材料"明细分类账一般采用的账页格式为（　　）。
   A. 数量金额式　　B. 三栏式　　C. 多栏式　　D. 横线式

5. 多栏式账页格式一般适用于（　　）明细分类账的登记。
   A. 资产类　　　B. 负债类　　　C. 费用类　　　D. 所有者权益类

6. 从外形特征看，总分类账应采用（　　）。
   A. 活页式　　　B. 卡片式　　　C. 订本式　　　D. 备查式

7. 租入固定资产备查登记簿按用途属于（　　）。
   A. 分类账簿　　B. 通用日记账　　C. 备查账簿　　D. 专用日记账

8. 活页账与卡片账可适用于（　　）。

A. 库存现金日记账 B. 总账
C. 通用日记账 D. 明细分类账

9. 从外形特征看，明细分类账可采用（　　）。
A. 数量金额式　　B. 活页式　　C. 三栏式　　D. 多栏式

10. 从外形特征看，固定资产明细账一般采用（　　）。
A. 三栏式　　B. 数量金额式　　C. 多栏式　　D. 卡片式

11. 必须逐日逐笔登记的账簿是（　　）。
A. 明细账　　B. 总账　　C. 日记账　　D. 备查账

12. 以下采用三栏式的明细账是（　　）。
A. 库存商品明细账　　B. 制造费用明细账
C. 固定资产明细账　　D. 债权债务明细账

13. （　　）是按照经济业务发生先后顺序，逐日逐笔登记的账簿。
A. 序时账　　B. 分类账　　C. 明细账　　D. 备查账

14. 现金日记账和银行存款日记账属于（　　）。
A. 序时账　　B. 分类账　　C. 明细账　　D. 备查账

15. 账簿按（　　）不同分为序时账、分类账和备查账。
A. 用途　　B. 经济内容　　C. 外表形式　　D. 会计要素

16. 登记账簿时，错误的做法是（　　）。
A. 文字和数字的书写占格距的二分之一
B. 发生的空行、空页一定要补充书写
C. 用红字冲销错误记录
D. 在发生的空页上注明"次页空白"

17. 在登记账簿时，每记满一页时，应（　　）。
A. 只计算本页的发生额
B. 只计算本页的余额
C. 只计算本页的发生额和余额，同时在摘要栏注明"过次页"字样
D. 不计算本页的发生额和余额，但应该摘要栏注明"过次页"字样

18. 需要结出本年累计发生额的账户，结计"过次页"的合计数为（　　）。
A. 自年初至本日止累计数　　B. 自年初至本页末止累计数
C. 自月初至本页末止累计数　　D. 自本页初至本页末止累计数

19. 现金日记账（　　）结出发生额和余额，并与现金实有数核对。
A. 每月　　B. 每十五天　　C. 每隔三五天　　D. 每日

20. 更正错账时，划线更正法的适用范围是（　　）。
A. 记账凭证上会计科目或记账方向错误，导致账簿记录错误
B. 记账凭证正确，在记账时发生错误，导致账簿记录错误
C. 记账凭证上会计科目或记账方向正确，所记金额大于应记金额，导致账簿记录错误
D. 记账凭证上会计科目或记账方向正确，所记金额小于应记金额，导致账簿记录错误

21. 补充登记法适用于（   ）。

A. 记账凭证上会计科目错误

B. 记账凭证上记账方向错误

C. 记账凭证上会计科目、记账方向正确，所记金额大于应记金额

D. 记账凭证上会计科目、记账方向正确，所记金额小于应记金额

22. 某企业7月份以银行存款支付前欠货款10 000元，会计人员依据有关原始凭证填制了记账凭证："借：应收账款10 000元，贷：银行存款10 000元"。记账凭证经审核后登记入账。年末，在进行往来清账时发现了错误，会计人员应采取的更正方法是（   ）。

A. 补充登记法　　B. 红字更正法　　C. 划线更正法　　D. 重新编制一张记账凭证

二、多项选择题

1. 账簿按其外形特征不同可分为（   ）。

A. 三栏式账簿　　B. 订本账　　C. 活页账　　D. 卡片账

2. 数量金额式明细分类账一般适用于（   ）明细账。

A. 应付账款　　B. 原材料　　C. 库存商品　　D. 制造费用

3. 现金日记账、银行存款日记账应采用（   ）账簿。

A. 三栏式　　B. 卡片式　　C. 订本式　　D. 数量金额式

4. 多栏式明细分类账的账页格式适用于（   ）明细账。

A. 应收账款　　B. 管理费用　　C. 主营业务收入　　D. 制造费用

5. 必须采用订本式账簿的有（   ）。

A. 明细账　　B. 总账　　C. 库存现金日记账　　D. 银行存款日记账

6. 账簿扉页上的内容包括（   ）。

A. 启用日期　　B. 账簿起止页数　　C. 账户目录　　D. 账簿交接时间

7. 账页包括的内容有（   ）。

A. 账户名称　　B. 起止页次　　C. 摘要栏　　D. 总页次和分页次

8. 登记会计账簿的基本要求有（   ）。

A. 文字和数字的书写应占格距1/3　　B. 不得使用圆珠笔书写

C. 应连续登记，不跳行、隔页　　D. 无余额账户，在"借或贷"栏内写"平"

9. 出纳人员可以登记和保管的账簿有（   ）。

A. 现金日记账　　　　　　　　B. 银行存款日记账

C. 现金总账　　　　　　　　　D. 银行存款总账

10. 关于银行存款日记账的登记方法，下列说法正确的有（   ）。

A. 由会计负责登记　　　　　　B. 按时间先后

C. 每日结出存款余额　　　　　D. 月终计算出全月收入、支出的合计数

11. 现金日记账的登记依据有（   ）。

A. 银行存款收款凭证　　　　　B. 现金收款凭证

C. 现金付款凭证　　　　　　　D. 银行存款付款凭证

12. 账账核对包括（   ）。

A. 总账与日记账核对

B. 总账与明细核对

C. 会计账与保管账核对

D. 各种应收、应付账款明细账面余额与有关债权、债务单位的账目余额核对

13. 账实核对包括（　　）。

A. 现金日记账余额与现金实际库存数核对

B. 银行存款日记账余额与银行对账单余额核对

C. 各种财产物资明细账余额与其实存数额核对

D. 债权、债务明细账余额与对方单位或个人的记录核对

14. 账账核对包括（　　）。

A. 所有总账的借方发生额合计和贷方发生额合计核对

B. 总账余额和所属明细账余额合计核对

C. 现金日记账和银行存款日记账余额与其总账余额核对

D. 银行存款日记账和银行对账单余额核对

15. 记账后发现记账凭证中的金额有错误，导致账簿记录错误，不能采用的错账更正方法有（　　）。

A. 划线更正法　　B. 红字更正法　　C. 补充登记法　　D. 重新抄写法

16. 生产车间生产产品领用原材料 5 000 元。填制记账凭证时，将金额误记为 50 000 元，科目没有错，并已登记入账。当年更正此种错误时（　　）。

A. 应用红字更正法

B. 应用补充登记法

C. 红字凭证的分录为

　　借：生产成本　　　　　　　　　　　　　　　　　　　　　　4 500

　　　　贷：原材料　　　　　　　　　　　　　　　　　　　　　4 500

D. 记账凭证的分录为

　　借：生产成本　　　　　　　　　　　　　　　　　　　　　　4 500

　　　　贷：原材料　　　　　　　　　　　　　　　　　　　　　4 500

17. 下列各种错误，应当用红字更正法更正的有（　　）。

A. 在登记账簿时将 256 误记为 265，记账凭证正确无误

B. 在填制记账凭证时，误将"应收账款"科目写为"应付账款"并已登记入账

C. 在填制记账凭证时，误将 3 000 填作 300，尚未入账

D. 记账凭证中的借贷方向用错，并已入账

18. 结账时，正确的做法有（　　）。

A. 需结出当月发生额的账户，在"本月合计"下面通栏划单红线

B. 平时需结出本年累计发生额的账户，在"本年累计"下面通栏划单红线

C. 12 月末，结出全年累计发生额，在下面通栏划单红线

D. 12 月末，结出全年累计发生额，在下面通栏划双红线

19. 必须每年更换的账簿有（   ）。

A. 现金日记账　　B. 总分类账簿　　C. 备查账簿　　D. 固定资产卡片

三、判断题

（　　）1. 使用订本账时，要为每一个账户预留若干空白页。

（　　）2. 账簿按外形特征不同，分为日记账、分类账和备查账。

（　　）3. 备查账是对某些在日记账和分类账中未能记录的事项进行补充登录的账簿，因此各单位必须设置。

（　　）4. 在整个账簿体系中，序时账和分类账是主要账簿，备查账为辅助账簿。

（　　）5. 现金日记账和银行存款日记账必须采用订本式账簿，但企业可以用银行对账单代替记账。

（　　）6. 登记账簿必须用蓝黑色墨水笔或碳素墨水笔书写，不得使用圆珠笔或铅笔书写。

（　　）7. 记账时，既可用蓝黑墨水笔、碳素墨水笔书写，也可用圆珠笔或铅笔书写，但不得使用红色墨水笔书写。

（　　）8. 为了满足内部牵制原则，实行钱、账分管，通常由出纳人员根据收、付款凭证进行现金收支；然后由会计人员登记三栏式现金日记账。

（　　）9. 对账包括账表核对。

（　　）10. 记账后，如发现记账凭证中应借应贷科目正确，但所记金额大于应记金额，可采用补充登记法进行更正。

（　　）11. 采用划线更正法时，对错误的文字和数字，可以只划去错误的部分进行更正。

（　　）12. 错账更正的方法也适用于会计凭证错误的更正。

（　　）13. 结账时，没有余额的账户，应当在"借或贷"栏内用"0"表示。

（　　）14. 年末结账时，应当在全年累计发生额下面通栏划双红线。

（　　）15. 对需要按月进行月结的账簿，月结时应在"本月合计"栏下面通栏划单红线而不是双红线。

（　　）16. 结账就是结算、登记每个账户期末余额工作。

（　　）17. 结账是在会计期末计算并结转各个账户的本期发生额和期末余额的工作。

（　　）18. 对既不需要结计本月发生额也不需要结计本年累计发生额的账户，可以只将每页的余额结转次页。

（　　）19. 在登记账簿时，应该在记账凭证上注明所记账簿的页数，或记"√"符号，表示已经入账，避免重记或漏记。

（　　）20. 年度终了，应编制记账凭证把上年账户余额结平，并结转下年。

（　　）21. 月度结账划通栏单红线，季度结账划通栏双红线。

（　　）22. 固定资产明细账不必每年更换，可以连续使用。

四、业务题

2018年12月7日，旭飞公司的王沐（王沐已于2018年9月1日开始担任出纳一职；当时的财务负责人为何世海,此前的出纳为李红)被调离出纳岗位,接任成本会计工作,新接任出纳工作的是刘珍娥,前任成本会计为吴玉。王沐和吴玉对各自的原工作进行了必要的处理,并办理了交接手续,办理完交接手续后现金日记账和材料明细账的扉页及相关账页资料如表7-10、表7-11、表7-12所示。

表7-10 账簿启用与经管人员一览表

单位名称	旭飞公司			
账簿名称	现金日记账			
册次及起止页数	自壹页起至壹佰页止共壹佰页			
启用日期	2018年1月1日			
停用日期	年 月 日			
经管人员姓名	接管日期	交出日期	经管人员盖章	会计主管人员盖章
王沐	2018年9月1日	2018年12月7日	王沐、刘珍娥	何世海
	年 月 日	年 月 日		
	年 月 日	年 月 日		
	年 月 日	年 月 日		
备注			单位公章	
			旭飞公司财务专用章	

表7-11 账簿启用与经管人员一览表

单位名称	旭飞公司			
账簿名称	原材料明细账			
册次及起止页数	自壹页起至 页止共 页			
启用日期	2018年1月1日			
停用日期	年 月 日			
经管人员姓名	接管日期	交出日期	经管人员盖章	会计主管人员盖章
吴玉	2018年3月5日	2018年12月7日	吴玉	何世海
王沐	2018年12月7日	2018年12月31日	王沐	何世海
	年 月 日	年 月 日		
	年 月 日	年 月 日		
	年 月 日	年 月 日		
备考			单位公章	

表 7-12 现金日记账

2018 年		凭证号	摘要	对方科目	收入	支出	结余
月	日						
9		1	略	期初余额			5 000
		2	略	零星销售	主营业务收入	8 000	13 000
		12	略	报差旅费	管理费用	5 000	8 000
		13	略	零星销售	主营业务收入	5 000	13 000
		14	略	付广告费	销售费用	4 000	9 000

要求：指出上述会计工作交接中的不当之处，并加以纠正。

第八章

财产清查

本章学习目标

1. 了解财产清查的概念及种类。
2. 掌握各类资产的财产清查方法。
3. 重点掌握各种财产清查结果的账务处理。

第一节 财产清查概述

一、财产清查的概念

财产清查是指通过对企业单位的各项实物、现金进行实地盘点和对银行存款、债权债务进行核对,确定其实存数,并与其账面数进行核对,从而查明账实是否相符的一种专门方法。具体来看,企业财产清查的对象包括:①货币资金的清查,包括现金、银行存款、其他货币资金的清查;②存货的清查,包括各种材料、在产品、半成品、库存商品等的清查;③固定资产的清查,包括房屋、建筑物、机器设备、工具、运输工具等的清查;④在建工程的清查,包括自营工程和外包工程的清查;⑤金融资产投资的清查,包括交易性金融资产、可供出售金融资产、持有至到期投资、长期股权投资等的清查;⑥无形资产和其他资产的清查;⑦应收、应付款项的清查,包括应收账款、其他应收款、应付账款和其他应付款等的清查。

二、财产清查的意义

(一)提高会计核算资料的可靠性

通过财产清查,可以确定各项财产物资的实存数,将实存数与账存数进行核对,查明各项财产物资的账实是否相符，确定盘盈、盘亏，及时调整账簿记录，使账实相符，从而保证会计账簿记录的真实正确，为经济管理提供可靠的数据资料。

财产物资账实不符的原因主要有以下几类。

（1）在收发各项财产物资时，由于计量不准确，其数量或质量出现差错。

（2）在财产物资的保管过程中，发生了自然损耗。

（3）在管理和核算方面，由于手续不健全或制度不严密，发生了计算或登记上的错误。

（4）管理不善或工作人员失职，造成财产物资的毁损和短缺。

（5）不法分子的贪污盗窃等行为导致财产物资的损失。

（6）在结算过程中，由于未达账项等原因而造成单位之间的账目不符。

（二）促使企业建立健全财产物资的管理制度

通过财产清查，查明各项财产物资的盘盈、盘亏原因，从中找出财产物资管理工作中存在的一些问题，促使企业改善经营管理，不断改进财产物资管理，健全财产物资管理制度。在财产清查过程中，可以查明各项财产物资的储备情况和占用资金的合理性，进一步查清各项财产物资的利用情况，以便挖掘各项财产物资的潜力，提高其使用效能。

（三）确保各项财产物资的安全完整

通过财产清查，可以建立健全财产物资保管的岗位责任制，保证各项财产物资的安全完整。

通过财产清查，可以促使债权债务等往来结算款项经办人自觉遵守结算纪律和国家财政、信贷的有关规定，及时对各种应收、应付账款核对并结算，避免长期拖欠和长年挂账现象，共同维护结算纪律和商业信用。

三、财产清查的种类

根据清查的范围、实施时间、清查的执行单位，财产清查可以进行不同的分类。

（一）全面清查和局部清查

按清查的范围，财产清查可分为全面清查和局部清查。

1. 全面清查

全面清查是指对企业所有的财产物资和往来款项进行全面盘点和核对。企业在以下情况下需要进行全面清查。

（1）年终决算之前，为了确保年终决算会计资料真实、正确，要进行一次全面清查。

（2）单位撤销、合并或改变隶属关系，要进行一次全面清查，以明确经济责任。

（3）开展资产评估、清产核资等活动，需要进行全面清查，以摸清家底，便于按需要组织资金的供应。

（4）单位主要负责人调离工作，需要进行全面清查。

（5）中外合资、国内联营，需要进行全面清查。

2. 局部清查

局部清查是指根据需要对一部分财产物资进行清查，主要是对流动性较大又易于损坏的财产，如库存现金、银行存款、原材料、在产品和库存商品等。局部清查范围小，内容少，涉及的人员也较少，但专业性较强。局部清查应注意以下几种情况。

（1）对于库存现金，应由出纳员在每日业务终了时盘点一次，做到日清月结。

（2）对于银行存款，应由出纳员每月至少同银行核对一次。

（3）对于原材料、在产品和库存商品等，除年终清查外，应有计划地每月重点抽查，对于贵重的财产物资，应每月至少清查盘点一次。

（4）对于债权债务，应在年度内至少同有关单位核对一至两次，如有问题应及时核对，及时解决。

（二）定期清查和不定期清查

按清查的实施时间，财产清查可分为定期清查和不定期清查。

1. 定期清查

定期清查是指根据管理制度的规定或预定计划安排的时间对财产物资所进行的清查。定期清查的目的在于保证会计核算资料的真实、正确，一般是在年末、季末或月度末结账时进行。

2. 不定期清查

不定期清查是指根据实际需要而进行的临时性清查。更换出纳员时对现金、银行存款所进行的清查，更换仓库保管员时对其保管的财产物资所进行的清查等，属于不定期清查。其目的在于分清责任，查明情况。发生意外灾害和非常损失时，要对受灾损失的有关财产物资进行清查，以查明损失情况；有关单位对企业进行会计检查或进行临时性的清产核资工作时应进行不定期清查。

（三）内部清查和外部清查

按清查的执行单位，财产清查可分为内部清查和外部清查。

1. 内部清查

内部清查是指由本企业的有关人员组成清查工作组对本企业的财产所进行的清查。内部清查也称自查，可以是全面清查，也可以是局部清查；可以是定期清查，也可以是不定期清查，应根据实际情况和具体要求加以确定。

2. 外部清查

外部清查是指由企业外部的有关部门或人员根据国家法律或制度的规定对企业所进行的财产清查。

四、财产清查的程序

财产清查应按照以下程序进行。

（1）成立财产清查组织。

（2）组织清查人员学习有关政策规定，提高清查工作质量。

（3）确定清查对象、范围，明确清查任务。

（4）制定清查方案，具体安排清查内容、时间、步骤、方法，以及必要的清查前准备。

(5）清查时本着先清查数量、核对有关账簿记录等，后认定质量的原则进行。

(6）填制盘存清单。

(7）根据盘存清单填制实物、往来款项清查结果报告表。

第二节　财产清查的方法

财产清查是查明实存数与账存数是否相符的一种专门方法，由于各种财产物资的内容不尽相同，所以财产清查时所采用的方法也有所不同。

一、货币资金的清查

货币资金的清查包括对库存现金的清查、对银行存款的清查和对其他货币资金的清查。

（一）库存现金的清查

库存现金清查的基本方法是实地盘点法，即通过盘点库存现金实存数与库存现金日记账的账面余额核对，以查明账实是否相符。

在库存现金的清查过程中，为了明确经济责任，出纳员必须在场。在清查过程中，不能用白条抵库，即不能用不具有法律效力的借条、收据等抵充库存现金。库存现金盘点后，应根据盘点的结果及与现金日记账核对的情况，填制库存现金盘点报告表，该表是重要的原始凭证，其一般格式如表 8-1 所示。库存现金盘点报告表应由盘点人和出纳员共同签章方能生效。

表 8-1　库存现金盘点报告表

单位名称：　　　　　　　　　　　　年　　月　　日

实存金额（盘点后得到的实存数）	账存金额（现金日记账的金额）	实存与账存对比		备注
		盘盈（长款）	盘亏（短款）	

盘点人签章：　　　　　　　　　　　　　　　　　　出纳员签章：

盘点结束后，若库存现金盘点报告表显示账实不符，需据此编制记账凭证，调整账簿记录。库存现金盘点报告表是重要的原始凭证，既是盘存单又是实存账存对比表。

有价证券如国库券、其他金融债券、公司债券、股票等的清查方法与现金的清查方法相同。

（二）银行存款的清查

银行存款的清查方法是通过将企业银行存款日记账与开户银行转来的对账单核对，即将本单位的银行存款日记账与开户银行转来的对账单逐笔进行核对，以确定双方银行存款收入、支出及其余额的账簿记录是否正确。

银行存款在清查前，首先要确保截至清查日的所有银行存款的收、付业务全部登记入账。若经过核对银行对账单和本单位银行存款日记账不一致，需考虑以下两种情况：本单位与银行之间的一方或双方记账有错误；存在未达账项。

所谓未达账项，是指企业与开户银行之间，由于凭证传递时间的不同，出现记账时间不一致的情况，对于同一项业务，一方已经接到有关结算凭证并已登记入账，而另一方由于没有接到有关结算凭证而尚未登记入账的款项。开户银行和本单位之间的未达账项有以下四种情况：

（1）企业已收，银行未收。即企业已收款入账，银行尚未收款入账。

（2）企业已付，银行未付。即企业已付款入账，银行尚未付款入账。

（3）银行已收，企业未收。即银行已收款入账，企业尚未收款入账。

（4）银行已付，企业未付。即银行已付款入账，企业尚未付款入账。

上述任何一种未达账项存在，都会使企业银行存款日记账余额与开户银行转来的对账单的余额不符。因此，企业在与银行对账时，应查明有无未达账项，如果有未达账项可编制银行存款余额调节表，对未达账项进行调整后，再确定企业与开户银行之间双方记账是否一致，双方的账面余额是否相符。

银行存款余额调节表的编制方式有余额调节法和差额调节法。余额调节法是指编制银行存款余额调节表时，在双方现有银行存款余额基础上，各自加减未达账项进行调节的方法。差额调节法是根据未达账项对双方银行存款余额的差额的影响数额进行调节，用等式表示即如下。

企业银行存款日记账余额-银行对账单余额=银行未达账项影响的差额-企业未达账项影响的差额

【例8-1】某企业12月份银行存款日记账的余额为2 800 000元，银行对账单的余额为3 700 000元，经过逐笔核对，查无错账，但有以下几笔未达账项。

（1）企业收到支票一张，为100 000元的销货款，已记银行存款增加，银行尚未记增加。

（2）企业开出支票一张，为900 000元的支付购料款，已记银行存款减少，而持票人尚未将支票送达银行，银行尚未入账记减少。

（3）银行收到外地某单位汇来的本企业销货款500 000元，银行已登记增加，企业尚未接到收款通知，未入账。

（4）银行代企业支付电费400 000元，银行已登记减少，而企业尚未收到付款通知，未入账。

根据以上资料编制银行存款余额调节表。编制完成的银行存款余额调节表如表8-2所示。

表8-2　银行存款余额调节表

12月31日　　　　　　　　　　　　　　　　　　　　　　　　　单位：元

项目	金额	项目	金额
企业银行存款日记账余额	2 800 000	银行对账单余额	3 700 000
加：银行已收企业未收	500 000	加：企业已收银行未收	100 000
减：银行已付企业未付	400 000	减：企业已付银行未付	900 000
调节后的存款余额	2 900 000	调节后的存款余额	2 900 000

经上述调节后，双方调节后的余额相等，说明该企业当时实际可以动用的银行存款的最

高额度为 2 900 000 元。需要注意的是，银行存款余额调节表只能起到对账作用。编制银行存款余额调节表的目的，也只是检查账簿记录的正确性，并不是要更改账簿记录。银行已经入账而单位尚未入账的业务和本单位已经入账而银行尚未入账的业务，均不能以此进行账务处理；待以后有关业务的凭证实际到达后，再进行账务处理。另外，应该引起重视的是，对于一些长期悬置的未达账项，应对其及时查阅有关凭证、账簿及相关资料，查明原因，及时和开户银行取得联系并予以解决。

（三）其他货币资金的清查

其他货币资金的清查可以参考银行存款的清查方法。

二、实物资产的清查

（一）永续盘存制和实地盘存制

实物资产的清查方法一般有两种：永续盘存制和实地盘存制。

1. 永续盘存制

永续盘存制又称账面盘存制，是指在会计核算过程中，通过设置存货明细账，并根据会计凭证逐笔登记存货的收入数和发出数，随时可结出存货结存数的一种方法。采用这种方法，对于存货的增加和减少，平时都要在账簿中连续地进行记录，因而随时可结算出各类存货的账面结存数。在永续盘存制下，存货明细分类账能随时反映存货的结存数量和销售数量。存货成本的计算公式如下。

账面期末结存存货成本 = 账面期初结存存货成本 + 本期存货增加数 − 本期存货减少数

上式中的"账面期初结存存货成本"和"本期存货增加数"是根据有关存货明细账的记录确定的；"本期存货减少数"则根据发出存货的数量和存货单位成本加以确定。其中，发出存货的单位成本的确定方法包括先进先出法、加权平均法、个别计价法等。按照《企业会计制度》的规定，采用永续盘存制，每年至少应对存货进行一次全面盘点，对于有些价值较高的物品，还需要对其经常进行实物盘点。永续盘存制下的实物盘点，一般可以不定期进行，通常在生产经营的间歇时间盘点部分或全部存货，但为了确保期末财务会计报告的正确性，在会计期间终了时，需如同实地盘存制一样，进行一次全面的实物盘点。

2. 实地盘存制

实地盘存制又称以存计耗制或以存计销制，是指在会计核算过程中，对于各种存货，平时只登记其收入数，不登记其发出数，会计期末通过实地盘点确定实际盘存数，倒推计算出本期发出存货数量的一种方法。实地盘存制下存货成本的计算公式如下。

期初结存存货成本 + 本期收入存货成本 = 本期发出存货成本 + 期末结存存货成本

（二）实地盘点法、技术推算盘点法和抽样盘点法

各类财产物资的盘存方法主要有实地盘点法、技术推算盘点法和抽样盘存法。

不同种类的财产物资，由于其实物形态、体积、重量、堆放方式不同，采用的清查方法亦不同，一般采用的有实地盘点法、技术推算盘点法和抽样盘存法。

实地盘点法是指在财产物资堆放现场逐一清点数量或采用计量仪器确定实存数的一种方法。这种方法适用范围广,要求严格,数字准确可靠,清查质量高,但工作量大。如果事先按财产物资的实物形态进行科学的码放,如五五排列、三三制码放等,将有助于提高清查的速度。

技术推算盘点法是利用技术方法,如量方计尺等对财产物资的实存数进行推算的一种方法。这种方法适用于煤炭、砂石等散装的、大量成堆且难以逐一清点的大宗财产物资的清查。

抽样盘存法是通过测算总体积或总重量,再抽样盘点单位体积和单位重量,然后测算出总数的方法。这种方法适用于价值小、数量多、质量比较均匀的实物资产,如煤、盐、粮食等的清查。

(三) 实物财产清查过程中的注意事项

为了明确经济责任,在进行财产物资盘点时,有关财产物资的保管人员必须在场,并参加盘点工作。

对各项财产物资的盘点结果,应逐一如实地登记在盘存单上,并由参加盘点的人员和实物保管人员同时签章。盘存单是记录各项财产物资实存数量的书面证明,也是财产清查工作的原始凭证之一。盘存单的一般格式如表8-3所示。

表8-3 盘存单

单位名称: 盘点时间: 编号:
财产类别: 存放地点: 金额单位:

编号	名称	计量单位	数量	单位	金额	备注

盘点人签章: 保管人:

盘点完毕后,将盘存单中所记录的实存数额与账面结存余额相核对。发现财产物资账实不符时,填制实存账存对比表,确定财产物资盘盈或盘亏的数额。实存账存对比表是财产清查的重要报表,是调整账面记录的原始凭证,也是分析盈亏原因、明确经济责任的重要依据,应严肃认真填报。实存账存对比表的一般格式如表8-4所示。

表8-4 实存账存对比表

单位名称: 年 月 日 单位:

编号	类别及名称	计量单位	单价	实存		账存		对比结果				备注
								盘盈		盘亏		
				数量	金额	数量	金额	数量	金额	数量	金额	

主管人员: 会计: 制表:

三、往来款项的清查方法

往来款项的清查一般采用函证核对法,即通过寄送函件清单与对方单位核对账目的方法。按每一个经济往来单位编制往来款项对账单(一式两份,其中一份作为回联单)寄送各经济往来单位,经对方核对相符后,在回联单上加盖公章寄回,表示已核对无误;如果经核对内容或数字不相符,对方应在回联单上注明情况,或抄对账单回复本单位。对于函证核对中不符的项目,应进一步查明原因,再进行核对,直到相符为止。往来款项对账单的格式和内容如表8-5所示。

表8-5 往来款项对账单

单位:
贵单位20××年×月×日购入我单位×产品××台,合计价税款 ×× 元,已付款××元,尚有××元款项未付,请核对后将回单联寄回我单位。
核查单位:(盖章)
20××年×月×日
沿此虚线裁开,将以下回单联寄回!
往来款项对账单(回联)
核查单位:
你单位寄来的往来款项对账单已经收到,经核对相符无误。(或不符,应注明具体内容)
××单位(盖章)
20××年×月×日

对于往来款项清查中有争议或无法收回的款项,还应编制往来款项清查表,其格式如表8-6所示。区分以下情况进行处理:对于未达账项,双方都应该编制调节表剔除未达账项,以验证往来款项是否相符,待有关原始凭证到达后再登记入账;对于坏账,应作坏账损失处理;对于有争议账项及拒付账项应及时协调解决。

表8-6 往来款项清查表

总账科目: 年 月 日

明细科目	账目结存余额	对方核实数额	不符数额	不符原因分析					备注
				未达账项	拖付款项	争执款项	坏账	其他	

记账员:(签章) 清查人员:(签章)

第三节 财产清查结果的账务处理

财产清查具有加强财产物资管理和加强会计核算的双重功能,财产清查后,如果账实相符,则不需进行账务处理;如果账实不符,无论盘盈还是盘亏,都需要以国家的法规、政策、制度为依据，调整账存数以使账实相符。

一、财产清查结果的处理程序

企业对财产清查的结果，应当按照国家有关财务会计制度的规定进行认真处理。财产清查中发现的盘盈和盘亏等问题，首先要核准金额，然后按规定的程序报经上级部门批准后，才能进行会计处理，其处理的主要步骤如下。

（一）核准数字（包括金额和数量），查明原因

根据清查情况，将全部的清查结果填列在实存账存对比表等有关的表格中。在进行具体的处理之前，应对这些原始凭证中所记录的货币资金、财产物资及债权债务的盈亏数字进行全面核实，对各项差异产生的原因进行分析，以明确经济责任。针对不同的原因所造成的盈亏余缺据实提出处理意见，呈报有关领导和部门批准。对于债权债务在核对过程中出现的争议问题应及时组织清理；对于超储积压物资应同时提出处理方案。

（二）调整账簿记录，做到账实相符

在核准数字、查明原因的基础上，可以根据实存账存对比表等原始凭证编制记账凭证，并据以登记有关账簿，使各项财产物资、货币资金、债权债务做到账实相符。调整账簿记录的原则是：以"实存"为准，当盘盈时，补充账面记录；当盘亏时，冲销账面记录。在调整了账面记录、做到账实相符之后，就可以将所编制的实存账存对比表和所撰写的文字说明，按照规定程序一并报送有关部门领导批准。

（三）报请批准，进行批准后的账务处理

当有关部门领导对所呈报的财产清查结果提出处理意见后，企业应严格按照批复意见编制有关记账凭证，进行批准后的账务处理，登记有关账簿，并追回由于责任者个人原因造成的财产损失。

二、财产清查结果处理应设置的主要账户

为了核算和监督各单位在财产清查过程中查明的各种财产物资的盘盈、盘亏和毁损及其处理情况，应设置"待处理财产损溢"账户。该账户是一个具有双重性质的账户。各项待处理财产物资的盘盈净值，在批准前记入"待处理财产损溢"账户的贷方，批准后结转已批准处理财产物资的盘盈数，登记在该账户的借方；该账户如出现贷方余额，表示尚待批准处理的财产物资的盘盈数。各项待处理财产物资的盘亏及毁损净值，在批准前记入"待处理财产损溢"账户的借方，批准后结转已批准处理财产物资的盘亏毁损净值，登记在该账户的贷方；该账户如出现借方余额，表示尚待批准处理的财产物资盘亏及毁损数。为了分别核算和监督企业流动资产和非流动资产的盈亏情况，应分别开设"待处理财产损溢——待处理流动资产损溢"和"待处理财产损溢——待处理非流动资产损溢"两个二级明细账户。

对于"待处理财产损溢"这个过渡性账户，需要注意三点：①只有各种实物财产和库存现金盘盈或盘亏时才用到该账户，固定资产盘盈或盘亏和债权债务的盈亏余缺不在该账户

中核算；②该账户的具体运用要分批准前和批准后两个步骤；③盘盈或盘亏的实物资产如果在会计期末尚未经批准，应在对外提供财务会计报告时按有关规定进行处理，并在会计报表附注中进行说明，如果其后批准处理的金额与已处理的金额不一致，应按其差额调整会计报表相关项目的年初数。

三、财产清查结果的账务处理

财产清查的对象不同，财产清查结果的账务处理所采取的处理方法也不同。

（一）库存现金清查结果的账务处理

现金清查过程中发现的长款（溢余）或短款（盘亏），应根据现金盘点报告表以及有关的批准文件进行批准前和批准后的账务处理。现金长款、短款通过"待处理财产损溢——待处理流动资产损溢"账户进行核算。现金长款、短款在批准前的处理是：当出现现金长款时，增加现金的账存数，以保证账实相符，同时记入"待处理财产损溢——待处理流动资产损溢"账户，等待批准处理；当出现现金短款时，应冲减现金的账存数，以保证账实相符，同时记入"待处理财产损溢——待处理流动资产损溢"账户，等待批准处理。现金长款、短款在批准后，应视不同的原因造成的现金长款、短款而采取不同的方法进行处理。一般来说，对于无法查明原因的现金长款，其批准后的处理是增加营业外收入；对于应付其他单位或个人的现金长款，应记入"其他应付款——××单位或个人"账户。对于现金短款，如果是应由责任人赔偿或由保险公司赔偿的，应记入"其他应收款——××赔偿人"或"其他应收款——应收保险赔款"账户；如果是由于经营管理不善造成、非常损失或无法查明原因的，应增加企业的管理费用。

1. 盘盈现金的账务处理

（1）盘盈现金，在报经批准前应编制如下会计分录。

借：库存现金
　　贷：待处理财产损溢——待处理流动资产损溢

（2）盘盈的现金在报经批准后，若为应付未付的相关款项，应记入"其他应付款"账户；若无法查明原因，则记入"营业外收入"；账户同时将"待处理财产损溢"账户余额冲销。编制如下会计分录。

借：待处理财产损溢——待处理流动资产损溢
　　贷：营业外收入/其他应付款

2. 盘亏现金的账务处理

（1）盘亏现金，在报经批准前应编制如下会计分录。

借：待处理财产损溢——待处理流动资产损溢
　　贷：库存现金

（2）盘方的现金在报经批准后，若认定由责任方赔偿，应记入"其他应收款"账户；若无法查明原因，则记入"管理费用"；账户同时将"待处理财产损溢"账户余额冲销。编制如下会计分录。

借：其他应收款/管理费用
    贷：待处理财产损溢——待处理流动资产损溢

【例8-2】某企业在财产清查中，盘盈现金200元。无法查明产生现金溢余的原因，经批准转作营业外收入。

(1) 发现盘盈，根据库存现金盘点报告表确定的溢余数，编制如下会计分录。

借：库存现金　　　　　　　　　　　　　　　　　200
    贷：待处理财产损溢——待处理流动资产损溢　　　　200

(2) 经批准后，编制如下会计分录。

借：待处理财产损溢——待处理流动资产损溢　　　200
    贷：营业外收入　　　　　　　　　　　　　　　　200

【例8-3】某企业财产清查中发现盘亏现金500元。经查，上述短款应由出纳员个人赔偿400元，另外100无法查明原因。

(1) 发现盘亏，应编制如下会计分录。

借：待处理财产损溢——待处理流动资产损溢　　　500
    贷：库存现金　　　　　　　　　　　　　　　　　500

(2) 经批准后，编制如下会计分录。

借：其他应收款——××出纳员　　　　　　　　　400
    管理费用　　　　　　　　　　　　　　　　　100
    贷：待处理财产损溢——待处理流动资产损溢　　　500

(二) 存货清查结果的账务处理

当发现存货盘盈时，应根据实存账存对比表，将盘盈存货项目的价值记入"原材料""生产成本""库存商品"等账户的借方，同时记入"待处理财产损溢——待处理流动资产损溢"账户的贷方。报经有关部门批准之后，若因收发计量差错导致，应冲减管理费用，同时将"待处理财产损溢——待处理流动资产损溢"余额冲销。

当发现存货盘亏时，应根据实存账存对比表，将盘亏存货项目的价值记入"原材料""生产成本""库存商品"等账户的贷方，同时记入"待处理财产损溢——待处理流动资产损溢"账户的借方。报经有关部门批准之后，再根据不同的情况进行相应的处理：属于管理不善、收发计量不准确、自然损耗而产生的定额内的损耗，转作管理费用；属于超定额的短缺、毁损所造成的损失，应由过失人负责赔偿，确认其他应收款；属于非常损失造成的短缺、毁损，扣除保险公司赔偿和残料价值后的净损失，转作营业外支出处理。

1. 盘盈存货的账务处理

(1) 盘盈存货，在报经批准前应编制如下会计分录。

借：原材料/库存商品等
    贷：待处理财产损溢——待处理流动资产损溢

(2) 盘盈的存货在报经批准后，若为计量差错导致，则应冲减管理费用，编制如下会计分录。

借：待处理财产损溢——待处理流动资产损溢
　　贷：管理费用

2. 盘亏存货的账务处理

（1）盘亏存货，在报经批准前应编制如下会计分录。

借：待处理财产损溢——待处理流动资产损溢
　　贷：原材料/库存商品

（2）盘亏的存货在报经批准后，若认定由责任方赔偿，应记入"其他应收款"；若因自然损耗及一般经营损失，则记入"管理费用"账户；对于自然灾害造成的净损失，则记入"营业外支出"账户；同时将"待处理财产损溢"账户余额冲销。应编制如下会计分录。

借：其他应收款/管理费用/营业外支出
　　贷：待处理财产损溢——待处理流动资产损溢

【例8-4】某企业在财产清查中盘盈A材料1 000千克，按4 000元入账。经查，以上材料盘盈系收发计量错误造成，冲减管理费用。

（1）发现盘盈，应编制如下会计分录。

借：原材料——A材料　　　　　　　　　　　　　　　4 000
　　贷：待处理财产损溢——待处理流动资产损溢　　　　　4 000

（2）报经批准后，编制如下会计分录。

借：待处理财产损溢——待处理流动资产损溢　　　　　4 000
　　贷：管理费用　　　　　　　　　　　　　　　　　　4 000

【例8-5】某企业在财产清查中盘亏A产品100千克，成本为10 000元，另结转出进项税额1 300元。经查，上述A产品盘亏属于定额内的合理损耗，经批准计入管理费用。

（1）发现盘亏，应编制如下会计分录。

借：待处理财产损溢——待处理流动资产损溢　　　　　11 300
　　贷：库存商品——A产品　　　　　　　　　　　　　10 000
　　　　应交税费——应交增值税（进项税额转出）　　　 1 300

（2）报经批准后，编制如下会计分录。

借：管理费用　　　　　　　　　　　　　　　　　　　11 300
　　贷：待处理财产损溢——待处理流动资产损溢　　　　11 300

【例8-6】某企业在财产清查中发现甲材料毁损，价值2 000元，同时转出进项税额260元。

（1）发现盘亏，应编制如下会计分录。

借：待处理财产损溢——待处理流动资产损溢　　　　　2 260
　　贷：原材料——甲材料　　　　　　　　　　　　　　2 000
　　　　应交税费——应交增值税（进项税额转出）　　　　260

（2）经批准，上述材料毁损应由责任人赔偿1 000元。此时应编制如下会计分录。

借：其他应收款　　　　　　　　　　　　　　　　　　1 000
　　贷：待处理财产损溢——待处理流动资产损溢　　　　 1 000

(3) 经批准，上述材料毁损收回残料300元作为材料入库。此时应编制如下会计分录。

借：原材料　　　　　　　　　　　　　　　　　　　300
　　贷：待处理财产损溢——待处理流动资产损溢　　　　　　300

(4) 经批准，上述材料毁损净损失为960（2 260-1 000-300）元，计入管理费用。

借：管理费用　　　　　　　　　　　　　　　　　　960
　　贷：待处理财产损溢——待处理流动资产损溢　　　　　　960

【例8-7】某企业在财产清查中发现丙材料盘亏，属于非常事故造成，该材料价值5 000元，同时转出进项税额650元。

(1) 发现盘亏，应编制如下会计分录

借：待处理财产损溢——待处理流动资产损溢　　　　5 650
　　贷：原材料——丙材料　　　　　　　　　　　　　　　5 000
　　　　应交税费——应交增值税（进项税额转出）　　　　650

(2) 经批准，上述材料盘亏中的3 000元应由保险公司给予赔偿。此时应编制如下会计分录。

借：其他应收款——××保险公司　　　　　　　　　3 000
　　贷：待处理财产损溢——待处理流动资产损溢　　　　　3 000

(3) 经批准，上述材料盘亏净损失为2 650元（5 650-3 000）计入营业外支出（非常事故造成）。此时应编制如下会计分录。

借：营业外支出　　　　　　　　　　　　　　　　　2 800
　　贷：待处理财产损溢——待处理流动资产损溢　　　　　2 800

（三）固定资产清查结果的账务处理

企业在财产清查过程中，发现盘盈、盘亏和毁损的固定资产，要视情况进行处理。对于盘亏的固定资产，在批准前应按其账面净值借记"待处理财产损溢"账户，按其账面已提折旧记入"累计折旧"账户，按其账面原始价值记入"固定资产"账户，经过批准之后再将由责任人或保险公司赔偿的部分计入"其他应收款"，剩余部分记入"营业外支出"账户。对于盘盈的固定资产，根据企业会计准则的规定，视作前期差错处理。企业在盘盈固定资产时，首先应确定盘盈固定资产的原值、累计折旧和固定资产净值，根据确定的固定资产原值，借记"固定资产"账户，贷记"累计折旧"账户，将两者的差额贷记"以前年度损益调整"账户；其次再计算应交的所得税费用，借记"以前年度损益调整"账户，贷记"应交税费——应交所得税"账户；接着补提盈余公积，借记"以前年度损益调整"账户，贷记"盈余公积"账户；最后调整利润分配，借记"以前年度损益调整"账户，贷记"利润分配——未分配利润"账户。

1. 盘盈固定资产的账务处理

(1) 盘盈固定资产，应编制如下会计分录。

借：固定资产
　　贷：累计折旧
　　　　待处理财产损溢——待处理非流动资产损溢

(2) 计提应交的所得税时，应编制如下会计分录。

借：以前年度损益调整
　　贷：应交税费——应交所得税

(3) 补提盈余公积时，应编制如下会计分录。

借：以前年度损益调整
　　贷：盈余公积

(4) 调整利润分配时，应编制如下会计分录。

借：以前年度损益调整
　　贷：利润分配——未分配利润

2. 盘亏固定资产的账务处理

(1) 盘亏固定资产，在报经批准前，应编制如下会计分录。

借：待处理财产损溢——待处理非流动资产损溢
　　累计折旧
　　贷：固定资产

(2) 盘亏的固定资产在报经批准后，对于责令相关责任人赔偿部分，应记入"其他应收款"账户；其余部分均记入"营业外支出"；账户同时将"待处理财产损溢"账户余额冲销。应编制如下会计分录。

借：其他应收款/营业外支出
　　贷：待处理财产损溢——待处理非流动资产损溢

根据我国《企业会计准则——应用指南》的规定，财产清查中盘盈的固定资产，应作为前期差错处理。前期差错是指由于没有运用或错误运用下列两种信息，而对前期财务报表造成漏报或错报：编报前期财务报表时预期能够取得并加以考虑的可靠信息；前期财务会计报告批准报出时能够取得的可靠信息。前期差错通常包括计算错误、应用会计政策错误、疏忽或曲解事实、舞弊产生的影响等。固定资产盘盈不再计入当期损益，而是作为前期差错（追溯重述法），并根据相关规定进行更正。

【例8-8】某企业在财产清查中发现一台设备盘亏，原价为200 000元，累计折旧为50 000元。经查明，属于管理不善造成的，该损失由保管员赔偿30 000元，其余作营业外支出处理。

(1) 发现盘亏时，应编制如下会计分录。

借：待处理财产损溢——待处理非流动资产损溢　　150 000
　　累计折旧　　　　　　　　　　　　　　　　　 50 000
　　贷：固定资产　　　　　　　　　　　　　　　　　　200 000

(2) 经批准后，应编制如下会计分录。

借：其他应收款——××保管员　　　　　　　　　 30 000
　　营业外支出　　　　　　　　　　　　　　　　　120 000
　　贷：待处理财产损溢——待处理固定资产损溢　　　　150 000

【例8-9】甲公司于期末对企业全部固定资产进行盘查，盘盈一台五成新的机器设备，该设备同类产品市场价格为120 000元，企业所得税税率为25%，法定盈余公积的计提比例为10%。

(1) 发现盘盈的固定资产时，应编制如下会计分录。

借：固定资产　　　　　　　　　　　　　　　　　120 000
　　贷：累计折旧　　　　　　　　　　　　　　　　 60 000
　　　　以前年度损益调整　　　　　　　　　　　　 60 000

(2) 计提所得税时，应编制如下会计分录。

借：以前年度损益调整　　　　　　　　　　　　　　15 000
　　贷：应交税费——应交所得税　　　　　　　　　 15 000

(3) 补提盈余公积时，应编制如下会计分录。

借：以前年度损益调整　　　　　　　　　　　　　　 4 500
　　贷：盈余公积——法定盈余公积　　　　　　　　　 4 500

(4) 调整利润分配时，应编制如下会计分录。

借：以前年度损益调整　　　　　　　　　　　　　　40 500
　　贷：利润分配——未分配利润　　　　　　　　　　40 500

(四) 应收、应付款清查结果的账务处理

1. 应收账款清查结果的账务处理

在财产清查过程中，发现的确无法收回的应收账款，不通过"待处理财产损溢"账户核算，而是在原来账面记录的基础上，按规定程序报经批准后直接处理。无法收回的应收账款称为坏账，由于发生坏账而给企业造成的损失称为坏账损失。对于坏账损失的核算，有直接转销法和备抵法两种核算方法。

直接转销法下，在实际发生坏账时，将坏账作为一种损失直接计入期间费用，同时冲销应收账款。其账务处理为：借记"管理费用"账户，贷记"应收账款"账户。这种核算方法平时账务处理比较简单，但是不符合权责发生制和配比原则的要求，无法确定哪个会计期间发生坏账损失、哪个期间的利润处于较低的水平。在没有实际发生坏账的会计期间，会夸大资产负债表中应收账款的可实现价值。

备抵法是按期估计坏账损失，将其计入期间费用，同时建立坏账准备金，待实际发生坏账时，冲销已经提取的坏账准备金。采用备抵法核算坏账损失，就避免了直接转销法的缺点。企业在会计核算过程中要遵循谨慎性原则和配比原则的要求对应收账款提取坏账准备金，可以将预计未来不能收回的应收账款作为坏账损失计入期间费用，既保持了成本费用和利润的稳定性，避免虚盈实亏，又在一定程度上消除或减少了坏账损失给企业带来的风险。在会计报表上列示应收账款净额，使企业应收账款可能发生的坏账损失得到及时反映，从而使会计信息使用者更加清楚地了解企业真实的财务状况。按照我国现行会计制度的要求，我国企业应该采用备抵法核算坏账损失，计提坏账准备金。【例8-10】就是使用备抵法核算坏账损失。

【例8-10】某企业8月31日有应收账款借方余额120万元,企业按5%计提坏账准备6万元。

(1) 8月31日,计提坏账准备时,应编制如下会计分录。

借:资产减值损失　　　　　　　　　　　　　　　　　　60 000
　　贷:坏账准备　　　　　　　　　　　　　　　　　　　　60 000

(2) 若9月收回应收账款40万元(此时应收账款为借方余额80万元),企业仍按5%计提坏账准备(此时只需计提4万元,应冲掉多记的2万元)。冲销多计提的坏账准备应编制如下会计分录。

借:坏账准备　　　　　　　　　　　　　　　　　　　　20 000
　　贷:资产减值损失　　　　　　　　　　　　　　　　　　20 000

(3) 若9月新增应收账款40万元(此时应收账款为借方余额160万元),企业仍按5%计提坏账准备(此时坏账准备应为8万元,需补提2万元)。补提坏账准备应编制如下会计分录。

借:资产减值损失　　　　　　　　　　　　　　　　　　20 000
　　贷:坏账准备　　　　　　　　　　　　　　　　　　　　20 000

(4) 若9月30日,确认上述坏账有2万元无法收回,确认为坏账损失。确认坏账损失应编制如下会计分录。

借:坏账准备　　　　　　　　　　　　　　　　　　　　20 000
　　贷:应收账款　　　　　　　　　　　　　　　　　　　　20 000

2. 应付账款清查结果的账务处理

由于债权单位撤销或不存在等造成应付账款无法支付,经批准后应予以转销。无法支付的款项在批准前不作账务处理,即不需通过"待处理财产损溢"账户进行核算;按规定的程序批准后,将应付款项转作营业外收入处理。

【例8-11】某公司在财产清查中,发现应付某单位的货款30 000元已无法支付,经批准予以转销。经批准转销时,编制如下会计分录。

借:应付账款　　　　　　　　　　　　　　　　　　　　30 000
　　贷:营业外收入　　　　　　　　　　　　　　　　　　　30 000

练习题

一、单项选择题

1. 对现金进行清查应采用的方法是(　　)。

　A. 实地盘点法　　B. 抽查检验法　　C. 查询核对法　　D. 技术推算盘点法

2. 对于财产清查中发现的财产物资盘盈、盘亏和毁损,财会部门进行账务处理依据的原始凭证是(　　)。

　A. 银行存款余额调节表　　　　　　B. 实存账存对比表
　C. 盘存单　　　　　　　　　　　　D. 入库单

3. 下列凭证中，不可以作为记账原始依据的是（ ）。
   A. 发货票　　　　　B. 银行存款余额调节表
   C. 收料票　　　　　D. 差旅费报销单
4. 银行存款的清查一般采用（ ）。
   A. 实地盘点法　　B. 技术推算盘点法　　C. 核对账目法　　D. 抽查盘点法
5. "待处理财产损溢"账户属于（ ）账户。
   A. 损益类　　　　B. 资产类　　　　C. 成本类　　　　D. 所有者权益类
6. 某企业期末银行存款日记账余额为 80 000 元，银行送来的对账单余额为 82 425 元，经对未达账项调节后的余额为 83 925 元，则该企业在银行的实有存款是（ ）元。
   A. 82 425　　　　B. 80 000　　　　C. 83 925　　　　D. 24 250
7. 在记账无误的情况下，银行对账单与银行存款日记账账面余额不一致的原因是（ ）。
   A. 存在应付账款　　B. 存在应收账款　　C. 存在外埠存款　　D. 存在未达账项
8. 下列项目的清查应采用向有关单位发函核对账目的方法的是（ ）。
   A. 原材料　　　　B. 应收账款　　　　C. 实收资本　　　　D. 短期投资
9. 下列财产物资中，可以采用技术推算盘点法进行清查的是（ ）。
   A. 现金　　　　B. 固定资产　　　　C. 煤炭等大宗物资　　　　D. 应收账款
10. 下列情况中，适合采用局部清查的方法进行财产清查的是（ ）。
    A. 年终决算时　　　　　　　　B. 企业合并时
    C. 进行清产核资时　　　　　　D. 进行现金和银行存款的清查时

二、多项选择题
1. 下列情况中，需要进行全面清查的有（ ）。
   A. 年终决算之前　　　　　　　B. 清产核资
   C. 单位撤销或合并　　　　　　D. 资产重组或改变隶属关系
2. 财产清查按清查时间可分为（ ）。
   A. 定期清查　　　B. 全面清查　　　C. 不定期清查　　　D. 局部清查
3. 财产清查中查明的各种流动资产盘亏或毁损数，根据不同的原因，报经批准后可能列入的账户有（ ）。
   A. 管理费用　　　B. 营业外收入　　　C. 营业外支出　　　D. 其他应收款
4. 对银行存款进行清查的方法是将企业银行存款日记账与银行对账单相核对，如果两者不符，可能的原因有（ ）。
   A. 企业账务记录有误　　　　　B. 银行账务记录有误
   C. 企业已记账，银行未记账　　D. 银行已记账，企业未记账
5. 未达账项通常有（ ）。
   A. 企业已记存款增加而银行尚未记账
   B. 企业已记存款减少而银行尚未记账
   C. 银行已记存款增加而企业尚未记账

D. 银行已记存款减少而企业尚未记账

6. 实物财产清查常用的方法有（　　）。

　A. 实地盘点法　　B. 抽查盘点法　　C. 技术推算盘点法　D. 核对账目法

7. 不定期清查一般是在（　　）时进行。

　A. 年末结账　　　　　　　　　　B. 月末结账

　C. 更换财产物资保管人员　　　　D. 发生非常损失

8. 下列可作为原始凭证，据以调整账簿记录的有（　　）。

　A. 现金盘点报告表　　　　　　　B. 银行存款余额调节表

　C. 盘存单　　　　　　　　　　　D. 实存账存对比表

9. 财产清查按清查的范围可分为（　　）。

　A. 定期清查　　B. 全面清查　　C. 不定期清查　　D. 局部清查

10. 下列各项中，应采用实地盘点法进行清查的有（　　）。

　A. 固定资产　　B. 库存商品　　C. 银行存款　　D. 现金

三、判断题

（　）1. 一般情况下，全面清查是定期清查，局部清查是不定期清查。

（　）2. 银行存款日记账与银行对账单余额不一致主要是由记账错误和未达账项造成的。

（　）3. 对于未达账项应编制银行存款余额调节表进行调节，同时将未达账项编制记账凭证登记入账。

（　）4. 对于财产清查结果的账务处理一般分两步进行，即审批前先调整有关账面记录，审批后转入有关账户。

（　）5. 企业在银行的实有存款应是银行对账单上列明的余额。

（　）6. "待处理财产损溢"账户是损益类账户。

（　）7. 财产清查就是对各种实物财产进行的清查盘点。

（　）8. 现金和银行存款的清查均应采用实地盘点的方法进行。

（　）9. 未达账项是指银行已经记账，而企业因未接到有关凭证尚未记账的款项。

（　）10. 盘点现金时，出纳员必须回避。

（　）11. 对实物财产清查时，既要清查数量又要检验质量。

（　）12. 财产清查结果的处理即指账务处理。

（　）13. 现金清查结束后，应填写现金盘点报告表，并由盘点人和出纳人员签名或盖章。

（　）14. 银行存款余额调节表不能作为调整银行存款账面余额的原始凭证。

（　）15. 实物财产的盘点报告表可以作为记账和登记账簿的原始凭证。

四、业务题

1. 光明公司 2018 年 9 月 30 日银行存款日记账余额为 329 200 元，银行对账单上的余额为 328 400 元，经逐笔核对后，查明有以下几笔未达账项：

(1) 公司于 9 月 30 日存入银行从其他单位收到的转账支票一张，计 36 000 元，银行尚未入账。

(2) 公司于 9 月 30 日开出转账支票 6 400 元，持票人尚未到银行办理转账，银行尚未入账。

(3) 公司委托银行代收外埠销货款 31 200 元，银行已收款入账，但公司尚未收到银行的收款通知，没有入账。

(4) 银行代付电话费 4 000 元，公司尚未收到银行的付款通知，没有入账。

(5) 银行计算的存款利息 1 600 元，已记入公司存款户，但公司尚未入账。

要求：根据上述资料编制银行存款余额调节表。

2. 资料：诚达公司在年底进行全面资产清查中发现部分资产存在账实不符。清查结果如下。

(1) 甲材料盘盈 5 吨，每吨 500 元。尚未报经批准。

(2) 盘亏设备一台，账面原值 12 000 元，已计提折旧 4 000 元，尚未报经批准。

(3) 乙材料盘亏 100 千克，单价为 10 元/千克。尚未报经批准。

(4) 库存现金短缺 22 元。尚未报经批准。

(5) 应收友好公司的货款 6 000 元，长期挂账。

(6) 一笔长期无法支付的货款 5 600 元。

报经批准后，相关部门和领导的审批结果如下。

(1) 盘盈的甲材料是由计量仪器不准造成的，批准冲减管理费用。

(2) 盘亏固定资产正常转销。

(3) 盘亏乙材料，经查明自然损耗为 10 千克，意外灾害造成的损失为 80 千克，人为造成的损失为 10 千克。

(4) 库存现金短缺由出纳赔偿。

(5) 因友好公司已撤销，确认无法收回该笔货款，经批准作坏账处理。

(6) 据查该债权单位已撤销，应付账款正常转销。

要求：按照规定对上述清查结果进行相应的账务处理。

第九章

财务报表

本章学习目标

1. 了解财务会计报告的概念、分类、目标。
2. 了解财务会计报告的构成。
3. 掌握财务会计报告的编制要求，以及资产负债表、利润表的编制方法。
4. 了解其他报表与附注的概念与作用。

财务报表是对企业财务状况、经营成果和现金流量的结构性表述。

财务报表主要包括资产负债表、利润表、现金流量表、所有者权益变动表和财务报表附注。其中，资产负债表与利润表属于企业最基本的两类报表。

第一节 财务会计报告概述

一、财务会计报告的含义

财务会计报告是指企业对外提供的反映企业某一特定日期的财务状况和某一会计期间的经营成果、现金流量等会计信息的文件。财务会计报告是一个系统性的文件，不是零星或不完整的信息。财务会计报告包括财务报表和其他应当在财务会计报告中披露的相关信息和资料（具体由法律规定和使用者需求而定，如披露企业承担的社会责任、对社会的贡献、可持续发展能力等信息）。

财务报表是对企业财务状况、经营成果和现金流量的结构性表述，财务报表由报表本身及其附注两部分构成。

我国企业会计准则规定，财务报表至少应当包括资产负债表、利润表、现金流量表、所有者权益（或股东权益）变动表和财务报表附注；小企业编制的财务报表可以不包括现金流量表。企业的净利润及其分配情况作为所有者权益变动表的组成部分，不需要单独设置利润分配表列示。

财务会计会计报告是企业根据日常的会计核算资料归集、加工和汇总后形成的，是企业会计核算的最终成果。本章将重点介绍财务会计报告中的重要组成部分——财务报表。

二、财务报表的种类

财务报表可以按照不同的标准进行分类。

（一）按照财务报表编报的时间分类

按照财务报表编报的时间分类，财务报表可分为中期财务报表和年度财务报表。

1. 中期财务报表

中期财务报表是以短于一个完整会计年度的报告期间为基础编制的财务报表，包括月报、季报和半年报。中期财务报表主要包括资产负债表和利润表。

2. 年度财务报表

年度财务报表是指企业于每个会计年度末编制的会计报表，主要包括资产负债表、利润表和现金流量表。

（二）按照财务报表所反映的资金运动状况分类

按照财务报表所反映的资金运动状况分类，财务报表可分为静态报表和动态报表。

1. 静态报表

静态报表是反映企业在某一时点财务状况的报表，如资产负债表。

2. 动态报表

动态报表是反映企业在一定时期内经营成果和现金流量的报表，如利润表和现金流量表。

（三）按照财务报表编报的主体分类

按照财务报表编报的主体分类，财务报表可分为个别财务报表和合并财务报表。

1. 个别财务报表

个别财务报表是由企业在自身会计核算基础上对账簿记录进行加工而编制的报表，主要反映企业自身的财务状况、经营成果和现金流量等情况。

2. 合并财务报表

合并财务报表是以母公司和子公司组成的企业集团为会计主体，根据母公司和所属子公司的个别财务报表，由母公司编制的综合反映企业集团财务状况、经营成果和现金流量等的财务报表。

三、财务会计报告的目标

我国《企业会计准则——基本准则》将财务会计报告目标明确定位为"保护投资者利

益、满足投资者信息需求"。企业编制财务会计报告的主要目的是向财务会计报告使用者提供与企业财务状况、经营成果和现金流量等有关的会计信息，反映企业管理层受托责任履行情况，帮助财务会计报告使用者进行经济决策。

财务会计报告使用者通常包括投资者、债权人、政府及其相关部门、企业管理人员、职工和社会公众等。不同的使用者对财务会计报告所提供信息的需求各有侧重。

投资人（股东）主要关注投资的内在风险和投资报酬，他们需要会计信息来帮助其评估企业的支付能力，进行决策，决定是否买进、持有或卖出企业的股票或股权等。

债权人主要关注企业的偿债能力和财务风险。他们需要信息来分析其提供给企业的资金是否安全、债权能否按期如数收回。

政府及相关部门作为经济管理和经济监督部门，主要关注国家资源分配的公平、合理，维护市场经济秩序的公正、有序，需要了解与经济政策（如税收政策）的制定、国民收入的统计等有关方面的信息。

企业管理人员关注的是企业的财务状况、经营业绩以及现金的流动情况，以便确保妥善保管并合理、有效地运用企业资产。

企业职工主要关注的是企业为其提供的就业机会及其稳定性、劳动报酬高低和职工福利等方面的信息。

社会公众主要关注企业的兴衰及其发展情况，包括对所在地区经济作出的贡献等。

财务会计报告是向投资者等财务会计报告使用者提供决策有用信息的媒介和渠道，是投资者、债权人等使用者与企业管理层进行沟通的信息桥梁和纽带。企业应当定期编报财务会计报告。

四、财务报表编制的基本要求

企业编制财务报表应满足以下基本要求。

（1）企业应当以持续经营为基础，根据实际发生的交易和事项，按照《企业会计准则——基本准则》和其他各项会计准则的规定进行确认和计量，在此基础上编制财务报表。如果对企业的持续经营能力产生重大怀疑，应当在附注中披露导致对持续经营能力产生重大怀疑的影响因素。企业正式决定或被迫在当期或将在下一个会计期间进行清算或停止营业的，表明其处于非持续经营状态，应当采用其他基础编制财务报表，并在附注中声明财务报表未以持续经营为基础列报，并披露未以持续经营为基础列报的原因和财务报表的编制基础。

（2）财务报表项目的列报应当在各个会计期间保持一致，不得随意变更，但下列情况除外。

①会计准则要求改变财务报表项目的列报。

②企业经营业务的性质发生重大变化后，变更财务报表项目的列报能够提供更可靠、更相关的会计信息。

（3）在编制财务报表的过程中，企业应当考虑报表项目的重要性。对于性质与功能不同的项目，如长期股权投资、固定资产等，应当在财务报表中单独列报，但不具有重要性的项目除外；对于性质或功能类似的项目，如库存商品、原材料等，应当予以合并，作为存货项目列报。

（4）财务报表中的资产项目和负债项目的金额、收入项目和费用项目的金额不得相互抵销，但满足抵销条件的除外。下列情况不属于抵销，可以以净额列示。

①资产项目按扣除减值准备后的净额列示，不属于抵销。对资产计提减值准备，表明资产的价值已经发生减损，按扣除减值准备后的净额列示，能够反映资产给企业带来的经济利益，不属于抵销。

②非日常活动产生的损益，以收入扣减费用后的净额列示，不属于抵销。非日常活动的发生具有偶然性，不是企业的经常性活动以及与经常性活动相关的其他活动。非日常活动产生的损益以收入扣减费用后的净额列示，更有利于财务报表使用者的经济决策，不属于抵销。

（5）当期财务报表的列报，至少应当提供所有列报项目上一个可比会计期间的比较数据以及与理解当期财务报表相关的说明，但另有规定的除外。

财务报表项目的列报发生变更的，应当对上期比较数据按照当期的列报要求进行调整，并在附注中披露调整的原因和性质，以及调整的各项目金额。对上期比较数据进行调整，不切实可行的应当在附注中披露不能调整的原因。

（6）企业应当在财务报表的显著位置至少披露下列各项。
①编报企业的名称。
②资产负债表或财务报表涵盖的会计期间。
③人民币金额单位。
④财务报表是合并财务报表的，应当予以标明。

（7）企业至少应当按年编制财务报表。年度财务报表涵盖的期间短于一年的，应当披露年度财务报表的涵盖期间，以及短于一年的原因。

第二节 资产负债表的编制

一、资产负债表概述

资产负债表是反映企业在某一特定日期财务状况的报表，即反映企业在某一特定日期所拥有或控制的经济资源、所承担的现时义务和所有者对净资产的要求权。资产负债表的编制基础是"资产=负债+所有者权益"这一会计恒等式。资产负债表可以给报表使用者提供有关企业的如下信息。

（1）提供企业某一特定日期资产总额及其结构；表明企业拥有或控制的资源及其分布情况，即有多少资产是流动资产、有多少资产是长期股权投资、有多少资产是固定资产等。

（2）提供企业某一特定日期的负债总额及其结构；表明企业未来需要用多少资产或劳

务清偿债务以及清偿时间，即流动负债有多少、非流动负债有多少、非流动负债中有多少需要用当期流动资金进行偿还等。

（3）反映企业所有者拥有的权益，据以判断资本保值、增值情况以及负债保障程度。

（4）提供进行财务分析的基本资料，如将流动资产与流动负债进行比较，计算出流动比率；将速动资产与流动负债进行比较，计算出速动比率等；可以表明企业的变现能力、偿债能力和资金周转能力，从而有助于会计报表使用者进行经济决策。

二、资产负债表的结构

资产负债表根据资产、负债、所有者权益之间的钩稽关系，按照一定的分类标准和顺序把企业的资产、负债和所有者权益各项目予以适当排列，反映的是企业资产、负债、所有者权益的总体规模和结构。其中，资产按照流动性分为流动资产和非流动资产；负债按照流动性分为流动负债和非流动负债；所有者权益包括实收资本（或股本）、资本公积、盈余公积和未分配利润等。

资产负债表一般有表首和正表两部分，表首概括说明报表名称、编制单位、编制日期、报表编号、货币名称、计量单位等；正表列示用以说明企业财务状况的项目。

资产负债表正表的格式一般有报告式和账户式两种。报告式资产负债表是上下结构，上半部分列示资产，下半部分列示负债和所有者权益。资产负债表中，账户式资产负债表是左右结构，左边列示资产，右边列示负债和所有者权益。资产负债表中，资产各项目的合计等于负债和所有者权益各项目的合计，即满足会计平衡式的要求。

在我国，《企业会计准则》规定我国资产负债表采用账户式。账户式资产负债表的格式如表 9-1 所示。

表 9-1　账户式资产负债表

会企 01 表

编制单位：　　　　　　　　　　年　　月　　日　　　　　　　　　　单位：元

资产	期末余额	年初余额	负债和所有者权益（或股东权益）	期末余额	年初余额
流动资产：			流动负债：		
货币资金			短期借款		
交易性金融资产			交易性金融负债		
衍生金融资产			衍生金融负债		
应收票据及应收账款			应付票据及应付账款		
预付款项			预收款项		
其他应收款			合同负债		
存货			应付职工薪酬		
合同资产			应交税费		

续表

资产	期末余额	年初余额	负债和所有者权益（或股东权益）	期末余额	年初余额
持有待售资产			其他应付款		
一年内到期的非流动资产			持有待售负债		
其他流动资产			一年内到期的非流动负债		
流动资产合计			其他流动负债		
非流动资产：			流动负债合计		
债权投资			非流动负债：		
其他债权投资			长期借款		
长期应收款			应付债券		
长期股权投资			其中：优先股		
其他权益工具投资			永续债		
其他非流动金融资产			长期应付款		
投资性房地产			预计负债		
固定资产			递延收益		
在建工程			递延所得税负债		
生产性生物资产			其他非流动负债		
油气资产			非流动负债合计		
无形资产			负债合计		
开发支出			所有者权益：		
商誉			实收资本		
长期待摊费用			其他权益工具		
递延所得税资产			其中：优先股		
其他非流动资产			永续债		
非流动资产合计			资本公积		
			减：库存股		
			其他综合收益		
			盈余公积		
			未分配利润		
			所有者权益合计		
资产总计			负债和所有者权益总计		

三、资产负债表的编制方法

资产负债表分别按"年初余额"和"期末余额"设专栏,以便进行比较,借以考核编制报表日各项资产、负债和所有者权益指标与上年末相比的增减变动情况。

(一)"期末余额"栏的填列方法

资产负债表"期末余额"栏内各项数字,一般应根据资产、负债和所有者权益类账户的期末余额填列,具体方法如下。

(1) 根据一个或几个总账账户的余额填列。例如,资产负债表中"短期借款""应付职工薪酬""应交税费""实收资本""资本公积""盈余公积"等项目应直接根据总账账户的期末余额填列;"货币资金"项目应根据"库存现金""银行存款""其他货币资金"账户期末余额的合计数填列。

【例9-1】某企业2018年12月31日应付生产工人薪酬50 000元,应付车间管理人员薪酬15 000元,应付厂部管理人员薪酬35 000元,则该企业2018年12月31日资产负债表中的"应付职工薪酬"项目金额:50 000+15 000+35 000=100 000(元)。

【例9-2】A公司2018年12月31日结账后,"库存现金"账户余额为3 000元,"银行存款"账户的余额为40 000元,"其他货币资金"账户的余额为500 000元,则A公司2018年12月31日资产负债表中的"货币资金"项目应填列的金额:3 000+40 000+500 000=543 000(元)。

(2) 根据明细账户的余额计算填列。例如,"预收款项"项目应根据"应收账款"和"预收账款"账户所属明细账户贷方余额之和填列;"预付款项"项目根据"应付账款"和"预付账款"账户所属明细账户借方余额之和填列;"未分配利润"项目,应根据"利润分配"账户所属的"未分配利润"明细账户期末余额填列。

【例9-3】甲公司2018年12月31日结账后有关账户余额如表9-2所示。

表9-2 账户余额　　　　　　　　　　　　　　　　　　　　　　单位:万元

账户名称	借方余额	贷方余额
应收账款——甲公司	600	
应收账款——乙公司		40
坏账准备——应收账款		80
预收账款——A工厂	100	
预收账款——B工厂		800
应付账款——甲公司	20	
应付账款——乙公司		400
预付账款——丙公司	320	
预付账款——丁公司		60

已知:"应收票据"账户期末借方余额为100万元,"应付票据"账户期末贷方余额为

80万元。根据上述资料,计算资产负债表中下列项目的金额:①应收票据及应收账款;②预付款项;③应付票据及应付账款;④预收款项。

"应收票据及应收账款"项目金额=100+600+100-80=720(万元);

"预付款项"项目金额=320+20=340(万元);

"应付票据及应付账款"项目金额=80+400+60=540(万元);

"预收款项"项目金额=800+40=840(万元)。

(3)根据总账账户余额和明细账户余额计算填列。例如,资产负债表中的"长期应收款"和"长期待摊费用"项目应该分别根据"长期应收款"和"长期待摊费用"的总账账户的余额减去将于一年内收回的长期应收款和将于一年内摊销的长期待摊费用的金额记入"一年内到期的非流动资产"项目的金额填列。再如,"长期借款"项目应根据"长期借款"总账账户余额扣除"长期借款"账户所属明细账户中将于一年内到期且企业不能自主地将清偿义务展期的长期借款后的金额计算填列。其中,将于一年内到期且企业不能自主地将清偿义务展期的长期借款应记入"一年内到期的非流动负债"项目。

【例9-4】乙公司2018年12月31日长期借款有关资料如表9-3所示。

表9-3 长期借款明细

借款起始日期	借款期限/年	金额/万元
2017年1月1日	3	300
2016年1月1日	5	600
2014年6月1日	4	450

其他资料:"长期待摊费用"账户的期末余额为50万元,将于一年内摊销完毕的金额为20万元。

根据上述资料,计算乙公司2018年12月31日资产负债表中下列项目的金额。

①"长期借款"项目的金额=(300+600+450)-450=900(万元);

②长期借款中应列入"一年内到期的非流动负债"项目的金额=450(万元);

③"长期待摊费用"项目的金额=50-20=30(万元);

④长期待摊费用中应列入"一年内到期的非流动资产"项目的金额=20(万元)。

(4)根据有关账户余额减去其备抵账户余额后的净额填列。例如,资产负债表中"固定资产""长期股权投资""在建工程"等项目,应当根据"固定资产""长期股权投资""在建工程"等账户的期末余额减去"固定资产减值准备""长期股权投资减值准备""在建工程减值准备"等账户的期末余额后的净额填列。

【例9-5】某企业2018年12月31日结账后,"固定资产"账户余额为120 000元,"累计折旧"账户余额为8 000元,"固定资产减值准备"账户余额为1 500元。则该公司2018年12月31日资产负债表中的"固定资产"项目应填列的金额:120 000-8 000-1 500=110 500(元)。

(5)综合运用上述填列方法分析填列。例如,资产负债表中的"存货"项目应根据

"原材料""库存商品""委托加工物资""周转材料""材料采购""在途物资""发出商品""材料成本差异"等总账账户期末余额的分析汇总数,再减去"存货跌价准备"账户余额后的净额填列。

【例9-6】某企业2018年12月31日"生产成本"账户借方余额为50 000元,"原材料"账户借方余额为30 000元,"材料成本差异"账户贷方余额为500元,"委托代销商品"账户借方余额为40 000元,"存货跌价准备"账户贷方余额为3000元。则该企业2018年12月31日资产负债表中"存货"项目的金额:50 000+30 000－500+40 000－3 000＝116 500(元)

(二)"年初余额"栏的填列方法

资产负债表的"年初余额"栏通常根据上年末有关项目的期末余额填列,且与上年末资产负债表"期末余额"栏一致。如果企业上年度资产负债表规定的项目名称和内容与本年度不一致,应当对上年年末资产负债表相关项目的名称和数字按照本年度的规定进行调整,填入"年初余额"栏。

(三) 资产负债表项目的填列说明

资产负债表中资产、负债和所有者权益主要项目的填列说明如下。

1. 资产项目的填列说明

(1)"货币资金"项目,反映企业库存现金、银行结算账户存款、外埠存款、银行汇票存款、银行本票存款、信用卡存款、信用证保证金存款等的合计数。本项目应根据"库存现金""银行存款""其他货币资金"账户期末余额的合计数填列。

(2)"交易性金融资产"项目,反映资产负债表日企业分类为以公允价值计量且其变动计入当期损益的金融资产,以及企业持有的直接指定为以公允价值计量且其变动计入当期损益的金融资产的期末账面价值。该项目应根据"交易性金融资产"账户的相关明细账户期末余额分析填列。自资产负债表日起超过一年到期且预期持有超过一年的以公允价值计量且其变动计入当期损益的非流动金融资产的期末账面价值,在"其他非流动金融资产"项目中反映。

(3)"应收票据及应收账款"项目,如果企业的应收账款与预收账款没有混用,应根据"应收票据"账户的期末余额加上"应收账款"账户的期末余额减去对应的"坏账准备"账户的期末余额填列;如果企业的应收账款与预收账款混用,应根据"应收票据"账户的期末余额加上"应收账款"账户所属明细账户的期末借方余额再加上"预收账款"账户所属明细账户的期末借方余额,再减去对应的"坏账准备"账户的期末余额填列。

(4)"预付款项"项目,反映企业按照购货合同规定预付给供应单位的款项等。本项目应根据"预付账款"和"应付账款"账户所属各明细账户的期末借方余额合计数,减去"坏账准备"账户中有关预付款项计提的坏账准备期末余额后的金额填列。如"预付账款"账户所属明细账户期末有贷方余额,应在资产负债表"应付账款"项目中填列。

(5)"其他应收款"项目,应根据"应收利息""应收股利""其他应收款"账户的期末余额相加再减去对应的"坏账准备"账户的期末余额填列。

(6)"存货"项目,反映企业期末库存、在途和加工中的各项存货的可变现净值,包括各种材料、商品、在产品、包装物、低值易耗品、分期收款发出商品、委托代销商品、受托代销商品等。本项目应根据"在途物资""材料采购""原材料""材料成本差异""库存商品""周转材料""委托加工物资""委托代销商品""受托代销商品""生产成本"等账户的期末余额合计,减去"受托代销商品款""存货跌价准备"账户的期末余额后的金额填列。材料采用计划成本核算,以及库存商品采用计划成本核算或售价核算的企业,还应按加或减材料成本差异、商品进销差价后的金额填列。

(7)"合同资产"和"合同负债"项目。企业应按照《企业会计准则第 14 号——收入》(2017 年修订)的相关规定根据本企业履行履约义务与客户付款之间的关系在资产负债表中列示合同资产或合同负债。"合同资产"项目、"合同负债"项目,应分别根据"合同资产"账户、"合同负债"账户的相关明细账户期末余额分析填列,同一合同下的合同资产和合同负债应当以净额列示,其中净额为借方余额的,应当根据其流动性在"合同资产"或"其他非流动资产"项目中填列,已计提减值准备的,还应减去"合同资产减值准备"账户中相关的期末余额后的金额填列;其中净额为贷方余额的,应当根据其流动性在"合同负债"或"其他非流动负债"项目中填列。

(8)"持有待售资产"项目,应根据"持有待售资产"账户的期末余额,减去"持有待售资产减值准备"账户的期末余额后的金额填列。(持有待售资产主要是指已签出售合同但尚未正式出售的固定资产、无形资产等,要按签合同日的固定资产、无形资产的账面价值与出售的公允价值净额两者中的较低者入账。)

(9)"一年内到期的非流动资产"项目,反映将于一年内(含一年)到期的非流动资产。本项目应根据"长期待摊费用"等非流动资产账户分析填列。

(10)"债权投资"项目,反映资产负债表日企业以摊余成本计量的长期债权投资的期末账面价值。本项目应根据"债权投资"账户的相关明细账户的期末余额,减去"债权投资减值准备"账户中相关减值准备的期末余额后的金额分析填列。自资产负债表日起一年内到期的长期债权投资的期末账面价值,在"一年内到期的非流动资产"项目中反映。企业购入的以摊余成本计量的一年内到期的债权投资的期末账面价值,在"其他流动资产"项目中反映。

(11)"其他债权投资"项目,反映资产负债表日企业分类为以公允价值计量且其变动计入其他综合收益的长期债权投资的期末账面价值。本项目应根据"其他债权投资"账户的相关明细账户的期末余额分析填列。自资产负债表日起一年内到期的长期债权投资的期末账面价值,在"一年内到期的非流动资产"项目中反映。企业购入的以公允价值计量且其变动计入其他综合收益的一年内到期的债权投资的期末账面价值,在"其他流动资产"项目中反映。

(12)"其他流动资产"项目，根据"待处理财产损溢"、"应交税费"（增值税明细）、"合同取得成本"、"应收退货成本"账户的期末余额分析填列。若期限超过一年或一个正常营业周期，则在"其他非流动资产"项目中填列，已计提减值准备的，还应减去相关减值准备账户的期末余额后的金额填列。

(13)"长期股权投资"项目，反映企业长期股权投资的可收回金额。本项目应根据"长期股权投资"账户的期末余额，减去"长期股权投资减值准备"账户的期末余额后的金额填列。

(14)"其他权益工具投资"项目，反映资产负债表日企业指定为以公允价值计量且其变动计入其他综合收益的非交易性权益工具投资的期末账面价值。本项目应根据"其他权益工具投资"账户的期末余额填列。

(15)"固定资产"项目，应根据"固定资产"账户的期末余额，减去"累计折旧"和"固定资产减值准备"账户的期末余额后的金额，再加减"固定资产清理"账户的期末余额填列。

(16)"在建工程"项目，应根据"在建工程"账户的期末余额，减去"在建工程减值准备"账户的期末余额后的金额，再加上"工程物资"账户的期末余额，再减去"工程物资减值准备"账户的期末余额后的金额填列。

(17)"无形资产"项目，反映企业各项无形资产的期末账面价值。本项目应根据"无形资产"账户的期末余额，减去"无形资产减值准备"账户的期末余额后的金额填列。

(18)"长期待摊费用"项目，反映企业尚未摊销的摊销期限在一年以上（不含一年）的各种费用。如果"长期待摊费用"账户中包含摊销期限在一年以内（含一年）的项目，则应在"一年内到期的非流动资产"项目中填列。"长期待摊费用"项目应根据"长期待摊费用"账户的期末余额减去将于一年内（含一年）摊销完毕的项目金额后的余额填列。

2. 负债项目的填列说明

(1)"短期借款"项目，反映企业借入尚未归还的一年期以下（含一年）的借款。本项目应根据"短期借款"账户的期末余额填列。

(2)"交易性金融负债"项目，反映资产负债表日企业承担的交易性金融负债，以及企业持有的直接指定为以公允价值计量且其变动计入当期损益的金融负债的期末账面价值。本项目应根据"交易性金融负债"账户的相关明细账户的期末余额填列。

(3)"应付票据及应付账款"项目，如果企业的应付账款与预付账款没有混用，应根据"应付票据"账户的期末余额加上"应付账款"账户的期末余额填列；如果企业的应付账款与预付账款混用，应根据"应付票据"账户的期末余额加上"应付账款"账户所属明细账户的期末贷方余额，再加上"预付账款"账户所属明细账户的期末贷方余额填列。

(4)"预收款项"项目，反映企业预收购货单位的账款。本项目应根据"预收账款"和"应收账款"账户所属各有关明细账户的期末贷方余额合计填列。如果"预收账款"账户所属有关明细账户有借方余额，则应在"应收账款"项目中填列。

(5)"应付职工薪酬"项目,反映企业为获得职工提供的服务而给予的各种形式的报酬,包括应付给职工的工资、职工福利、社会保险费、住房公积金、工会经费、职工教育经费等。外商投资企业按规定从净利润中提取的职工奖励及福利基金也在本项目列示。本项目应根据"应付职工薪酬"账户期末贷方余额填列。如果"应付职工薪酬"账户期末有借方余额,则以"-"号填列。

(6)"应交税费"项目,反映企业按税法规定计算应交纳的各种税费,包括增值税、消费税、所得税、资源税、土地增值税、城市维护建设税、房产税、土地使用税、教育费附加等。本项目应根据"应交税费"账户的期末贷方余额填列。如果"应交税费"账户期末为借方余额,则以"-"号填列。

(7)"其他应付款"项目,应根据"应付利息""应付股利"和"其他应付款"账户的期末余额相加填列。

(8)"持有待售负债"项目,应根据"持有待售负债"账户的期末余额填列。

(9)"一年内到期的非流动负债"项目,反映企业将于一年内(含一年)到期的非流动负债。本项目应根据"长期借款""长期应付款""应付债券"等非流动负债账户分析填列。

(10)"长期借款"项目,反映企业借入尚未归还的一年期以上(不含一年)的借款本息,如果"长期借款"账户中包含归还期限在一年以内的项目,则应在"一年内到期的非流动负债"项目中单独反映。"长期借款"项目应根据"长期借款"账户的期末余额减去将于一年内(含一年)到期偿还数后的余额填列。

(11)"应付债券"项目,反映企业发行的尚未偿还的各种长期债券的本息。如果"应付债券"账户中包含归还期限在一年以内的项目,则应在"一年内到期的非流动负债"项目中单独反映。"应付债券"项目应根据"应付债券"账户的期末余额减去将于一年内(含一年)到期偿还数后的余额填列。

(12)"长期应付款"项目,应根据"长期应付款"账户的期末余额,减去相关的"未确认融资费用"账户的期末余额后的金额,再加上"专项应付款"账户的期末余额填列。

3. 所有者权益项目的填列说明

(1)"实收资本(或股本)"项目,反映企业各投资者实际投入的资本(或股本)总额。本项目应根据"实收资本(或股本)"账户的期末余额填列。

(2)"资本公积"项目,反映企业资本公积的期末余额。本项目应根据"资本公积"账户的期末余额填列。

(3)"其他权益工具"项目,应根据"其他权益工具"账户的期末余额填列(其他权益工具一般是指优先股和永续债)。

(4)"其他综合收益"项目,反映企业其他综合收益的期末余额。本项目应根据"其他综合收益"账户的期末余额填列。

(5)"盈余公积"项目,反映企业盈余公积的期末余额。本项目应根据"盈余公积"

账户的期末余额填列。

（6）"未分配利润"项目，反映企业尚未分配的利润。编制中期报表时，本项目应根据"本年利润"账户和"利润分配"账户的余额计算填列；编制年度报表时，本项目应根据"利润分配"账户的余额直接填列。若计算的结果是未弥补的亏损，则在本项目内以"-"号填列。

【例9-7】根据资料编制资产负债表。

（1）腾达公司2018年12月31日有关账户期末余额如表9-4所示。

表9-4 2018年12月有关账户期末余额

单位：元

科目	借方余额	贷方余额	科目	借方余额	贷方余额
库存现金	7 488		短期借款		400 000
银行存款	280 115.2		应付票据		9 800
应收账款	102 867.2		应付账款		52 416
其他应收款	4 960		应付职工薪酬		2 628.8
原材料	18 752		应付利息		8 000
库存商品	545 304.8		实收资本		800 000
固定资产	320 000		盈余公积		1 446.4
累计折旧		4 032	利润分配		1 164
合计	1 279 487.2	4 032			1 275 455.2

（2）腾达公司2019年5月31日有关科目试算平衡如表9-5所示。

表9-5 试算平衡

2019年5月31日

单位：元

科目	期初余额		本期发生额		期末余额	
	借方	贷方	借方	贷方	借方	贷方
库存现金	9 360		502 500	509 500	2 360	
银行存款	350 144		1 780 900	712 650	1 418 394	
应收票据			117 000		117 000	
预付账款			17 550	17 550		
应收账款	128 584		234 000	234 000	128 584	
其他应收款	6 200		8 000	8 000	6 200	
材料采购			30 000	30 000		
原材料	23 440		65 500	38 000	50 940	
库存商品	681 631		591 900	150 000	1 123 531	
生产成本			591 900	591 900		

续表

科目	期初余额		本期发生额		期末余额	
	借方	贷方	借方	贷方	借方	贷方
制造费用			145 100	145 100		
固定资产	400 000		450 000		850 000	
累计折旧		5 040		10 000		15 040
短期借款		500 000		600 000		1 100 000
应付票据		12 250		23 900		36 150
应付账款		65 520	23 900	23 900		65 520
预收账款			81 900	81 900		
应付职工薪酬		3 286	500 000	570 000		73 286
应交税费			11 050	88 513.75		77 463.75
应付利息		10 000		5 000		15 000
应付股利				20 000		20 000
实收资本		1 000 000		1 250 000		2 250 000
盈余公积		1 808		6 128.63		7 936.63
本年利润			437 000	437 000		
利润分配		1 455	26 128.63	61 286.25		36 612.62
合计	1 599 359	1 599 359	5 614 328.63	5 614 328.63	3 697 009	3 697 009

(3) 编制腾达公司2019年5月31日资产负债如表9-6所示。

表9-6 资产负债

会企01表

编制单位：　　　　　　　　　　2019年5月31日　　　　　　　　　　单位：元

资产	期末余额	年初余额	负债和所有者权益（或股东权益）	期末余额	年初余额
流动资产：			流动负债：		
货币资金	1 420 754	287 603.2	短期借款	1 100 000	400 000
交易性金融资产			交易性金融负债		
衍生金融资产			衍生金融负债		
应收票据及应收账款	245 584	102 867.2	应付票据及应付账款	101 670	62 216
预付款项			预收款项		
其他应收款	6 200	4 960	合同负债		
存货	1 174 471	564 056.8	应付职工薪酬	73 286	2 628.8
合同资产			应交税费	77 463.75	

续表

资产	期末余额	年初余额	负债和所有者权益（或股东权益）	期末余额	年初余额
持有待售资产			其他应付款	35 000	8 000
一年内到期的非流动资产			持有待售负债		
其他流动资产			一年内到期的非流动负债		
流动资产合计	2 847 009	959 487.2	其他流动负债		
非流动资产：			流动负债合计	1 387 419.75	472 844.8
债权投资			非流动负债：		
其他债权投资			长期借款		
长期应收款			应付债券		
长期股权投资			其中：优先股		
其他权益工具投资			永续债		
其他非流动金融资产			长期应付款		
投资性房地产			预计负债		
固定资产	834 960	315 968	递延收益		
在建工程			递延所得税负债		
生产性生物资产			其他非流动负债		
油气资产			非流动负债合计		
无形资产			负债合计	1 387 419.75	472 844.8
开发支出			所有者权益：		
商誉			实收资本	2 250 000	800 000
长期待摊费用			其他权益工具		
递延所得税资产			其中：优先股		
其他非流动资产			永续债		
非流动资产合计	834 960	315 968	资本公积		
			减：库存股		
			其他综合收益		
			盈余公积	7 936.63	1 446.4
			未分配利润	36 612.62	1 164
			所有者权益合计	2 294 549.25	802 610.4
资产总计	3 681 969	1 275 455.2	负债和所有者权益总计	3 681 969	1 275 455.2

第三节 利润表的编制

一、利润表概述

(一) 利润表的概念

利润表又称损益表，是反映企业在一定会计期间经营成果的财务报表。例如，年度利润表反映的是某年度 1 月 1 日至 12 月 31 日的经营成果。利润表根据会计核算的配比原则，把一定时期的收入和相对应的费用配比，从而计算出企业一定时期的各项利润指标。利润表是反映企业一定时期经营成果的动态报表。

(二) 利润表的作用

由于利润既是企业经营业绩的综合体现，又是企业进行利润分配的主要依据，因此，利润表是财务报表中的一张基本报表，其作用体现在以下方面。

(1) 反映一定会计期间收入的实现情况。
(2) 反映一定会计期间费用的耗费情况。
(3) 反映企业经济活动成果的实现情况，据以判断资本保值增值等情况。

二、利润表的结构

利润表的格式有单步式和多步式两种。按照我国会计相关准则的规定，我国企业的利润表采用多步式格式，将不同性质的收入和费用分别进行对比，以便得出一些中间性的利润数据，帮助使用者理解企业经营成果的不同来源。

企业可以分如下三个步骤编制利润表。

第一步，以营业收入为基础，计算营业利润。

营业利润=营业收入−营业成本−税金及附加−销售费用−管理费用−财务费用−资产减值损失+公允价值变动收益（−公允价值变动损失）+投资收益（−投资损失）

第二步，以营业利润为基础，计算利润总额。

利润总额=营业利润+营业外收入−营业外支出

第三步，以利润总额为基础，计算净利润。

净利润=利润总额−所得税费用

多步式利润表是将企业一定期间所实现的各项收入和所发生的各项费用，按性质加以归类，按照利润形成过程分步计算出本期利润。这种格式的利润表清晰地反映了各种不同性质的收入与费用的内在联系和利润的形成过程，便于报表使用者了解企业利润的形成情况，也有利于同行业的不同企业之间进行对比分析。更重要的是，多步式利润表通常将各项收入、费用及利润分别按"本期金额"和"上期金额"两栏填列，便于报表使用者通过前后期的比较分析，了解企业经营的变化情况，有助于正确评估企业管理业绩和预测未来收益及盈利能力。

利润表通常包括表头和表体两部分。表头应列明报表名称、编制单位名称、财务报表涵盖的会计期间和人民币金额单位等内容；利润表的表体，反映形成经营成果的各个项目和计算过程。我国企业利润表的格式如表9-7所示。

表9-7 利润表　　　　　　　　　　　　　会企02表
编制单位：　　　　　　　　　　　年　　月　　　　　　　　　　单位：元

项目	本期金额	上期金额
一、营业收入		
减：营业成本		
税金及附加		
销售费用		
管理费用		
研发费用		
财务费用		
其中：利息费用		
利息收入		
资产减值损失		
信用减值损失		
加：其他收益		
投资收益（损失以"-"号填列）		
其中：对联营企业和合营企业的投资收益		
公允价值变动收益（损失以"-"号填列）		
资产处置收益（损失以"-"号填列）		
二、营业利润（亏损以"-"号填列）		
加：营业外收入		
减：营业外支出		
三、利润总额（亏损总额以"-"号填列）		
减：所得税费用		
四、净利润（净亏损以"-"号填列）		
（一）持续经营净利润（净亏损以"-"号填列）		
（二）终止经营净利润（净亏损以"-"号填列）		
五、其他综合收益的税后净额		
（一）不能重分类进损益的其他综合收益		
1. 重新计量设定受益计划变动额		

续表

项目	本期金额	上期金额
2. 权益法下不能转损益的其他综合收益		
3. 其他权益工具投资公允价值变动		
4. 企业自身信用风险公允价值变动		
……		
（二）将重分类进损益的其他综合收益		
1. 权益法下可转损益的其他综合收益		
2. 其他债权投资公允价值变动		
3. 金融资产重分类计入其他综合收益的金额		
4. 其他债权投资信用减值准备		
5. 现金流量套期储备		
6. 外币财务报表折算差额		
……		
六、综合收益总额		
七、每股收益		
（一）基本每股收益		
（二）稀释每股收益		

三、利润表的编制方法

（一）利润表项目的填列方法

我国企业利润表的主要编制步骤和内容如下。

第一步，以营业收入为基础，减去营业成本、税金及附加、销售费用、管理费用、财务费用、资产减值损失，加上公允价值变动收益（减去公允价值变动损失）和投资收益（减去投资损失），计算出营业利润。

第二步，以营业利润为基础，加上营业外收入，减去营业外支出，计算出利润总额。

第三步，以利润总额为基础，减去所得税费用，计算出净利润（或净亏损）。

第四步，以净利润（或净亏损）和其他综合收益为基础，计算出综合收益总额。

第五步，以净利润（或净亏损）为基础，计算出每股收益。

（二）利润表项目的填列说明

利润表包括"上期金额"和"本期金额"两栏，应分别填列。

1. "上期金额"栏的填列

"上期金额"栏内各项数字，应当根据上年该期利润表的"本期金额"栏内所列示数字填列。如果上年度利润表与本年度利润表的项目名称和内容不一致，则按编报当年的口径对上年度利润表项目的名称和数字进行调整，填入利润表的"上期金额"栏。

2. "本期金额"栏的填列

"本期金额"栏内各项数字来源于损益类账户，除"基本每股收益"和"稀释每股收益"项目外，应当根据相关账户的发生额分析填列。

（1）"营业收入"项目，反映企业经营活动所取得的收入总额。本项目应根据"主营业务收入"和"其他业务收入"账户的发生额分析填列。

（2）"营业成本"项目，反映企业经营活动所发生的成本总额。本项目应根据"主营业务成本"和"其他业务成本"账户的发生额分析填列。

（3）"税金及附加"项目，反映企业经营活动应负担的消费税、资源税、城市维护建设税、教育费附加等。本项目应根据"税金及附加"账户的发生额分析填列。

（4）"销售费用"项目，反映企业为销售商品以及销售机构所发生的费用。本项目应根据"销售费用"账户的发生额分析填列。

（5）"管理费用"项目，反映企业为管理和组织企业生产经营活动而发生的费用。本项目应根据"管理费用"账户的发生额分析填列。

（6）"财务费用"项目，反映企业为筹集生产经营所需资金而发生的各项费用。本项目应根据"财务费用"账户的发生额分析填列。

（7）"资产减值损失"项目，反映企业各项资产发生的减值损失。本项目应根据"资产减值损失"账户的发生额分析填列。

（8）"其他收益"项目，反映计入其他收益的政府补助等。本项目应根据"其他收益"账户的发生额分析填列。

（9）"投资收益"项目反映企业以各种方式对外投资取得的收益。本项目应根据"投资收益"账户的发生额分析填列，如果为投资损失，本项目以"－"号填列。

（10）"公允价值变动损益"项目，反映企业应当计入当期损益的资产或负债。本项目应根据"公允价值变动损益"账户的发生额分析填列，如果为净损失，本项目以"－"号填列。

（11）"资产处置收益"项目，反映企业出售划分为持有待售的非流动资产（金融工具、长期股权投资和投资性房地产除外）或处置组时确认的处置利得或损失，以及处置未划分为持有待售的固定资产、在建工程、生产性生物资产及无形资产而产生的处置利得或损失。债务重组中因处置非流动资产产生的利得或损失和非货币性资产交换产生的利得或损失也包括在本项目内。本项目应根据"资产处置损益"账户的发生额分析填列；如为处置损失，以"－"号填列。

（12）"营业利润"项目，反映企业实现的营业利润，如果为亏损，本项目以"－"号填列。

（13）"营业外收入"项目，反映企业发生的营业利润以外的收益，主要包括债务重组利得、与企业日常活动无关的政府补助、盘盈利得、捐赠利得等。本项目应根据"营业外收入"账户的发生额分析填列。

（14）"营业外支出"项目，反映企业发生的营业利润以外的支出，主要包括债务重组损失、公益性捐赠支出、非常损失、盘亏损失、非流动资产毁损报废损失等。本项目应根据"营业外支出"账户的发生额分析填列。

（15）"利润总额"项目，反映企业实现的利润，如果为亏损，本项目以"-"号填列。

（16）"所得税费用"项目，反映企业应从当期利润总额中扣除的所得税费用，本项目根据"所得税费用"账户的发生额分析填列。

（17）"净利润"项目，反映企业实现的净利润，如果为亏损，本项目以"-"号填列。

（18）"持续经营净利润"和"终止经营净利润"项目，分别反映净利润中与持续经营相关的净利润和与终止经营相关的净利润；如为净亏损，以"-"号填列。该两个项目应按照《企业会计准则第42号——持有待售的非流动资产、处置组和终止经营》的相关规定分别列报。

（19）"其他综合收益的税后净额"项目，反映企业根据企业会计准则规定未在损益中确认的各项利得和损失扣除所得税影响后的净额。

（20）"综合收益总额"项目，反映企业净利润与其他综合收益的合计金额。

（21）"每股收益"项目，包括基本每股收益和稀释每股收益两项指标，反映普通股或潜在普通股已公开交易的企业，以及正处在公开发行普通股或潜在普通股过程中的企业的每股收益信息。

【例9-8】甲公司2018年"主管业务收入"账户的贷方发生额为5 000万元，借方发生额为100万元（原2018年10月10日发生的购买方退货）；"其他业务收入"账户的贷方发生额为300万元，无借方发生额；"主营业务成本"账户的借方发生额为4 000万元，2018年10月10日，收到的购买方退货成本为60万元；"其他业务成本"账户借方发生额为200万元，无贷方发生额。根据上述资料，该企业利润表中的营业收入和营业成本项目的金额计算如下。

（1）"营业收入"项目的金额=5 000-100+300=5 200（万元）；

（2）"营业成本"项目的金额=4 000-60+200=4 140（万元）。

【例9-9】某企业2018年发生的营业收入为1 000万元，营业成本为600万元，销售费用为20万元，管理费用为50万元，财务费用为10万元，投资收益为40万元，资产减值损失为70万元，公允价值变动收益为80万元，营业外收入为25万元，营业外支出为15万元。该企业2018年的营业利润计算如下。

营业利润=营业收入（1 000）-营业成本（600）-销售费用（20）-管理费用（50）-财务费用（10）+投资收益（40）-资产减值损失（70）+公允价值变动收益（80）=370（万元）。

【例9-10】某企业2018年"主营业务收入"账户发生额为1 990 000元，"主营业务成本"账户发生额为630 000元，"其他业务收入"账户发生额为500 000元，"其他业务成本"账户发生额为150 000元，"税金及附加"账户发生额为780 000元，"销售费用"账户发生额为60 000元，"管理费用"账户发生额为50 000元，"财务费用"账户发生额为

170 000 元,"资产减值损失"账户发生额为 50 000 元,"公允价值变动损益"账户为借方发生额 450 000 元(无贷方发生额),"投资收益"账户贷方发生额为 850 000 元(无借方发生额),"营业外收入"账户发生额为 100 000 元,"营业外支出"账户发生额为 40 000 元,"所得税费用"账户发生额为 171 600 元。该企业 2018 年度利润表中营业利润、利润总额和净利润的计算过程如下。

营业利润 = 1 990 000+500 000−630 000−150 000−780 000−60 000−50 000−170 000−50 000−450 000+850 000 = 1 000 000(元);

利润总额 = 1 000 000+100 000−40 000 = 1 060 000(元);

净利润 = 1 060 000−171 600 = 888 400(元)。

【例 9-11】腾达公司 2018 年 5 月 31 日有关试算平衡表如表 9-8 所示。

表 9-8 试算平衡表

2018 年 5 月 31 日   单位:万元

科目	期初余额		本期发生额		期末余额	
	借方	贷方	借方	贷方	借方	贷方
主营业务收入			37 000	37 000		
其他业务收入			1 500	1 500		
投资收益			5 000	5 000		
主营业务成本			15 000	15 000		
其他业务成本			900	900		
税金及附加			518.5	518.5		
销售费用			5 500	5 500		
管理费用			12 960	12 960		
财务费用			500	500		
营业外收入			200	200		
营业外支出			150	150		
所得税费用			2 042.88	2 042.88		
合计			81 271.38	81 271.38		

腾达公司 2018 年 5 月的利润表如表 9-9 所示。

表 9-9 利润表

会企 02 表

编制单位:腾达公司   2018 年 5 月   单位:万元

项目	本期金额	上期金额
一、营业收入	38 500	(略)
减:营业成本	15 900	

续表

项目	本期金额	上期金额
税金及附加	518.5	
销售费用	5 500	
管理费用	12 960	
研发费用		
财务费用	500	
其中：利息费用	500	
利息收入		
资产减值损失		
信用减值损失		
加：其他收益		
投资收益（损失以"-"号填列)	5 000	
其中：对联营企业和合营企业的投资收益		
公允价值变动收益（损失以"-"号填列)		
资产处置收益（损失以"-"号填列)		
二、营业利润（亏损以"-"号填列)	8 121.5	
加：营业外收入	200	
减：营业外支出	150	
三、利润总额（亏损总额以"-"号填列)	8 171.5	
减：所得税费用	2 042.88	
四、净利润（净亏损以"-"号填列)	6 128.62	
（一）持续经营净利润（净亏损以"-"号填列)		
（二）终止经营净利润（净亏损以"-"号填列)		
五、其他综合收益的税后净额		
（一）不能重分类进损益的其他综合收益		
1. 重新计量设定受益计划变动额		
2. 权益法下不能转损益的其他综合收益		
3. 其他权益工具投资公允价值变动		
4. 企业自身信用风险公允价值变动		
……		
（二）将重分类进损益的其他综合收益		
1. 权益法下可转损益的其他综合收益		

续表

项目	本期金额	上期金额
2. 其他债权投资公允价值变动		
3. 金融资产重分类计入其他综合收益的金额		
4. 其他债权投资信用减值准备		
5. 现金流量套期储备		
6. 外币财务报表折算差额		
……		
六、综合收益总额		
七、每股收益		
（一）基本每股收益		
（二）稀释每股收益		

第四节　其他财务报表及附注

一、现金流量表

（一）现金流量表概述

1. 现金流量表的概念

现金流量表是指反映企业在一定会计期间现金和现金等价物流入和流出的报表。此处的流入和流出是以收付实现制为基础确认的：实际收到货币即为当期流入，实际支付货币即为当期流出。

现金流量表是以现金和现金等价物为基础编制的，此处的"现金"是指企业库存现金以及可以随时用于支付的存款，包括库存现金、银行存款和其他货币资金等，不能随时用于支付的存款不属于现金；"现金等价物"是指企业持有的期限短、流动性强、易于转换为已知金额现金、价值变动风险很小的投资。所谓期限短，一般是指从购买日起3个月内到期。现金等价物通常包括3个月内到期的债券投资等。权益性投资变现的金额通常不确定，因而不属于现金等价物。企业应当根据具体情况，确定现金等价物的范围，一经确定不得随意变更。

2. 现金流量的分类

企业产生的现金流量可以分为如下三大类。

（1）经营活动产生的现金流量。

经营活动是指企业投资活动和筹资活动以外的所有交易和事项。经营活动产生的现金流量主要包括销售商品或提供劳务、购买商品、接受劳务、支付工资和交纳税款等流入和流出的现金与现金等价物。

(2) 投资活动产生的现金流量。

投资活动是指企业长期资产的购建和不包括在现金等价物范围内的投资及其处置活动。投资活动产生的现金流量主要包括购建固定资产、处置子公司及其他营业单位等流入和流出的现金与现金等价物。

(3) 筹资活动产生的现金流量。

筹资活动是指导致企业资本及债务规模和构成发生变化的活动。筹资活动产生的现金流量主要包括吸收投资、发行股票、分配利润、发行债券偿还债务等流入与流出的现金与现金等价物。偿付应付账款、应付票据等商业应付款等属于经营活动，不属于筹资活动。

需要说明的是，现金流量是指一定会计期间内企业现金和现金等价物的流入和流出，但下列行为不会产生现金流量或不会影响现金净流量的变化，因此不属于现金流量的范畴，不能反映在现金流量表中。

(1) 企业从银行提取现金、用现金购买短期内到期（从购买日起3个月内到期）的国库券等现金与现金等价物之间的转换不属于现金流量。

(2) 企业发生的与现金流量或现金等价物无关的经济业务，如企业销售一批商品，款项尚未收到。

企业编制现金流量表的目的是通过如实反映企业各项活动的现金流入、流出情况，帮助使用者评价企业的现金流和资金周转情况。

(二) 现金流量表的结构

我国企业现金流量表采用报告式结构，分类反映经营活动产生的现金流量、投资活动产生的现金流量和筹资活动产生的现金流量，最后汇总反映企业某一期间现金及现金等价物的净增加额。我国企业现金流量表的格式如表9-10所示。

(三) 现金流量表的编制

企业应当采用直接法列示经营活动产生的现金流量。直接法是指通过现金收入和现金支出的主要类别列示经营活动产生的现金流量。采用直接法编制经营活动产生的现金流量时，一般以利润表中的营业收入为起算点，调整与经营活动有关的项目的增减变动，然后计算出经营活动产生的现金流量。

除现金流量表反映的信息外，企业还应当同时采用间接法反映经营活动产生的现金流量。间接法是指以本期净利润为起点，通过调整不涉及现金的收入、费用、营业外收支以及经营性应收应付等项目的增减变动，调整不属于经营活动的现金收支项目，据此计算并列报经营活动产生的现金流量的方法。

在我国，经营活动产生的现金流量可以分别采用直接法和间接法编制，间接法是对直接法的核对和补充说明。

表 9-10 现金流量表

会企 03 表

编制单位：　　　　　　　　　　　　年　月　　　　　　　　　　　　单位：元

项目	本期金额	上期金额
一、经营活动产生的现金流量：		
销售商品、提供劳务收到的现金		
收到的税费返还		
收到其他与经营活动有关的现金		
经营活动现金流入小计		
购买商品、接受劳务支付的现金		
支付给职工以及为职工支付的现金		
支付的各项税费		
支付其他与经营活动有关的现金		
经营活动现金流出小计		
经营活动产生的现金流量净额		
二、投资活动产生的现金流量：		
收回投资收到的现金		
取得投资收益收到的现金		
处置固定资产、无形资产和其他长期资产收回的现金净额		
处置子公司及其他营业单位收到的现金净额		
收到其他与投资活动有关的现金		
投资活动现金流入小计		
购建固定资产、无形资产和其他长期资产支付的现金		
投资支付的现金		
取得子公司及其他营业单位支付的现金净额		
支付其他与投资活动有关的现金		
投资活动现金流出小计		
投资活动产生的现金流量净额		
三、筹资活动产生的现金流量：		
吸收投资收到的现金		
取得借款收到的现金		
收到其他与筹资活动有关的现金		
筹资活动现金流入小计		
偿还债务支付的现金		

续表

项目	本期金额	上期金额
分配股利、利润或偿付利息支付的现金		
支付其他与筹资活动有关的现金		
筹资活动现金流出小计		
筹资活动产生的现金流量净额		
四、汇率变动对现金及现金等价物的影响		
五、现金及现金等价物净增加额		
加：期初现金及现金等价物余额		
六、期末现金及现金等价物余额		

二、所有者权益变动表

（一）所有者权益变动表的含义及内容

所有者权益（或股东权益）变动表是反映企业在某一期间所有者权益的各组成部分当期增减变动情况的报表。

在所有者权益变动表中，企业至少应当单独列示下列项目。

（1）净利润。

（2）直接计入所有者权益的利得和损失项目及其总额。

（3）会计政策变更和差错更正的累积影响金额。

（4）所有者投入资本和向所有者分配利润等。

（5）提取的盈余公积。

（6）实收资本或股本、资本公积、盈余公积、未分配利润的期初和期末余额及其调节情况。

所有者权益（或股东权益）变动表全面反映了权益的所有者权益在年度内的变化情况，不仅包括所有者权益总量的增减变动，还包括结构性变动的信息，特别是要反映直接计入所有者权益的利得和损失，从而有助于使用者准确理解所有者权益增减变动的根源，便于使用者深入分析企业所有者权益的增减变化情况，并进而正确判断企业资本的保值、增值情况。

（二）所有者权益变动表的结构

所有者权益（或股东权益）变动表包括表首、正表两部分。其中，表首说明报表名称、编制单位、编制日期、报表编号、货币名称、计量单位等；正表是所有者权益（或股东权益）变动表的主体，具体说明所有者权益增减变动的各项内容，包括实收资本（股本）、资本公积、库存股、其他综合收益、盈余公积和未分配利润等。每个项目中，又分为上年年末余额、本年年初余额、本年增减变动金额、本年年末余额四小项，每个小项中，又分别具体列示其不同内容。

所有者权益（或股东权益）变动表的格式如表9-11所示。

表 9-11 所有者权益（或股东权益）变动表

会企04表

编制单位： 　　　　　　　　　　　年度　　　　　　　　　　　单位：元

项目	本年金额							上年金额						
	实收资本（股本）	资本公积	减：库存股	其他综合收益	盈余公积	未分配利润	所有者权益合计	实收资本（股本）	资本公积	减：库存股	其他综合收益	盈余公积	未分配利润	所有者权益合计
一、上年年末余额														
加：会计政策变更														
前期差错更正														
其他														
二、本年年初余额														
三、本年增减变动金额（减少以"-"号填列）														
（一）综合收益总额														
（二）所有者投入和减少资本														
1.所有者投入的普通股														
2.其他权益工具持有者投入资本														
3.股份支付计入所有者权益的金额														
4.其他														
（三）利润分配														
1.提取盈余公积														
2.对所有者（或股东）的分配														
3.其他														
（四）所有者权益内部结转														
1.资本公积转增资本（或股本）														
2.盈余公积转增资本（或股本）														
3.盈余公积弥补亏损														
4.设定受益计划变动额结转留存收益														
5.其他综合收益结转留存收益														
6.其他														
四、本年年末余额														

三、附注

附注是对在资产负债表、利润表、现金流量表和所有者权益变动表等报表中列示项目的文字描述或明细资料,以及对未能在这些报表中列示项目的说明等。

企业编制附注的目的是通过对财务报表本身进行补充说明,更加全面、系统地反映企业财务状况、经营成果和现金流量的全貌,从而有助于向使用者提供更为有用的信息,进而使其作出更加科学合理的决策。财务报表是财务会计报告的核心内容,但是在处理财务报表之外,财务会计报告还应当包括其他相关信息,具体可以根据有关法律法规规定和外部使用者的信息需求而定。

附注应当披露财务报表的编制基础,相关信息应当与资产负债表、利润表、现金流量表和所有者权益变动表等报表中列示的项目相互参照。

附注一般应当按照下列顺序披露。

(1)财务报表的编制基础。

(2)遵循企业会计准则的声明。

(3)重要会计政策的说明,包括财务报表项目计量基础和会计政策确定依据等。

(4)重要会计估计的说明,包括下一会计期间内很可能导致资产、负债账面价值进行重大调整的会计估计的确定依据等。

(5)会计政策和会计估计变更以及差错更正的说明。

(6)对已在资产负债表、利润表、现金流量表和所有者权益变动表中列示的重要项目的进一步说明,包括终止经营税后利润的金额及其构成情况等。

(7)对承诺事项、资产负债表日后非调整事项、关联方关系及其交易等需要说明的事项的解释。

练习题

一、单项选择题

1. 会计报表是根据( )定期进行归集、加工和汇总而编制的。
   A. 原始凭证　　B. 记账凭证　　C. 会计凭证　　D. 会计账簿记录

2. 最关注投资的内在风险和投资报酬的会计报表使用者是( )。
   A. 投资者　　B. 债权人　　C. 企业管理人员　　D. 政府

3. ( )是反映企业经营成果的会计报表。
   A. 资产负债表　　B. 利润表　　C. 现金流量表　　D. 会计报表附注

4. 编制资产负债表所依据的会计等式是( )。
   A. 收入-费用=利润　　　　　B. 资产=负债+所有者权益
   C. 借方发生额=贷方发生额　　D. 资产-负债=所有者权益

5. 资产负债表的下列项目中,直接根据一个总分类账户填列的项目是( )。
   A. 货币资金　　B. 应收账款　　C. 短期借款　　D. 预收账款

6. 下列资产项目中属于非流动资产项目的是（　　）。
   A. 应收票据　　　　　　　　B. 长期投资
   C. 存货　　　　　　　　　　D. 一年内到期的非流动资产
7. 资产负债表的下列项目中，必须根据总账科目和明细账科目两者的余额分析计算填列的是（　　）。
   A. 短期借款　　B. 长期借款　　C. 应收账款　　D. 应付账款
8. 分析企业的获利能力及利润的未来发展趋势的报表是（　　）。
   A. 资产负债表　　B. 利润表　　C. 现金流量表　　D. 所有者权益变动表
9. 资产负债表的格式是（　　）。
   A. 账户式　　B. 报告式　　C. 单步式　　D. 多步式
10. 利润表中不影响营业利润计算的项目是（　　）。
    A. 营业收入　　B. 财务费用　　C. 管理费用　　D. 营业外收入

二、多项选择题

1. 资产负债表编制的资料来源有（　　）。
   A. 总分类账　　B. 明细分类账　　C. 日记账　　D. 上年度资产负债表
2. 资产负债表中属于流动负债项目的有（　　）。
   A. 预付账款　　B. 应交税费
   C. 应付债券　　D. 一年内到期的非流动负债
3. 资产负债表中下列项目需要根据总账科目余额减去其备抵项目后的净额填列的有（　　）。
   A. 交易性金融资产　B. 应收账款　　C. 存货　　D. 固定资产
4. 资产负债表中需要根据相关明细科目余额计算填列的有（　　）。
   A. 应收账款　　B. 应付账款　　C. 货币资金　　D. 未分配利润
5. 财务会计报告编制的要求包括（　　）。
   A. 真实可靠　　B. 相关可比　　C. 全面完整　　D. 报表及时
6. 多步式利润表可以反映企业的（　　）等利润要素。
   A. 毛利润　　B. 营业利润　　C. 利润总额　　D. 净利润
7. 会计报表可以为下列（　　）各方提供会计信息。
   A. 投资人　　　　B. 企业内部经营者和职工
   C. 债权人　　　　D. 财政、工商、税务等政府管理部门
8. 会计报表的编制必须做到（　　）。
   A. 数字真实　　B. 内容完整　　C. 计算正确　　D. 编报及时
9. 资产负债表中"存货"项目应根据下列哪些总账账户的期末余额之和填列？（　　）
   A. 原材料　　B. 生产成本　　C. 委托加工物资　　D. 库存商品
10. 下列（　　）账户若出现借方余额，填列资产负债表有关项目时，应以"－"数填列。

A. 应付职工薪酬　　　B. 应付账款　　　C. 应交税费　　　D. 未分配利润

三、判断题

（　　）1. 会计报表的便于理解的要求是建立在会计报表使用者具有一定的会计报表阅读能力的基础上的。

（　　）2. 资产负债表中"一年内到期的非流动负债"属于流动负债项目。

（　　）3. 资产负债表的"年初余额"栏内各项数字，一般应根据上年末资产负债表的"期末余额"栏内所列数字填列。

（　　）4. 财务会计报告是会计核算的最终成果。

（　　）5. 由于财务会计报告是对外提供，所以该信息对企业的管理者和职工没用。

（　　）6. 利润表中"上期金额"栏内各项数字，应根据上年该期利润表"本期金额"栏内所列数字填列。

四、业务题

1. 甲公司 2015 年 12 月 31 日有关资料如表 9-12 和表 9-13 所示。

表 9-12　科目余额

单位：元

科目名称	借方余额	贷方余额	科目名称	借方余额	贷方余额
库存现金	10 000		无形资产	190 000	
银行存款	117 000		短期借款		60 000
应收账款	80 000		应付账款		70 000
预付账款		30 000	预收账款		10 000
坏账准备 　—应收账款		5 000	应付职工薪酬		4 000
原材料	83 000		应交税费		14 000
材料成本差异		5 000	长期借款		80 000
库存商品	190 000		实收资本		500 000
固定资产	800 000		盈余公积		200 000
累计折旧		300 000	未分配利润		200 000

表 9-13　债权债务明细科目余额

单位：元

总账科目	明细账科目	余额方向	金额
应收账款	A 公司	借方	100 000
	B 公司	贷方	20 000
预付账款	C 公司	借方	20 000
	D 公司	贷方	50 000

续表

总账科目	明细账科目	余额方向	金额
应付账款	E 公司	贷方	100 000
	F 公司	借方	30 000
预收账款	G 公司	贷方	40 000
	H 公司	借方	30 000

长期借款共有 2 笔，均为到期一次性还本付息，金额及期限如下。

从工商银行借入 30 000 元（本利和），期限从 2014 年 6 月 1 日至 2015 年 6 月 1 日。

从建设银行借入 50 000 元（本利和），期限从 2014 年 8 月 1 日至 2015 年 8 月 1 日。

要求：计算甲公司 2015 年 12 月 31 日的资产负债表下列项目的填列金额。

（1）货币资金；（2）应收账款；（3）预付款项；（4）存货；（5）固定资产；（6）预收款项；（7）应付账款；（8）应付职工薪酬；（9）一年内到期的非流动负债；（10）长期借款。

2. 甲公司截至 2015 年 12 月 31 日有关损益科目发生额如表 9-14 所示。

表 9-14 损益科目发生额

单位：万元

科目名称	借方发生额	贷方发生额	科目名称	借方发生额	贷方发生额
主营业务收入	100	3 000	管理费用	180	
主营业务成本	1 600	80	财务费用	20	
其他业务收入		20	投资收益	60	100
其他业务成本	150		营业外收入		90
营业税金及附加	100		营业外支出	40	
销售费用	50		所得税费用	280	

要求：根据上述资料填制甲公司 2015 年度利润表（"上期金额"栏省略），如表 9-15 所示。

表 9-15 利润表

编制单位： 年 单位：万元

项目	本期金额	上期金额
一、营业收入		
减：营业成本		
营业税金及附加		
销售费用		
管理费用		
财务费用		
资产减值损失		
加：公允价值变动收益（损失以"-"号填列）		

续表

项目	本期金额	上期金额
投资收益（损失以"-"号填列）		
其中：对联营企业和合营企业的投资收益		
二、营业利润（亏损以"-"号填列）		
加：营业外收入		
减：营业外支出		
其中：非流动准则处置损失		
三、利润总额（亏损以"-"号填列）		
减：所得税费用		
四、净利润（净亏损以"-"号填列）		
五、其他综合收益的税后净额		
六、综合收益总额		
七、每股收益		
（一）基本每股收益		
（二）稀释每股收益		

第十章

账务处理程序

本章学习目标

1. 了解常用账务处理程序的种类。
2. 理解账务处理程序的含义。
3. 理解汇总记账凭证账务处理程序的特点、程序、优缺点及适用范围。
4. 掌握记账凭证和科目汇总表账务处理程序的特点、优缺点及适用范围。

第一节 账务处理程序概述

账务处理程序也称会计核算形式或会计核算组织程序,是指会计凭证、会计账簿和会计报表相结合的方式。各单位进行会计核算,首先应根据国家统一会计制度的要求,结合本单位的实际情况和具体条件,设计适应本单位特点的账务处理程序,以提高会计质量和效率,充分发挥会计核算和监督的作用。各单位具体的账务处理程序虽有差异,但基本程序都是一致的,即业务发生时,首先取得原始凭证,根据审核无误的原始凭证登记记账凭证、根据记账凭证等登记相关账簿、根据账簿编制财务报表。各单位基本账务处理程序如图10-1所示。

图10-1 基本账务处理程序

在我国,常用的账务处理程序主要有以下几种。

(1)记账凭证账务处理程序。

(2) 汇总记账凭证账务处理程序。

(3) 科目汇总表账务处理程序。

(4) 多栏式日记账账务处理程序。

(5) 日记总账账务处理程序。

各种账务处理程序之间的区别在于登记总分类账的依据和方法不同。在实际选择某种账务处理程序时，应从本单位实际情况出发，在保证会计核算质量、提高会计核算工作效率的基础上，力求降低会计核算成本。

第二节 记账凭证账务处理程序

一、记账凭证账务处理程序的特点

记账凭证账务处理程序是指根据经济业务发生所填制的记账凭证直接逐笔登记总账的一种账务处理程序。记账凭证账务处理程序的主要特点是：直接根据记账凭证逐笔登记总账。它是最基本的账务处理程序，其他账务处理程序一般是在这种账务处理程序的基础上发展形成的。

在记账凭证账务处理程序下，记账凭证一般采用专用记账凭证（收款凭证、付款凭证和转账凭证）或通用记账凭证，总账和日记账的格式均可采用借、贷、余三栏式，明细账可以根据管理的需要按明细科目设置，采用三栏式、多栏式或数量金额式等。为了尽量减少记账凭证的数量，减轻登记总账的工作量，简化核算手续，在采用记账凭证账务处理程序时，应尽可能地将业务内容相同的原始凭证先编制成原始凭证汇总表，再根据原始凭证汇总表编制记账凭证，进而登记总账。

二、记账凭证账务处理程序的基本步骤

记账凭证账务处理程序下，企业处理经济业务的步骤一般可归纳如下。

(1) 经济业务发生后，根据有关的原始凭证或原始凭证汇总表编制记账凭证。

(2) 根据收款凭证、付款凭证逐笔登记现金日记账和银行存款日记账。

(3) 根据记账凭证及所附原始凭证、原始凭证汇总表，逐笔登记各种明细账。

(4) 根据记账凭证逐笔登记总账。

(5) 月末将日记账、明细账的余额与有关总账的余额相核对。

(6) 月末根据总账和明细账的资料编制财务报表。

记账凭证账务处理程序的基本步骤如图 10-2 所示。

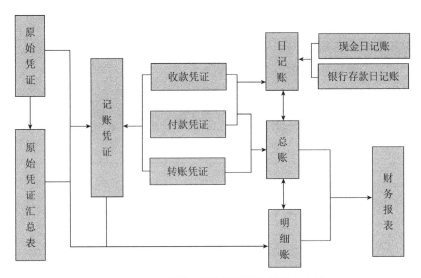

图 10-2 记账凭证账务处理程序的基本步骤

三、记账凭证账务处理程序的优缺点及适用范围

（1）优点：记账凭证账务处理程序的优点是方法简单，易于理解，能够反映账户之间的对应关系，总账能详细地反映每项经济业务的发生情况，便于分析和检查。

（2）缺点：记账凭证账务处理程序要求根据记账凭证逐笔登记总账，总账登记工作量比较大。

（3）适用范围：记账凭证账务处理程序一般只适用于经营规模较小、业务量不大、凭证数量不多的单位。

第三节 汇总记账凭证账务处理程序

一、汇总记账凭证账务处理程序的特点

汇总记账凭证账务处理程序是指根据原始凭证或原始凭证汇总表编制记账凭证，再根据记账凭证定期汇总编制汇总记账凭证，根据汇总记账凭证登记总账的一种账务处理程序。这种账务处理程序的特点是定期将记账凭证汇总编制成汇总记账凭证，然后再根据汇总记账凭证登记总账。

采用汇总记账凭证账务处理程序时，记账凭证一般采用专用记账凭证（收款凭证、付款凭证和转账凭证），与其他账务处理程序相比，汇总记账凭证账务处理程序的独特之处在于需要编制汇总记账凭证，汇总记账凭证也属于记账凭证的一种，包括汇总收款凭证、汇总付款凭证和汇总转账凭证。总账和日记账的格式一般采用借、贷、余三栏式，明细账可根据管理的需要按明细科目设置，采用三栏式、多栏式或数量金额式等。

二、汇总记账凭证账务处理程序的基本步骤

汇总记账凭证账务处理程序的步骤一般可归纳如下。

（1）经济业务发生后，根据有关的原始凭证或原始凭证汇总表编制记账凭证。
（2）根据收款凭证、付款凭证逐笔登记现金日记账和银行存款日记账。
（3）根据记账凭证及所附原始凭证、原始凭证汇总表，逐笔登记明细账。
（4）根据收款凭证、付款凭证和转账凭证，定期编制汇总收款凭证、汇总付款凭证和汇总转账凭证。
（5）根据各种汇总记账凭证登记总账。
（6）月末，将日记账和明细账的余额与有关总账的余额相核对。
（7）月末，根据总账和明细账的资料编制财务报表。
汇总记账凭证账务处理程序的基本步骤如图10-3所示。

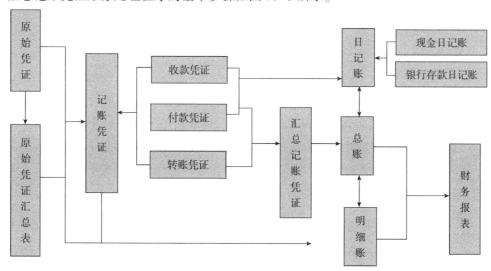

图10-3　汇总记账凭证账务处理程序的基本步骤

三、汇总记账凭证的种类与编制方法

汇总记账凭证是在填制各种专用记账凭证的基础上，按照一定的方法进行汇总编制而成的。汇总记账凭证的种类不同，其编制方法也有所不同。

（一）汇总收款凭证

汇总收款凭证按照"库存现金"或"银行存款"的借方科目设置，定期（每5天或10天等）按相应的贷方科目汇总填列，并据此登记总账的各有关账户。汇总收款凭证填制的依据是专用记账凭证中的收款凭证，其格式如表10-1所示。

表10-1　汇总收款凭证

借方科目：　　　　　　　　　　　　　年　月　　　　　　　　　　　　　　汇收　号

贷方科目	金额				总账账页	
	1—10日	11—20日	21—31日	合　计	借　方	贷　方
合　计						

（二）汇总付款凭证

汇总付款凭证按照"库存现金"或"银行存款"的贷方科目设置，定期（每5天或10天等）按相应的借方科目汇总填列，并据此登记总账的各有关账户。汇总付款凭证填制的依据是专用记账凭证中的付款凭证，其格式如表10-2所示。

表10-2　汇总付款凭证

贷方科目：　　　　　　　　　　　　年　月　　　　　　　　　　　　汇付　　号

借方科目	金额				总账账页	
	1—10日	11—20日	21—31日	合计	借方	贷方
合计						

（三）汇总转账凭证

汇总转账凭证按照专用记账凭证中的转账凭证填制，按转账凭证的贷方科目设置，定期（每5天或10天等）按相应的借方科目汇总填列，并据此登记总账的各有关账户。为了便于编制汇总转账凭证，在日常编制转账凭证时，不宜编制多借多贷的会计分录。这是因为汇总转账凭证是按照贷方科目设置的，多借多贷的会计分录容易使汇总工作出现差错，给汇总工作带来不便。汇总转账凭证的格式如表10-3所示。

表10-3　汇总转账凭证

贷方科目：　　　　　　　　　　　　年　月　　　　　　　　　　　　汇转　　号

借方科目	金额				总账账页	
	1—10日	11—20日	21—31日	合计	借方	贷方
合计						

【例10-1】光明公司201×年4月编制的记账凭证（记账凭证以会计分录代替）如下。

(1) 1日　　借：银行存款　　　　　　　　　　　　　　339 000
　　　　　　　　贷：主营业务收入　　　　　　　　　　　　　　300 000
　　　　　　　　　　应交税费——应交增值税（销项税额）　　39 000

(2) 2日　　借：银行存款　　　　　　　　　　　　　　32 000
　　　　　　　　贷：应收账款　　　　　　　　　　　　　　　　32 000

(3) 6日　　借：银行存款　　　　　　　　　　　　　　10 000
　　　　　　　　贷：库存现金　　　　　　　　　　　　　　　　10 000

(4) 8日　　借：管理费用　　　　　　　　　　　　　　20 000
　　　　　　　　贷：库存现金　　　　　　　　　　　　　　　　20 000

(5) 9日　　借：原材料　　　　　　　　　　　　　　　20 000
　　　　　　　　　应交税费——应交增值税（进项税额）　2 600

             贷：应付账款   22 600
（6）10日 借：银行存款   113 000
             贷：主营业务收入   100 000
                 应交税费——应交增值税（销项） 13 000
（7）14日 借：银行存款   16 000
             贷：应收账款   16 000
（8）18日 借：管理费用   4 000
             贷：库存现金   4 000
（9）20日 借：原材料   80 000
             应交税费——应交增值税（进项税额） 10 400
             贷：应付账款   90 400
（10）21日 借：在途物资   50 000
             应交税费——应交增值税（进项税额） 6 500
             贷：应付账款   56 500
（11）23日 借：应付账款   22 600
             贷：银行存款   22 600

根据上述记账凭证编制汇总记账凭证，如表10-4～表10-7所示。

表10-4 汇总收款凭证

借方科目：银行存款　　　　　　　201×年4月　　　　　　　　汇收1号

单位：元

贷方科目	金额				总账账页	
	1—10日	11—20日	21—30日	合计	借方	贷方
主营业务收入	400 000			400 000		
应交税费	52 000	16 000		52 000		
应收账款	32 000			48 000		
合计	484 000	16 000		500 000		

表10-5 汇总付款凭证

贷方科目：库存现金　　　　　　　201×年4月　　　　　　　　汇付1号

单位：元

借方科目	金额				总账账页	
	1—10日	11—20日	21—30日	合计	借方	贷方
银行存款	10 000			10 000		
管理费用	20 000	4 000		24 000		
合计	30 000	4 000		34 000		

表10-6 汇总付款凭证

贷方科目：银行存款　　　　　　　　　201×年4月　　　　　　　　　　　　汇付2号

单位：元

借方科目	金　额				总账账页	
	1—10日	11—20日	21—30日	合计	借方	贷方
应付账款			22 600	22 600		
合　计				22 600		

表10-7 汇总转账凭证

贷方科目：应付账款　　　　　　　　　201×年4月　　　　　　　　　　　　汇转1号

单位：元

借方科目	金　额				总账账页	
	1—10日	11—20日	21—30日	合计	借方	贷方
原材料	20 000	80 000		100 000		
应交税费	2 600	10 400	6 500	19 500		
在途物资			50 000	50 000		
合　计	22 600	90 400	56 500	169 500		

根据汇总记账凭证登记"银行存款"总账、"应付账款"总账，如表10-8和表10-9所示。

表10-8 总账（银行存款）

账户名称：银行存款　　　　　　　　　　　　　　　　　　　　　　　　　　单位：元

201×年		凭证字号	摘要	对方科目	借方	贷方	借或贷	余额
月	日							
4	1		期初余额				借	200 632
		汇收1		主营业务收入	400 000			
		汇收1		应交税费	52 000			
		汇收1		应收账款	48 000			
		汇付1		库存现金	10 000			
		汇付2		应付账款		22 600	借	688 032
			本月合计		510 000	22 600		

表 10-9　总账（应付账款）

账户名称：应付账款　　　　　　　　　　　　　　　　　　　　　　　　　　　单位：元

201×年		凭证字号	摘要	对方科目	借方	贷方	借或贷	余额
月	日							
4	1		期初余额				贷	30 000
	30	汇转1		原材料		100 000		
				应交税费		19 500		
				在途物资		50 000		
		汇付2		银行存款	22 600		贷	176 900
			本月合计		22 600	169 500		

四、汇总记账凭证账务处理程序的优缺点及适用范围

（1）优点：根据定期编制的汇总记账凭证登记总账，简化了登记总账的工作，减轻了登记总账的工作量。汇总记账凭证能够清楚地反映各账户之间的对应关系，出现差错易于查找。

（2）缺点：由于汇总记账凭证账务处理程序的转账凭证是按每一账户贷方科目，而不是按经济业务的性质归类汇总的，因而不利于日常工作的合理分工；而且在经济业务比较零星、同一贷方科目的转账凭证数量不多的情况下，汇总转账凭证编制工作量比较大。

（3）适用范围：汇总记账凭证账务处理程序适用于规模较大、业务较多的大型企业或单位。

第四节　科目汇总表账务处理程序

一、科目汇总表账务处理程序的特点

科目汇总表账务处理程序又称记账凭证汇总表账务处理程序，是指根据记账凭证先定期编制科目汇总表，然后根据科目汇总表登记总账的一种账务处理程序。科目汇总表账务处理程序的主要特点是定期地根据记账凭证汇总编制科目汇总表，然后根据科目汇总表登记总账。

采用科目汇总表账务处理程序时，记账凭证一般采用专用记账凭证（收款凭证、付款凭证和转账凭证）或通用记账凭证。与其他账务处理程序相比，科目汇总表账务处理程序的独特之处在于需要编制科目汇总表。科目汇总表又称记账凭证汇总表，是将定期内的全部记账凭证，按会计科目进行归类，计算出每一总账科目的本期借方、贷方发生额，并进行试算平衡所编制的汇总表。科目汇总表也属于记账凭证的一种。总账和日记账的格式一般采用借、贷、余三栏式，明细账可根据管理的需要按明细科目设置，采用三栏式、多栏式或数量金额式等。

二、科目汇总表账务处理程序的基本步骤

在运用科目汇总表账务处理程序时，企业处理经济业务的步骤一般可归纳如下。

（1）经济业务发生后，根据有关的原始凭证或原始凭证汇总表编制记账凭证。
（2）根据收款凭证、付款凭证逐笔登记现金日记账和银行存款日记账。
（3）根据记账凭证及所附原始凭证、原始凭证汇总表，逐笔登记各种明细账。
（4）根据记账凭证定期编制科目汇总表。
（5）根据科目汇总表登记总账。
（6）日记账、明细账分别与总账定期核对。
（7）根据总账、明细账和其他有关资料编制财务报表。

科目汇总表账务处理程序的基本步骤如图10-4所示。

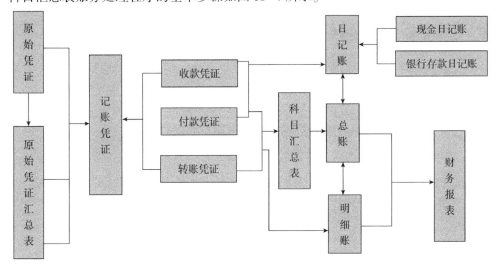

图10-4 科目汇总表账务处理程序的基本步骤

三、科目汇总表的编制

科目汇总表是根据专用记账凭证或通用记账凭证汇总编制而成的，其基本的编制方法是：首先根据一定时期内的全部记账凭证按照相同会计科目进行归类，定期（每10天、15天，或每月一次）分别汇总每一账户借方发生额合计与贷方发生额合计。在会计实务中，一般先通过T型账户进行汇总，即编制科目汇总表的工作底稿，然后将每一账户发生额合计数填列在科目汇总表中，最后计算出所有会计科目的借方发生额合计与贷方发生额合计，并进行试算平衡。试算平衡后，将科目汇总表中各科目的借、贷方发生额合计数记入相应的总分类账。如果试算不平衡，说明在前面环节还存在错误，应该找出问题，直到试算平衡后才能据此登记总账。科目汇总表的基本格式与发生额试算平衡表基本相似，但与汇总记账凭证的汇总方法有所不同，科目汇总表是按照每一科目的发生额进行汇总，而汇总记账凭证是按照汇总收款凭证、汇总付款凭证和汇总转账凭证分别编制。

【例10-2】沿用【例10-1】的资料，根据光明公司201×年4月的记账凭证编制科目汇总表。

为了正确编制科目汇总表，应首先通过 T 型账户对每一账户发生额合计数进行汇总，即编制科目汇总表的工作底稿，如图 10-5 所示。

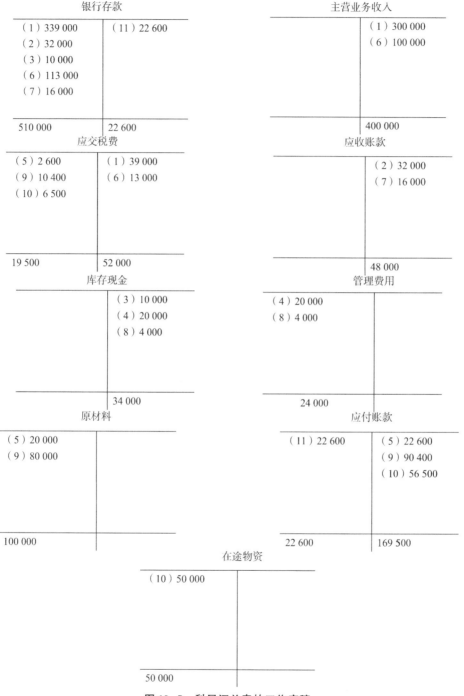

图 10-5 科目汇总表的工作底稿

将每一账户发生额合计数填列在科目汇总表中，最后计算出所有会计科目的借方发生额合计与贷方发生额合计，并进行试算平衡。科目汇总表的编制如表 10-10 所示。

表 10-10 科目汇总表　　　　　　　　　　　　　　　　　　　　科汇 1 号

单位：元

会计科目	借方发生额	贷方发生额
银行存款	510 000	22 600
主营业务收入		400 000
应交税费	19 500	52 000
应收账款		48 000
库存现金		34 000
管理费用	24 000	
原材料	100 000	
应付账款	22 600	169 500
在途物资	50 000	
合计	726 100	726 100

根据科目汇总表登记"银行存款"总账、"应付账款"总账，如表 10-11 和表 10-12 所示。

表 10-11　总账（银行存款）

账户名称：银行存款　　　　　　　　　　　　　　　　　　　　　　　　　　　单位：元

201×年		凭证字号	摘要	借方	贷方	借或贷	余额
月	日						
4	1		期初余额			借	200 632
	30	科汇 1	本月合计	510 000	22 600	借	688 032

表 10-12　总账（应付账款）

账户名称：应付账款　　　　　　　　　　　　　　　　　　　　　　　　　　　单位：元

201×年		凭证字号	摘要	借方	贷方	借或贷	余额
月	日						
4	1		期初余额			贷	30 000
	30	科汇 1	本月合计	22 600	169 500	贷	176 900

从上述结果可以看出，汇总记账凭证账务处理程序和科目汇总表账务处理程序的区别只是登记总账的依据和方法不同，不影响总账登记的结果，即两种账务处理程序下，各账户的发生额合计数与期末余额是相同的。

四、科目汇总表账务处理程序的优缺点及适用范围

（1）优点：根据科目汇总表登记总账，大大简化了登记总账的工作量，而且通过科目汇总表的编制，可以将各科目本期借、贷方发生额的合计数进行试算平衡，在一定程度上能

够保证总账登记的正确性。

(2) 缺点：科目汇总表不分对应科目进行汇总，不能反映各科目的对应关系，不便于对经济业务进行分析和检查。

(3) 适用范围：科目汇总表账务处理程序应用范围比较广，一般规模较大、经济业务较多的企业都可以采用。

五、科目汇总表账务处理程序的应用

【例10-3】光明水泵制造有限公司为增值税一般的纳税人，201×年5月1日各有关账户的期初余额如表10-13所示。

表10-13 201×年5月1日各有关账户的期初余额

光明水泵制造有限公司　　　　　201×年5月1日　　　　　　　　　　　　单位：元

账户	借方余额	贷方余额
库存现金	10 000	
银行存款	351 632	
应收账款	6 900	
原材料	24 000	
库存商品	61 532	
固定资产	430 000	
累计折旧		114 864
应付票据		6 200
应付职工薪酬		7 000
本年利润		56 000
实收资本		600 000
利润分配		100 000
合计	884 064	884 064

光明水泵制造有限公司主要生产潜水泵和离心泵，201×年5月发生如下经济业务。

(1) 1日，出纳员张玲填制现金交款单，将2 000元现金存入银行。

(2) 6日，购入一批钢材，取得的增值税专用发票上注明价款为30 000元，进项税额为3 900元，通过支票付款，材料已完成验收并入库。

(3) 7日，购入一批钢材，取得的增值税专用发票上注明价款为21 000元，进项税额为2 730元，开出期限为3个月的商业承兑汇票，材料已完成验收并入库。

(4) 8日，采购员用现金购买办公用品，花费780元。

(5) 12日，收到银行入账通知单，福达公司转来所欠货款6 900元，已汇入公司账户。

（6）13 日，开出转账支票，支付职工薪酬 62 000 元。

（7）17 日，销售产品潜水泵，开出增值税专用发票上注明价款为 126 000 元，销项税额为 16 380 元，款项已收到并存入银行。

（8）月末，统计本月共领用原材料 42 000 元用于潜水泵的生产，领用原材料 18 000 元用于离心泵的生产。

（9）月末，进行工资核算。根据工资费用分配表，本月生产工人工资共计 40 000 元，按生产工时比例分配，同当月福利费共同发放。其中，生产潜水泵职工薪酬 29 640 元，生产离心泵职工薪酬 15 960 元，车间管理人员薪酬 5 700 元，行政管理人员薪酬 19 380 元。

（10）月末，计提折旧，其中生产车间固定资产计提折旧 2 416 元，行政管理部门固定资产计提折旧 1300 元。

（11）月末，按照生产工人工资比例分配结转制造费用。归集本月发生制造费用 8 116 元，根据分配比率，潜水泵应分配制造费用 5 275.4 元，离心泵应分配制造费用 2 840.6 元。

（12）月末，结转完工入库产品成本，其中潜水泵本月投产本月全部完工，离心泵本月投产本月尚未完工。根据产品入库单，结转本月完工潜水泵的生产成本为 76 915.4 元。

（13）月末，结转已销产品成本，其中潜水泵本月销售成本 53 840.5 元。

（14）月末计算本月应交城市维护建设税 892.5 元，教育费附加 382.5 元，地方教育附加 127.5 元。

（15）月末，结转本月应交而未交的增值税 12 750 元。

（16）月末，将损益类账户"主营业务收入"126 000 元、"主营业务成本"53 840.50 元、"税金及附加"1 402.5 元、"管理费用"21 460 元结转到"本年利润"账户。

（17）月末，计算并结转本月应交所得税 16 268.01 元。

（一）根据记账凭证，登记现金日记账和银行存款日记账

现金日记账和银行存款日记账如表 10-14 和表 10-15 所示。

表 10-14 现金日记账

单位：元

201×年		凭证字号	摘要	借方	贷方	余额
月	日					
5	1		期初余额			10 000
	1	现付 1	现金存入银行		2 000	8 000
	8	现付 2	购办公用品		780	7 220
	31		本月合计		2 780	

表 10-15　银行存款日记账

单位：元

201×年		凭证字号	摘要	借方	贷方	余额
月	日					
5	1		期初余额			351 632
	1	现付1	现金存入银行	2 000		353 632
	6	银付1	购材料		33 900	319 732
	12	银收1	收回货款	6 900		326 632
	13	银付2	支付工资		62 000	264 632
	17	银收2	销售潜水泵	142 380		407 012
	31		本月合计	151 280	95 900	

（二）根据记账凭证和原始凭证登记明细账

"应收账款""生产成本""原材料"明细账如表 10-16 至表 10-19 所示，企业其他明细账略。（明细账的格式基本为三栏式、多栏式、数量金额式，书中各举一例）

表 10-16　应收账款明细账

账户名称：福达建筑有限公司　　　　　　　　　　　　　　　　　　　　　　　单位：元

201×年		凭证字号	摘要	对方科目	借方	贷方	借或贷	余额
月	日							
5	1		期初余额				借	6 900
	12	银收1	银收	收回货款		6 900	平	0

表 10-17　生产成本明细账

账户名称：潜水泵　　　　　　　　　　　　　　　　　　　　　　　　　　　　单位：元

201×年		凭证字号	摘要	借方				贷方	余额
月	日			直接材料	直接人工	制造费用	合计		
5	31	转2	领料	42 000			42 000		42 000
		转3	工资		29 640		29 640		71 640
		转5	结转			5 275.4	5 275.4		76 915.4
		转6	完工					76 915.4	0
			本月合计	42 000	29 640	5 275.4	76 915.4		

表10-18 生产成本明细账

账户名称：离心泵　　　　　　　　　　　　　　　　　　　　　　　　　　单位：元

201×年		凭证字号	摘要	借方				贷方	余额
月	日			直接材料	直接人工	制造费用	合计		
5	31	转2	领料	18 000			18 000		18 000
		转3	工资		15 960		15 960		33 960
		转5	结转			2 840.6	2 840.6		36 800.6
			本月合计	18 000	15 960	2 840.6	36 800.6		

表10-19 原材料明细账

账户名称：钢材　　　　　　　　　　　　　　　　　　　　　　　　　　　　单位：元

201×年		摘要	收入			发出			结存		
月	日		数量	单价	金额	数量	单价	金额	数量	单价	金额
5	1	期初							800	30	24 000
	6	购进	1000	30	30 000				1 800	30	54 000
	7	购进	700	30	21 000				2 500	30	75 000
	16	发出				2 000	30	60 000	500	30	15 000
5	31	本月合计	1 700		51 000	2 000		60 000			

（三）根据记账凭证编制科目汇总表

科目汇总表如表10-20所示。

表10-20 科目汇总表　　　　　　　　　　　　　　　　　　　　　　　　科汇1号
单位：元

会计科目	借方发生额	贷方发生额
原材料	51 000	60 000
应交税费	19 380	46 800.51
银行存款	151 280	95 900
管理费用	21 460	21 460
库存现金		2 780
应收账款		6 900
应付票据		23 730
应付职工薪酬	62 000	70 680
主营业务收入	126 000	126 000
生产成本	113 716	76 915.4

续表

会计科目	借方	贷方
制造费用	8 116	8 116
累计折旧		3 716
库存商品	76 915.4	53 840.5
主营业务成本	53 840.5	53 840.5
税金及附加	1 402.5	1 402.5
本年利润	92 971.01	126 000
所得税费用	16 268.01	16 268.01
合计	794 349.42	794 349.42

（四）根据科目汇总登记总账

总账建账一般按照资产类、负债类、所有者权益类、成本类、损益类的顺序进行。总账如表10-21～表10-40所示。

表10-21 总账（库存现金）

账户名称：库存现金　　　　　　　　　　　　　　　　　　　　　　　　　　单位：元

201×年		凭证字号	摘要	借方	贷方	借或贷	余额
月	日						
5	1		期初余额			借	10 000
5	31	科汇1	本月合计		2 780	借	7 220

表10-22 总账（银行存款）

账户名称：银行存款　　　　　　　　　　　　　　　　　　　　　　　　　　单位：元

201×年		凭证字号	摘要	借方	贷方	借或贷	余额
月	日						
5	1		期初余额			借	351 632
5	31	科汇1	本月合计	151 280	95 900	借	410 852

表10-23 总账（应收账款）

账户名称：应收账款　　　　　　　　　　　　　　　　　　　　　　　　　　单位：元

201×年		凭证字号	摘要	借方	贷方	借或贷	余额
月	日						
5	1		期初余额			借	6 900
5	31	科汇1	本月合计		6 900	平	0

表 10-24 总账（原材料）

账户名称：原材料　　　　　　　　　　　　　　　　　　　　　　　　　　　　　单位：元

201×年		凭证字号	摘要	借方	贷方	借或贷	余额
月	日						
5	1		期初余额			借	24 000
5	31	科汇1	本月合计	51 000	60 000	借	15 000

表 10-25 总账（库存商品）

账户名称：库存商品　　　　　　　　　　　　　　　　　　　　　　　　　　　　单位：元

201×年		凭证字号	摘要	借方	贷方	借或贷	余额
月	日						
5	1		期初余额			借	61 532
5	31	科汇1	本月合计	76 915.4	53 840.5	借	84 606.9

表 10-26 总账（固定资产）

账户名称：固定资产　　　　　　　　　　　　　　　　　　　　　　　　　　　　单位：元

201×年		凭证字号	摘要	借方	贷方	借或贷	余额
月	日						
5	1		期初余额			借	430 000

表 10-27 总账（累计折旧）

账户名称：累计折旧　　　　　　　　　　　　　　　　　　　　　　　　　　　　单位：元

201×年		凭证字号	摘要	借方	贷方	借或贷	余额
月	日						
5	1		期初余额			贷	114 864
5	31	科汇1	本月合计		3 716	贷	118 580

表 10-28 总账（应付票据）

账户名称：应付票据　　　　　　　　　　　　　　　　　　　　　　　　　　　　单位：元

201×年		凭证字号	摘要	借方	贷方	借或贷	余额
月	日						
5	1		期初余额			贷	6 200
5	31	科汇1	本月合计		23 730	贷	29 930

表10-29　总账（应交税费）

账户名称：应交税费　　　　　　　　　　　　　　　　　　　　　　　　　　单位：元

201×年		凭证字号	摘要	借方	贷方	借或贷	余额
月	日						
5	31		本月合计	19 380	46 800.51	贷	27 420.51

表10-30　总账（应付职工薪酬）

账户名称：应付职工薪酬　　　　　　　　　　　　　　　　　　　　　　　　单位：元

201×年		凭证字号	摘要	借方	贷方	借或贷	余额
月	日						
5	1		期初余额			贷	7 000
5	31	科汇1	本月合计	62 000	70 680	贷	15 680

表10-31　总账（实收资本）

账户名称：实收资本　　　　　　　　　　　　　　　　　　　　　　　　　　单位：元

201×年		凭证字号	摘要	借方	贷方	借或贷	余额
月	日						
5	1		期初余额			贷	600 000
5							

表10-32　总账（本年利润）

账户名称：本年利润　　　　　　　　　　　　　　　　　　　　　　　　　　单位：元

201×年		凭证字号	摘要	借方	贷方	借或贷	余额
月	日						
5	1		期初余额			贷	56 000
5	31	科汇1	本月合计	92 971.01	126 000	贷	89 028.99

表10-33　总账（利润分配）

账户名称：利润分配　　　　　　　　　　　　　　　　　　　　　　　　　　单位：元

201×年		凭证字号	摘要	借方	贷方	借或贷	余额
月	日						
5	1		期初余额			贷	100 000

表 10-34 总账（制造费用）

账户名称：制造费用　　　　　　　　　　　　　　　　　　　　　　　　　　　　单位：元

201×年		凭证字号	摘要	借方	贷方	借或贷	余额
月	日						
5	1	科汇1	本月合计	8 116	8 116	平	0

表 10-35 总账（生产成本）

账户名称：生产成本　　　　　　　　　　　　　　　　　　　　　　　　　　　　单位：元

201×年		凭证字号	摘要	借方	贷方	借或贷	余额
月	日						
5	1	科汇1	本月合计	113 716	76 915.4	借	36 800.6

表 10-36 总账（主营业务收入）

账户名称：主营业务收入　　　　　　　　　　　　　　　　　　　　　　　　　　单位：元

201×年		凭证字号	摘要	借方	贷方	借或贷	余额
月	日						
5	1	科汇1	本月合计	126 000	126 000	平	0

表 10-37 总账（主营业务成本）

账户名称：主营业务成本　　　　　　　　　　　　　　　　　　　　　　　　　　单位：元

201×年		凭证字号	摘要	借方	贷方	借或贷	余额
月	日						
5	1	科汇1	本月合计	53 840.5	53 840.5	平	0

表 10-38 总账（税金及附加）

账户名称：税金及附加　　　　　　　　　　　　　　　　　　　　　　　　　　　单位：元

201×年		凭证字号	摘要	借方	贷方	借或贷	余额
月	日						
5	1	科汇1	本月合计	1 402.5	1 402.5	平	0

表 10-39 总账（管理费用）

账户名称：管理费用　　　　　　　　　　　　　　　　　　　　　　　　　　单位：元

201×年		凭证字号	摘要	借方	贷方	借或贷	余额
月	日						
5	1	科汇1	本月合计	21 460	21 460	平	0

表 10-40 总账（所得税费用）

账户名称：所得税费用　　　　　　　　　　　　　　　　　　　　　　　　　单位：元

201×年		凭证字号	摘要	借方	贷方	借或贷	余额
月	日						
5	1	科汇1	本月合计	16 268.01	16 268.01	平	0

（五）对账

总账登记后，月末应进行对账。日记账与总账进行核对，生产成本明细账与总账进行核对，如表 10-41、表 10-42 所示。其他明细账与总账的核对从略。

表 10-41 日记账与总账核对

单位：元

账户名称	月初余额（借）	本期发生额		月末余额（借）
		借方	贷方	
现金日记账	10 000		2 780	7 220
现金总账	10 000		2 780	7 220
银行存款日记账	351 632	151 280	95 900	407 012
银行存款总账	351 632	151 280	95 900	407 012

表 10-42 生产成本明细账与总账核对

单位：元

明细账户名称	月初余额（借）	本期发生额		月末余额（借）
		借方	贷方	
潜水泵		76 915.4	76 915.4	0
离心泵		36 800.6		36 800.6
合计		113 716	76 915.4	36 800.6

根据表 10-42 中的合计金额，与生产成本总账的月初余额，本期借、贷方发生额和月末余额核对相符。

在对账工作中，最重要的是总账的核对，即企业所有总账期末借方余额合计等于所有总账期末贷方余额合计。总账期末余额试算平衡表如表 10-43 所示。

表 10-43　总账期末余额试算平衡表

单位：元

总账账户名称	借方余额	贷方余额
库存现金	7 220	
银行存款	407 012	
原材料	15 000	
库存商品	84 606.9	
固定资产	430 000	
累计折旧		118 580
应付票据		29 930
应付职工薪酬		15 680
应交税费		27 420.51
实收资本		600 000
本年利润		89 028.99
利润分配		100 000
生产成本	36 800.6	
合计	980 639.5	980 639.5

（六）编制财务报表

对账无误后，根据总账、明细账编制资产负债表和利润表，如表 10-44、表 10-45 所示。

表 10-44　资产负债表

会企 01 表

编制单位：光明水泵制造有限公司　　　201×年5月31日　　　单位：元

资产	年初数	期末数	负债及所有者权益	年初数	期末数
流动资产：		（略）	流动负债：		（略）
货币资金	414 232		短期借款		
交易性金融资产			交易性金融负债		
衍生金融资产			衍生金融负债		
应收票据及应收账款			应付票据及应付账款	29 930	
预付款项			预收款项		
其他应收款			合同负债		
存货	136 407.5		应付职工薪酬	15 680	
合同资产			应交税费	27 420.51	

续表

资产	年初数	期末数	负债及所有者权益	年初数	期末数
持有待售资产			其他应付款		
一年内到期的非流动资产			持有待售负债		
其他流动资产			一年内到期的非流动负债		
流动资产合计	550 639.5		其他流动负债		
非流动资产：			流动负债合计	73 030.51	
债权投资			非流动负债：		
其他债权投资			长期借款		
长期应收款			应付债券		
长期股权投资			其中：优先股		
其他权益工具投资			永续债		
其他非流动金融资产			长期应付款		
投资性房地产			预计负债		
固定资产	311 420		递延收益		
在建工程			递延所得税负债		
生产性生物资产			其他非流动负债		
油气资产			非流动负债合计		
无形资产			负债合计	73 030.51	
开发支出			所有者权益：		
商誉			实收资本	600 000	
长期待摊费用			其他权益工具		
递延所得税资产			其中：优先股		
其他非流动资产			永续债		
非流动资产合计	311 420		资本公积		
			减：库存股		
			其他综合收益		
			盈余公积		
			未分配利润	189 028.99	
			所有者权益合计	789 028.99	
资产总计	862 059.5		负债和所有者权益总计	862 059.5	

表 10-45　利润表

会企02表
编制单位：光明水泵制造有限公司　　201×年5月　　单位：元

项目	本期金额	上期金额
一、营业收入	126 000	（略）
减：营业成本	53 840.5	
税金及附加	1 402.5	
销售费用		
管理费用	21 460	
研发费用		
财务费用		
其中：利息费用		
利息收入		
资产减值损失		
信用减值损失		
加：其他收益		
投资收益（损失以"-"号填列）		
其中：对联营企业和合营企业的投资收益		
公允价值变动收益（损失以"-"号填列）		
资产处置收益（损失以"-"号填列）		
二、营业利润（亏损以"-"号填列）	49 297	
加：营业外收入		
减：营业外支出		
三、利润总额（亏损总额以"-"号填列）	49 297	
减：所得税费用	16 268.01	
四、净利润（净亏损以"-"号填列）	33 028.99	
（一）持续经营净利润（净亏损以"-"号填列）		
（二）终止经营净利润（净亏损以"-"号填列）		
五、其他综合收益的税后净额		
（一）不能重分类进损益的其他综合收益		
1. 重新计量设定受益计划变动额		

续表

项目	本期金额	上期金额
2. 权益法下不能转损益的其他综合收益		
3. 其他权益工具投资公允价值变动		
4. 企业自身信用风险公允价值变动		
……		
（二）将重分类进损益的其他综合收益		
1. 权益法下可转损益的其他综合收益		
2. 其他债权投资公允价值变动		
3. 金融资产重分类计入其他综合收益的金额		
4. 其他债权投资信用减值准备		
5. 现金流量套期储备		
6. 外币财务报表折算差额		
……		
六、综合收益总额		
七、每股收益		
（一）基本每股收益		
（二）稀释每股收益		

各种账务处理程序之间的区别在于登记总账的依据和方法不同。

比较各种账务处理程序的特点、优缺点及适用范围，如表10-46所示。

表10-46 各种账务处理程序的比较

财务处理程序	特点	优点	缺点	适用范围
记账凭证账务处理程序	根据记账凭证逐笔登记总账	反映账户对应关系；总账登记详细	总账工作量较大	规模较小业务较少
汇总记账凭证财务处理程序	根据汇总记账凭证登记总账	反映账户对应关系；总账工作量较小	不利于分工；汇总转账凭证量大	规模较大业务较多
科目汇总表账务处理程序	根据科目汇总表登记总账	试算平衡；总账工作量较小	不反映账户对应关系	规模较大业务较多

练习题

一、单项选择题

1. 会计处理组织程序是利用一定的会计方法处理企业交易或事项的具体步骤，但在下列各种方法中，不属于主要会计方法的是（　　）。

  A. 会计凭证　　　　B. 财产清查　　　C. 账簿登记　　　　D. 财务报告

2. 在下列各种会计方法中，不构成企业确定会计期间完整的会计循环的是（　　）。

  A. 会计凭证　　　　B. 账簿登记　　　C. 复式记账　　　　D. 财务报告

3. 在下列各项中，不属于建立会计处理组织程序意义的内容是（　　）。

  A. 有利于规范会计处理组织工作　　　B. 有利于交易或事项的分类反映

  C. 有利于提高会计处理工作效率　　　D. 有利于节约会计处理工作成本

4. 在下列各种会计处理组织程序的区别中，能够体现各种会计处理组织程序的显著特点，区分各种会计处理组织程序的主要标志是（　　）。

  A. 使用的记账凭证不同　　　　　　　B. 账簿的组织系统不同

  C. 登记总分类账户方式不同　　　　　D. 采用的记账方法不同

5. 在专用记账凭证会计处理组织程序下，登记总账所依据的是（　　）。

  A. 专用记账凭证　　B. 通用记账凭证　　C. 科目汇总表　　　D. 汇总记账凭证

6. 在下列各项中，不属于专用记账凭证会计处理组织程序的内容是（　　）。

  A. 交易或事项发生以后，根据有关原始凭证等填制通用记账凭证

  B. 根据各种专用记账凭证逐笔登记库存现金日记账和银行存款日记账

  C. 根据各种专用记账凭证并参考原始凭证等逐笔登记各种明细分类账

  D. 根据各种专用记账凭证逐笔登记总分类账

7. 在下列各项中，属于专用记账凭证会计处理组织程序缺点的是（　　）。

  A. 在专用记账凭证上能够清晰地反映账户之间的对应关系

  B. 总分类账登记工作量过大

  C. 在总分类账上能够比较详细地反映交易或事项的发生情况

  D. 总分类账登记方法简单，易于掌握

8. 在下列各项中，不属于专用记账凭证会计处理组织程序优点的是（　　）。

  A. 在专用记账凭证上能够清晰地反映账户之间的对应关系

  B. 在总分类账上能够比较详细地反映交易或事项的发生情况

  C. 总分类账登记方法简单，易于掌握

  D. 账页耗用较多，预留账页多少难以把握

9. 在通用记账凭证会计处理组织程序下，登记总分类账所依据的是（　　）。

  A. 专用记账凭证　　B. 通用记账凭证　　C. 科目汇总表　　　D. 汇总记账凭证

10. 在下列各项中，不属于通用记账凭证会计处理组织程序内容的是（　　）。

  A. 交易或事项发生以后，根据有关原始凭证等填制各种通用记账凭证

  B. 根据通用记账凭证逐笔登记库存现金日记账和银行存款日记账

  C. 根据通用记账凭证并参考原始凭证等逐笔登记各种明细分类账

  D. 根据通用记账凭证汇总编制会计报表

11. 在下列各项中，不属于通用记账凭证会计处理组织程序优点的是（　　）。

A. 在通用记账凭证上能够清晰地反映账户之间的对应关系

B. 总分类账登记工作量过大

C. 在总分类账上能够比较详细地反映交易或事项的发生情况

D. 总分类账登记方法简单，易于掌握

12. 科目汇总表会计处理组织程序的特点是（　　）。

A. 根据各种记账凭证直接登记总分类账

B. 根据科目汇总表登记总分类账

C. 根据汇总记账凭证登记总分类账

D. 根据有关原始凭证登记总分类账

13. 在下列各项中，不属于科目汇总表会计处理组织程序内根据有关原始凭证等填制记账凭证内容的是（　　）。

A. 交易或事项发生以后，根据有关原始凭证等填制记账凭证

B. 根据记账凭证逐笔登记库存现金日记账和银行存款日记账

C. 根据记账凭证并参考原始凭证等逐笔登记各种明细分类账

D. 根据记账凭证登记总分类账

14. 在下列各项中，不属于科目汇总表会计处理组织程序优点的是（　　）。

A. 可进行账户发生额的试算平衡

B. 可大大减轻登记总账的工作量

C. 可保证总分类账登记的正确性

D. 可清晰地反映账户之间的对应关系

15. 在下列会计处理组织程序中，无须填制专用记账凭证的是（　　）。

A. 专用记账凭证会计处理组织程序

B. 通用记账凭证会计处理组织程序

C. 汇总记账凭证会计处理组织程序

D. 科目汇总表会计处理组织程序

二、多项选择题

1. 从会计记录和会计报告方法应用的角度看，会计处理组织程序是利用一定的会计方法处理企业交易或事项的具体步骤，应用的主要会计方法有（　　）。

A. 成本计算　　　B. 会计凭证　　　C. 账簿登记

D. 复式记账　　　E. 财务报告

2. 在下列各项中，构成企业一定会计期间完整的会计循环的有（　　）。

A. 账户的设置　　　　　　　B. 会计凭证的取得和填制

C. 账簿的登记　　　　　　　D. 复式记账法的应用

E. 财务报告的编制

3. 在实务中，可供企业会计选择使用的会计凭证、会计账簿和财务报表种类繁多，企业在选用时应予考虑的情况有（　　）。

A. 自身经营活动的特点　　　　　B. 交易和事项的繁简
C. 会计凭证的种类　　　　　　　D. 会计机构和会计人员设置
E. 会计账簿的种类

4. 在下列各项中，属于建立会计处理程序意义的内容有（　　　）。
A. 有利于规范会计处理组织工作
B. 有利于保证企业会计信息质量组织
C. 有利于提高会计处理工作效率
D. 有利于节约会计处理工作成本
E. 有利于发挥会计处理工作作用

5. 在下列各项中，属于所有会计处理组织程序共同点的有（　　　）。
A. 取得或填制交易或事项凭证　　　B. 在账簿中登记交易或事项
C. 对交易或事项进行成本计算　　　D. 对外报告交易或事项
E. 对交易或事项进行财产清查

三、判断题

（　　）1. 会计处理组织程序是包括交易或事项的确认、计量和报告环节在内的处理过程。

（　　）2. 交易或事项的处理是以会计的初始确认为起点的，经过确认即可进入会计记录环节，记入有关账簿。

（　　）3. 在会计期末时，经过再次确认和计量，企业应将当期的交易和事项信息列报于财务报告文件之中，并对外报告。

（　　）4. 记账凭证包括专用记账凭证、通用记账凭证、汇总记账凭证和科目汇总表等。这些记账凭证的种类在某一特定企业中可以随意采用。

（　　）5. 专用记账凭证与通用记账凭证不能在一种会计处理组织程序中同时并用。

（　　）6. 在一种会计处理组织程序中，通用记账凭证和汇总记账凭证可以在一个企业中同时使用。

（　　）7. 专用记账凭证会计处理组织程序是最基本的会计处理组织程序。

（　　）8. 在专用记账凭证会计处理组织程序下，总分类账是根据科目汇总表汇总的数字登记的。

（　　）9. 在通用记账凭证会计处理组织程序下，应根据交易或事项发生以后所填制的专用记账凭证直接登记总分类账。

（　　）10. 科目汇总表也是一种具有汇总性质的记账凭证。

四、业务题

1. 某企业 3 月 1 日有关账户余额如表 10-47 和表 10-48 所示。

表 10-47　某企业 3 月 1 日账户期初余额

单位：元

会计科目	借方余额	会计科目	贷方余额
库存现金	5 600	累计折旧	98 500
银行存款	520 000	应付账款	86 000
原材料	120 000	应交税费	55 000
库存商品	70 000	实收资本	1 300 000
固定资产	850 000	本年利润	101 100
利润分配	75 000		
合计	1 640 600	合计	1 640 600

表 10-48　某企业 3 月 1 日原材料明细账期初余额

材料名称	计量单位	数量	单价/元	金额/元
甲材料	千克	4 000	20	80 000
乙材料	千克	1 600	25	40 000

该企业 3 月份发生了下列业务。

（1）3 日，购进甲材料 1 000 千克，单价为 20 元/千克，货款为 20 000 元，增值税进项税额为 2 600 元，材料验收入库，货款由银行存款支付。

（2）5 日，购进乙材料 600 千克，单价为 25 元/千克，货款为 15 000 元，增值税进项税额为 1 950 元，材料验收入库，款项尚未支付。

（3）12 日，仓库发出材料，发料汇总表如表 10-49 所示。

表 10-49　发料汇总表

单位：元

项目	甲材料		乙材料		合计	
	数量	金额	数量	金额	数量	金额
制造产品耗用						
A 产品	2 800	56 000	1 200	30 000		86 000
B 产品	1 300	26 000	600	15 000		41 000
车间一般耗用	400	8 000				8 000
合计	4 500	90 000	1 800	45 000		135 000

（4）16 日，从银行提取现金 100 000 元以备发工资。

（5）16 日，用现金 100 000 元发放工资。

（6）22 日，销售 A 产品，售价为 10 000 元，增值税销项税额为 1 300 元，款已存入银行。

（7）23 日，张华报销差旅费 1 890 元，退回现金 110 元。

(8) 28 日，开出一张现金支票支付广告费 2 000 元。

(9) 31 日，分配本月工资，其中 A 产品生产工人工资 10 000 元，B 产品生产工人工资 20 000 元，车间管理人员工资 5 000 元，行政管理人员工资 35 000 元。

(10) 31 日，计提车间固定资产折旧 22 300 元，行政管理部门负担的固定资产折旧 4 000 元。

(11) 31 日，结转制造费用，按生产工人工资比例分配到 A 和 B 产品成本。

(12) 31 日，结转本月完工产品成本，假设 A 产品本月投产本月完工，B 产品本月尚未完工。

(13) 31 日，结转本月的销售成本，其中 A 产品销售成本为 50 000 元。

(14) 31 日，结转损益类账户。

要求：

(1) 根据以上经济业务编制会计分录。

(2) 根据收、付款凭证登记现金日记账和银行存款日记账。

(3) 根据原始凭证、记账凭证登记原材料和生产成本明细账。

(4) 根据记账凭证逐笔登记总账。

(5) 编制总分类账户发生额及余额试算平衡表。

(6) 编制资产负债表及利润表。

2. 若第 1 题中的企业采用科目汇总表账务处理程序，根据第 1 题中的企业资料完成以下问题。

(1) 根据原始凭证、记账凭证登记原材料和生产成本明细账。

(2) 根据记账凭证编制科目汇总表。

(3) 根据科目汇总表登记总账。

(4) 编制总分类账户发生额及余额试算平衡表。

(5) 编制资产负债表及利润表。

3. 某企业 201× 2 月发生的银行存款付款业务已编制的记账凭证如下。（以会计分录代替记账凭证）

(1) 2 日，银付 1   借：长期借款   200 000
                     贷：银行存款   200 000

(2) 3 日，银付 2   借：短期借款   100 000
                     贷：银行存款   100 000

(3) 7 日，银付 3   借：库存现金   48 000
                     贷：银行存款   48 000

(4) 9 日，银付 4   借：应付账款   73 000
                     贷：银行存款   73 000

(5) 15 日，银付 5   借：预付账款   86 000
                      贷：银行存款   86 000

(6) 21日，银付6　借：在途物资　　　　　　　　　　　　30 000
　　　　　　　　　　应交税费——应交增值税（进项税额）
　　　　　　　　　　　　　　　　　　　　　　　　　　 3 900
　　　　　　　　　　贷：银行存款　　　　　　　　　　 33 900

(7) 21日，银付7　借：应付票据　　　　　　　　　　　　78 000
　　　　　　　　　　贷：银行存款　　　　　　　　　　 78 000

(8) 23日，银付8　借：其他应付款　　　　　　　　　　　 1 000
　　　　　　　　　　贷：银行存款　　　　　　　　　　　1 000

(9) 25日，银付9　借：库存现金　　　　　　　　　　　　 5 000
　　　　　　　　　　贷：银行存款　　　　　　　　　　　5 000

(10) 28日，银付10　借：在途物资　　　　　　　　　　　40 000
　　　　　　　　　　应交税费——应交增值税（进项税额）
　　　　　　　　　　　　　　　　　　　　　　　　　　 5 200
　　　　　　　　　　贷：银行存款　　　　　　　　　　 45 200

(11) 28日，银付11　借：在途物资　　　　　　　　　　　10 000
　　　　　　　　　　应交税费——应交增值税（进项税额）
　　　　　　　　　　　　　　　　　　　　　　　　　　 1 300
　　　　　　　　　　贷：银行存款　　　　　　　　　　 11 300

要求：根据上述提供的资料编制银行存款汇总付款凭证。（汇总付款凭证的格式如表10-50所示）

表10-50　汇总付款凭证

贷方科目：　　　　　　　　　　　　　　　　　　　　　　　　　汇付　　号

借方科目	金额				总账账页	
	1—10日	11—20日	21—30日	合计	借方	贷方
合计						

会计工作组织

本章学习目标

1. 了解会计工作组织的意义与原则。
2. 了解会计机构的设置、任务、作用，会计工作组织形式，会计机构负责人与会计主管，会计岗位设置与职责。
3. 掌握会计人员的职责与权限、会计人员的专业技术职务。
4. 熟悉会计档案管理的基本规定。

第一节 会计工作组织的意义与原则

会计工作是一项系统的工作，有着系统的管理和组织。从广义上来讲，凡是与组织会计工作有关的一切事项都属于会计工作；从狭义来讲，会计工作组织仅包括会计机构的设置、会计人员的配备、会计法规的制定与执行、实施与改进会计工作的技术手段，以及会计档案的保管、借阅、销毁等。把会计工作与其他经济管理工作进行有效协调，科学地组织会计工作，对全面高效地完成会计任务，充分发挥会计在经济管理中的作用具有重要的意义。

一、会计工作组织的意义

（一）科学地组织会计工作，才能保证会计工作的质量，提高会计工作的效率

会计工作是一项综合性、政策性、严密性都很强的工作，从原始凭证到记账凭证到会计账簿到会计报表，进行着收集、整理、分类、反映、计算、综合与分析活动，为下一步的预测和决策提供依据。会计工作中记录着多种多样、形式各异的经济业务，在这个过程中，技术的差错或者人为的疏忽，可能会导致会计信息失实，引起信息使用者决策失误。因此，为了顺利开展会计工作，除了要保证有合理的会计制度和人员结构，还必须确保科学严谨的规定和会计程序的执行，合理运用会计管理方法和手段。在保证会计工作质量的同时，也要注意提高会计工作效率，尽量节约会计工作时间和费用，要防止机构重叠、手续繁杂、重复劳动等不合理的现象发生。

（二）科学地组织会计工作，才能促进会计工作与企业其他职能部门管理工作的协调一致

会计工作是企业经营管理工作的重要组成部分，虽然有独立的职能，但又与其他经营管理工作有着十分密切的关系，它们之间互相影响、互相制约、互相促进。只有科学地组织好会计工作，才能做到与计划、统计、决策、管理等部门之间口径一致，相得益彰，才能与国家的财政、税务、金融等部门相互协调，使会计工作有效地为国家宏观调控和管理服务。

（三）科学地组织会计工作，才能确保国家政策、财经法规的贯彻执行，维护财经纪律

会计工作涉及的范围大、会计政策性强，并且很多问题关系到国家的财经纪律，无论是平时经济业务的处理，还是定期财务会计报告的编制，都直接或间接地涉及多方关系人的经济利益。为此，只有科学地组织会计工作，以会计法规、会计准则为准绳，制定好企业内部的会计制度，才能从组织上确保正确地执行党和国家的有关财经法规，才能有效地保护企业财产，维护企业有关各方的经济利益。

（四）科学地组织会计工作，才能保证会计职能的充分发挥和会计目标的实现

在两权分离的社会主义市场经济条件下，会计人员能否明确自身所处的地位、自我工作的目标是很重要的。一方面，会计人员要履行管理的职能，为企业不断扩大收入、降低成本、加速资金周转、开辟新型业务等献计献策；另一方面，会计人员还要客观地记载和定期披露企业管理当局运作下的企业实际财务状况和经营情况，确保给有关利益关系人的有关决策提供可靠的会计信息。这就需要依靠一定数量和具备一定素质的会计人员来完成其特有的职责，需要以科学的会计工作组织为前提。

二、会计工作组织的原则

通常，对于达到一定经营规模并有一定要求的企业应该单独设置会计机构；对于不能单独设置会计机构的企业，应在有关机构中设置会计人员并指定会计主管人员。这里的会计主管人员是指负责组织、管理会计事务，行使会计机构负责人职权的负责人，不同于通常所说的会计主管或者主管会计。对于不具备设置会计机构和会计人员条件的企业，应当委托经批准设立的、从事代理记账业务的中介机构代理记账。从事代理记账业务的机构包括会计师事务所、专业代理记账公司、从事代理记账业务的社会咨询服务机构等。

为了充分发挥会计职能，更好地完成会计任务，各企业都应遵循一定的原则，合理、有效地组织本企业的会计工作一般有以下几项基本原则。会计工作组织的原则主要如下。

（一）合规合法、满足国家对会计工作的统一要求

一般情况下，会计部门所提供的各项信息，不但要反映国家计划和预算的执行情况，而且要为国家确定方针、政策，制定计划，预测提供重要依据。各单位经济活动和财务收支是否符合国家的政策和制度，都需要通过会计进行监督，这是有效维护社会经济秩序，正确组织和处理会计工作的首要要求。只有按照统一要求组织会计工作，才能发挥会计工作在维护社会主义市场经济秩序、加强经济管理、提高经济效益中的作用。

（二）必须结合本企业的特点

国家对会计工作提出的统一要求，是从整个国家的需求情况出发的，对于不同单位会计工作，负责人不但要严格贯彻国家的统一要求，又要根据各单位经济活动的不同情况和经济管理的不同需求，进行具体分析，作出适合本单位需要的具体安排。会计机构的设置应与企业的经营规模大小和业务的繁简程度相适应。企业的生产经营规模不同，会计工作的组织方式各异，会计机构的内部分工也就有所不同。对于规模小、业务量少、会计工作较简单的企业，可设会计室；对于规模大、业务量多、会计工作较复杂的企业，应设会计处、科、股、组等会计机构。企业应结合本企业经济活动的特点、内部管理的需要设置会计机构，配备会计人员，制定会计岗位责任制度和内部控制制度等。会计工作组织只有满足企业实际情况的需求，才能更好地发挥作用。

（三）注重效率和效益，符合精简节约的原则

在组织会计工作时，在设置会计机构、会计岗位，配备各种层次的会计人员，作出会计核算程序的设计与选择等问题的决策时，应当围绕能提高工作效率和经济效益这个中心，科学地进行会计岗位与会计人员的配备，合理地界定各个会计岗位的工作职责，建立良好的会计工作秩序，在这样的前提下，力求精简、合理，注意提高工作效率。总之，会计工作组织既要保证会计工作的质量，又要精简节约，尽量减少人力物力耗费，取得最佳经济效益。

（四）专业核算和全员核算相结合

在设计企业会计核算机构时，不仅要注重专业核算，还要树立全员核算的理念，尤其是大中型企业，要建立企业总部、生产车间、生产班组各业务责任范围的会计核算制度，将有关费用、成本、收益产量等指标以及定额及预算层层落实，必要时要设置兼职的会计人员。这样既可以将会计核算与会计管理密切结合起来，"算为管用"，也有利于树立全员核算的理念，推动企业管理水平的发展。

（五）必须符合内部控制及权责明确、相互制衡要求

内部控制及经济责任制要求在组织会计工作时，必须遵循内部控制的原则，在保证贯彻整个单位责任制的同时，必须建立和完善会计人员自身的责任制，从货币资金、财产物资及各种费用等方面形成互相牵制的机制，预防工作中的失误。因此，企业需要对会计工作进行合理分工，不同岗位的工作人员各司其职，使会计处理程序规范化、条理化。内部会计控制应当保证会计工作的机构、岗位的合理设置及其职责权限的合理划分，坚持不相容职务相互分离，确保不同机构和岗位之间权责分明、相互制约、相互监督。

第二节　会计机构

会计机构是由会计人员组成，负责组织领导和从事会计工作的职能部门，是为了完成会

计任务、实现会计管理目标而设置的专门机构。建立健全的会计机构，应设置哪些岗位、配备多少专业人员、如何明确岗位职责等，是能否完成会计任务的基本前提。根据《会计法》的规定，各单位应当根据会计业务的需要设置会计机构，或者在有关机构中设置会计人员并指定会计主管人员；不具备设置条件的，应当委托经批准从事会计代理记账业务的中介机构代理记账。

一、会计机构的设置

（一）国家管理部门设置的会计机构

《会计法》规定，国务院财政部门是主管全国会计工作的机构，地方各级人民政府的财政部门是主管该地区会计工作的机构。国家各级管理部门分别设置会计司、处、科等。中央财政部下设会计司，且在会计司内成立了"会计准则委员会"，专门负责会计准则的研究与制定工作。会计司的其他部门还负责相关会计制度的建设工作。国家管理部门会计机构的主要任务包括组织、指导、监督所属单位的会计工作；审核、汇总所属单位上报的会计报表；核算本单位和上、下级之间交拨款等事项。

（二）行政、事业单位设置的会计机构

行政、事业单位设置的会计机构，不仅需满足对经费收支及时核算和报告的要求，同时也需遵循内部控制的原则，以保证该单位预算资金的安全与合理使用。在市场经济的影响、推动下，随着我国政治体制改革的不断深入，全额预算的行政、事业单位将越来越少。除国家机关外，大部分事业单位实行会计机构企业化管理和核算，通过各种有偿服务的方式取得收入，其会计机构的设置比全额预算单位复杂得多。对于营利活动多且复杂的事业单位，其会计机构的设置可比照企业单位进行。

（三）企业单位设置的会计机构

了解企业单位设置会计机构之前，首先应明确，企业单位是指自负盈亏、自主经营、自我发展的营利性单位，包括各种类型的企业组织。一般而言，除了那些规模小、业务简单而不需要设立专门会计机构（但必须进行正常的会计核算）的单位外，所有的企业都必须设置会计机构。

二、会计机构的任务

（一）会计机构的总体任务

会计机构的总体任务主要如下。
（1）有效地进行会计核算。
（2）进行合理的会计监督。
（3）制定本单位的会计制度、会计政策。
（4）参与本单位各种计划的制定，并考核计划的执行情况。

为保证顺利、有效地完成上述任务，达到预期的会计目标，会计机构内部应进行合理的

分工,按照会计核算的流程设置责任岗位,配备会计人员。

(二) 会计机构的具体任务

1. 业务主管部门会计机构的具体任务

业务主管部门会计机构的具体任务如下。

(1) 负责组织、领导和监督所属单位的会计工作。

(2) 根据国家统一规定要求,制定适用于本行业的会计制度。

(3) 检查和指导所属单位的会计工作,并帮助解决工作上存在的问题。

(4) 审核、批复所属单位上报的会计报表,并汇总编制本系统的会计报表或编制合并会计报表。

(5) 核算本单位与财政部门以及上下级之间的交拨款项。

(6) 总结并交流所属单位会计工作的先进经验。

2. 单位会计机构的具体任务

单位会计机构的具体任务如下。

(1) 参与编制各项经济计划、定额标准,签订经济合同,参加经济管理,参与经营决策。

(2) 执行并有权要求全体职工执行财务计划、财务会计制度,遵守和维护财经纪律。

(3) 记录经济活动,为管理者、投资者、其他财务相关人员提供真实可靠的会计资料和真实、完整的财务会计报告。

(4) 分析财务计划的执行情况,提出增产节约、提高经济效益的建议。

(5) 检查资产的利用情况,防止经济上的损失浪费和违法乱纪行为等。

三、会计机构负责人与会计主管

对于单独设置会计机构的企业,应指定会计机构的负责人具体组织管理本企业的会计工作;对于未单独设置会计机构的企业,只在其他机构配备会计人员,应该在会计人员中指定会计主管人员,具体组织管理本企业的会计工作。这里的会计主管人员是指负责组织会计工作、行使会计机构负责人职权的中层管理人员。

作为会计机构负责人或会计主管人员,应当具备会计师以上专业技术职务资格或者具有从事会计工作三年以上的经历,必须身体状况良好,具备一定的领导才能和组织能力,包括协调沟通能力、综合分析能力等,应熟悉国家财经法律、法规和规章制度,精通会计理论及本行业业务的管理知识,且遵纪守法,坚持原则,具备良好的职业道德。

会计机构负责人或会计主管的岗位职责,包括协助总经理、总会计师具体负责会计机构的各项工作;认真贯彻国家有关财经法规、制度,熟悉本企业各部门的经济活动;定期开展经济活动和财务成果分析,负责会计机构内的分工,合理协调并考核各个岗位的工作;组织编制全年的财务成本计划和筹资计划,并监督执行;参与本企业的财务预测、经济决策,参与拟定本企业会计管理制度和财务管理方法、经济合同、协议及其他经济文件,协助总经济师、总会计师向董事会报告财务状况和经营成果;审查对外提供的会计资料,组织编辑会计决算报告；检查会计事项，正确反映和监督经济活动情况；对固定资产、流动资产核定资金定额，实行归口管理，负责监督会计工作的交接等。

四、会计岗位设置与职责

会计工作岗位设置，就是在财务会计机构内部按照会计工作的内容和会计人员的配备情况，进行合理的分工，使每项工作都有专人负责、每位会计人员都明确自己的职责。企业一般设置的基本会计工作岗位及其职责如下。

（一）总账报告岗位

总账报告岗位负责总账的登记，并与有关的日记账和明细账相核对，进行试算平衡，编制财务会计报告；保管会计档案，编制财务情况说明书；进行财务预测，制定或参与制定财务计划；参与企业生产经营决策，进行企业财务情况综合分析等。

（二）出纳岗位

出纳岗位负责货币资金的收支、保管，登记现金日记账和银行存款日记账；按规定使用和保管签发支票所用印章等。

（三）资金管理岗位

资金管理岗位负责筹集、使用、调度、随时了解并掌握资金市场动态，分析货币资金收支计划和银行借款计划的执行情况，制定或参与制定货币资金收支和银行借款计划等。

（四）结算岗位

结算岗位负责办理企业与供应商等单位之间的往来结算；制定或参与制定信用标准；监督企业贯彻执行现金管理制度、结算制度和信贷制度的情况等。

（五）薪酬核算岗位

薪酬核算岗位负责计算职工的薪酬，办理职工薪酬的结算；分析薪酬总额计划的执行情况，控制薪酬总额的支出，参与制定薪酬总额计划等。

（六）固定资产核算岗位

固定资产核算岗位负责核算固定资产构建、调拨、内部转移、租赁、清理的凭证，进行固定资产的明细核算；参与固定资产清查，编制有关固定资产增减变动的报表；参与制定固定资产重置、更新和修理计划，指导和监督固定资产管理部门和使用部门的固定资产核算工作等。

（七）材料核算岗位

材料核算岗位负责审核材料采购的发票、账单等结算凭证，进行材料采购、收发、结存的明细核算；参与库存材料清算，分析采购资金使用情况，采购成本超支、节约情况和储存资金占用情况，控制材料采购成本和材料资金占用；参与制定采购资金计划和材料计划成本；指导和监督供应部门、材料仓库和使用材料的车间、部门的材料核算情况等。

（八）成本核算岗位

成本核算岗位负责同有关部门建立健全各项原始记录、消耗定额和计量验收制度审核各项费用开支，参与自制半成品和产成品的清查，进行成本预测；制定成本计划，配合成本分项分级管理，将成本指标分解，落实到各部门、车间、班组；核算产品成本，编制成本报表，分析成本计划执行情况，控制产品成本和生产资金占用；指导、监督和组织各部门、车间、班组的成本核算和厂内经济核算等。

（九）销售和利润核算岗位

销售和利润核算岗位负责审核产成品收发、销售和营业外收支凭证；参与产成品清查，进行产成品、销售和利润的明细核算，计算应交税费；进行利润分配，编制利润表；分析产品资金占用情况、销售收入、利润及分配计划的执行情况；参与市场预测，制定或参与制定销售和利润计划等。

企业应该建立会计工作岗位轮换制度。会计工作岗位可以一人一岗、一人多岗或者一岗多人，但必须符合企业内部控制的原则。会计工作岗位设置中不相容的业务不得由同一会计人员执行，即建立钱财物分管制度，这是保护企业财产安全及会计人员顺利工作的必要措施。为了使会计人员全面熟悉各项工作岗位的业务工作，做到一专多能并适应可持续发展的要求，不断提高业务水平和职业判断的能力，防止舞弊行为，在有关岗位设定以后，企业还应有计划地实行会计人员定期岗位轮换制度，以确保各岗位会计人员的相互配合与协调工作。

第三节　会计人员

设置了会计机构，还必须配备相应的会计人员。会计人员是从事会计工作、处理会计业务、完成会计任务的工作人员。企业、事业单位、行政机关等组织，都应根据实际需要配备一定数量的会计人员，这是做好会计工作的决定性因素。

一、会计人员的职责与权限

（一）总会计师的职责与权限

1. 总会计师的职责

总会计师是企业的行政领导成员，作为企业财务会计的主要负责人，其基本职责如下：

（1）编制和执行预算、财务收支计划，信贷计划，拟定资金筹措和使用方案，管好、用好资金。

（2）组织有关预测、计划、控制、核算、分析和考核的事项，督促本企业有关部门降低消耗、节约费用、提高经济效益。

（3）建立健全经济核算制度，利用财务会计资料进行经济活动分析。

此外，总会计师还负责对本企业会计机构的设置和会计人员的配备等提出方案，组织会计人员的业务核算等,并参与企业有关经济方面的重大决策。

2. 总会计师的权限

总会计师的权限主要如下。

(1) 制止权限。总会计师有权制止或者纠正违反国家财经法规、政策、方针、制度和可能在经济上造成损失、浪费的行为。

(2) 组织权限。总会计师有权组织本企业职能部门、直属基层组织的经济核算、财务会计和成本管理方面的工作。

(3) 签署权限。总会计师有权签署本企业预算、财务收支计划、成本和费用计划、信贷计划、财务专题报告、会计决算报告。

(4) 用人权限。总会计师有权对本企业会计人员的任用、晋升、调度、奖惩提出自己的意见。

(5) 审批权限。总会计师主管审批财务收支工作。

大、中型企业应当根据法律和国家有关规定设置总会计师。总会计师应能坚持社会主义经营方向,坚持原则;有组织领导能力;熟悉本企业和国内外同行业的生产、技术和经营情况;在企业管理、财政金融、经济核算、财务、会计和审计等方面具有扎实的专业知识;应具有会计师以上的技术职称,主管一个单位或单位内一个重要方面的财务会计工作时间不少于三年;一般应由高级会计师担任。

(二) 会计人员的职责与权限

1. 会计人员的职责

会计人员的职责,就是及时提供真实可靠的会计信息,认真贯彻执行和维护国家财经制度和财经纪律,积极参与经营管理,提高企业的经济效益。根据《会计法》规定,会计人员的职责主要包括以下五个方面。

(1) 进行会计核算。会计人员必须根据实际发生的经济业务或事项进行记账、算账、报账工作,做到手续完备、内容真实、数字准确、账目清楚、日清月结,如实反映财务状况、经营成果和财务收支情况,满足国家宏观经济管理。及时提供能满足各方面需要的会计信息,是会计人员应具备的最基本的职责。

(2) 实行会计监督。实行会计监督是会计人员的基本职责之一。各单位的会计机构和会计人员对本单位实行会计监督,会计人员对不真实、不合法的原始凭证不予受理;对弄虚作假、严重违法的原始凭证,在不予受理的同时,应当予以扣留,并及时向企业领导汇报;对记载不准确、不完整的原始凭证,予以退回。对实物、款项等监督建立并严格执行财产清查制度,及时发现和汇报账实、账款不符的现象,并及时按有关规定进行处理。对伪造、变造、故意毁灭会计账簿的行为,应当制止和纠正,并向上级主管单位报告。对指使、强令编制、篡改财务会计报告的行为,应当制止和纠正。对审批手续不全和违反国家财政、财务、会计制度规定的财务收支,应当制止和纠正,必要时可向上级有关部门汇报。对违反企业内部会计管理制度,以及企业制定的预算、财务计划、经济计划、业务计划的执行情况进行监督。

（3）拟定本企业办理会计事务的具体方法。国家制定的统一的会计法规只对会计工作管理和会计事务处理办法作出一般规定，各单位要依据国家颁发的会计法规，结合本单位的特点和实际需要，建立健全适合本单位内部使用的会计事项处理办法，包括会计人员岗位责任制度、内部牵制和稽核制度、钱账分管制度、内部稽核制度、财务分析制度和成本计算方法等。

（4）参与制定企业经济计划、业务计划，编制预算和财务计划并考核分析其执行情况。各单位编制的经济计划和业务计划是指导该单位经济活动和业务活动的主要依据。也是会计人员编制财务计划的重要依据，会计人员参与经济计划和业务计划的制定，不仅有利于编制切实可行的财务计划，还可以发挥会计人员联系面广泛、经济信息灵通的优势，在拟定计划方面起到参谋作用。

（5）办理其他会计事项。我国《会计法》对会计人员赋予了一定的权限，主要包括：会计人员有权要求本企业有关部门、人员认真执行国家和上级主管部门批准的计划和预算，并督促本企业有关部门严格遵守国家财经纪律和财务会计制度；会计人员有权监督和检查本企业有关部门的财务收支、资金使用和财产保管、计量等情况；会计人员有权参与本企业编制计划、制定定额、对外签订经济合同，参加有关生产经营管理会议并提出自己的意见和建议；会计人员有权要求本企业领导、上级机关和执法部门对会计人员如实反映的严重损害国家利益和严重违法犯罪行为，认真及时地调查处理并及时反馈处理结果。

2. 会计人员的权限

为保障会计人员履行职责，国家规定会计人员有以下权限。

（1）拒绝和报告权限。会计人员有权要求本单位各部门、人员认真执行国家批准的计划、预算，遵守国家财经纪律和财务会计制度；如有违反，会计人员有权拒绝付款，拒绝报销或拒绝执行，并向本单位领导人报告。对于弄虚作假、营私舞弊、欺骗上级等违法乱纪行为，会计人员必须坚决拒绝执行，并向本单位领导人或上级财政部门报告。

（2）参与和参加权限。会计人员有权参与本单位编制计划、预算，制定定额，签订经济合同，参加有关生产经营管理会议，有权要求本单位有关部门、人员提供与财务会计工作有关的情况和资料。

（3）监督和检查权限。会计人员有权监督、检查本单位有关部门的财务收支、资金使用和财产保管收发、计量、检验等情况，有关部门要如实反映情况。

二、会计专业技术职务

（一）会计专业技术职务的设置和任职基本条件

会计专业技术职务以知识水平、业务能力和工作成绩为标准，按高中低级分为高级会计师、会计师、助理会计师、会计员。会计专业技术职务是反映会计人员的专业知识水平、业务能力和工作成绩的标准。

1. 高级会计师

高级会计师的基本条件为：能较系统地掌握经济、财务会计理论和专业知识；具有较高的政策水平和丰富的财务会计工作经验,能担负一个地区、一个部门和一个系统的财务会计管理工作;取得博士学位并担任会计师职务2~3年,或者取得硕士学位、第二学士学位或研究生班结业证书或大学本科毕业并担任会计师职务5年以上;比较熟练地掌握一门外语。

2. 会计师

会计师的基本条件为:能较系统地掌握财务会计的基础理论和专业知识;能掌握并贯彻执行有关的财经方针、政策和财务会计法规、制度;具有一定的财务会计工作经验;能负责一个单位或管理一个地区、一个部门、一个系统某个方面的财务会计工作;取得博士学位并具备履行会计师职责的能力,或取得硕士学位并担任助理会计师职务2年以上,或取得第二学士学位或研究生班结业证书并担任助理会计师职务2~3年,或者大学本科或专科毕业并担任助理会计师职务4年以上;掌握一门外语,并通过会计师专业技术资格考试。

3. 助理会计师

助理会计师的基本条件为:能掌握一般的财务会计的基础理论和专业知识;熟悉并能正确执行有关的财经方针、政策和财务会计法规、制度;能担负一个方面或某个重要岗位的财务会计工作;取得硕士学位,或取得第二学士学位或研究生班结业证书,具备履行助理会计师职责的能力,或大学本科毕业,并在财务会计工作岗位上见习1年以上,或大学专科毕业并担任会计员职务2年以上,或中等专业学校毕业并担任会计员职务4年以上,并通过助理会计师专业技术资格考试。

4. 会计员

会计员的基本条件为:能初步掌握财务会计工作知识和技能;熟悉并能正确执行有关会计法规和财务会计制度;能担负一个岗位的财务会计工作;大学专科或中等专业学校毕业,在财务会计工作岗位上见习1年以上。

(二) 会计专业技术职务和基本职责

高级会计师应能负责草拟和解释、解答一个地区、一个部门和一个系统或在全国实施的财务会计法规、制度、办法;组织和指导一个地区、一个部门和一个系统的经济核算和财务会计工作;培养中级以上会计人员。

会计师应能负责制定比较重要的财务会计制度、规定、办法;解释、解答财务会计法规制度中的一般规定;分析检查一方面或某些项目的财务收支和预算的执行情况;培养初级会计人才。

助理会计师应能负责草拟一般的财务会计制度、规定、办法;解释、解答财务会计法规制度中的一般规定;分析检查某一方面或某些项目的财务收支和预算的执行情况。

会计员应能负责具体审核和办理财务收支,编制记账凭证,登记会计账簿,编制会计报表和办理其他会计事务。

(三) 会计专业技术职务的考核和聘任

根据《会计专业技术资格考试暂行规定》的基本精神,只有参加全国统一考试,取得会计专业技术资格的会计人员才证明其已具备担任相应级别的会计专业技术任职资格。

会计专业技术资格，实行全国统一考试制度。企业从考试通过者即获得会计专业技术资格的会计人员中选择聘任。参加会计专业技术资格考试人员应具备的基本条件为：具有良好的职业道德品质，能认真执行《会计法》和国家有关财会规章，并无严重违反财经纪律的行为，履行岗位职责。

参加会计专业技术初级资格考试的人员，还必须具备高中毕业以上的学历。

参加会计专业技术中级资格考试的人员，还必须具备以下条件之一：取得博士学位；取得硕士学位，从事会计工作满1年；取得双学位或研究生班毕业，从事会计工作满2年；取得大学本科学历，从事会计工作满4年；取得大学专科学历，从事会计工作满5年。

取得初级资格的会计人员，若大专毕业担任会计员职务满2年；或中专毕业担任会计员职务满4年；或不具备规定学历，担任会计员职务满5年的可以聘任助理会计师职务。取得中级资格的，可聘任会计师职务。高级会计师资格实行考试与评审相结合的评价制度。

第四节　会计档案

一、会计档案概述

（一）会计档案的概念

会计档案是会计事项的历史记录，是总结经验、进行决策的依据，也是审计检查的重要资料。因此，各单位的会计部门必须认真做好会计档案的检查、管理工作。

会计档案是国家档案的重要组成部分，也是各单位的重要档案之一。各单位必须加强会计档案管理，建立和健全会计档案的立卷、归档、保管、调阅和销毁等管理制度，有序存放，方便查阅，严防毁损、散失和泄密。各级人民政府财政部门和档案行政管理部门共同负责会计档案工作的指导、监督和检查工作。

各单位的会计人员要按照国家和上级关于会计档案管理办法的规定和要求，对本单位的各种会计凭证、会计账簿、会计报表、财务计划、单位预算和重要的经济合同等会计资料定期收集，审查核对，整理立卷，编制目录，装订成册。

（二）会计档案的内容

会计档案包括以下具体内容。

（1）会计凭证，包括原始凭证、记账凭证、汇总凭证及其他会计凭证。

（2）会计账簿，包括总账、明细账、日记账、固定资产卡片、辅助账簿和其他会计账簿。

（3）财务会计报告，包括月度、季度、年度财务会计报告。

（4）其他会计档案，包括银行存款余额调节表、银行对账单、其他应当保存的会计核算专业资料，如会计档案移交清册、会计档案保管清册和会计档案销毁清册。

二、会计档案保管

(一) 会计档案的归档

企业当年形成的会计档案,在会计年度终了后,可由本单位会计机构保管1年,期满之后,应当由会计机构编制会计档案移交清册,移交本单位的档案机构统一保管;未设立档案机构的,应当在会计机构内部指定专人保管。出纳人员不得兼职会计档案的保管工作。档案机构接收保管的会计档案,原则上应当保持原卷册的封装,个别需要拆封重新整理的,应当会同原会计机构和经办人共同拆封整理,以分清责任。各单位对会计档案应当科学管理,做到妥善保管、存放有序、查找方便。同时,严格执行安全和保密制度,不得随意堆放,严防损毁、散失和泄密。

(二) 会计档案的保管期限

根据财政部、国家档案局联合发布的《会计档案管理办法》,各单位每年形成的会计档案,都应由会计机构按照归档的要求装订成册,编制会计档案保管清册。会计档案的保管期限分为永久和定期两类,定期保管期限分为10年和30年两类。会计档案的保管期限,从会计年度终了的第一天起算。

《会计档案管理办法》规定的档案保管期限为最低保管期限,各类会计档案保管原则上应当按照该办法附表所列期限执行。企业和其他组织会计档案保管期限如表11-1所示,财政总预算、行政单位、事业单位和税收会计档案保管期限表如表11-2所示。

表11-1 企业和其他组织会计档案保管期限表

序号	档案名称	保管期限	备注
一	会计凭证		
1	原始凭证	30年	
2	记账凭证	30年	
二	会计账簿		
3	总账	30年	
4	明细账	30年	
5	日记账	30年	
6	固定资产卡片		固定资产报废清理后保管5年
7	其他辅助性账簿	30年	
三	财务会计报告		
8	月度、季度、半年度财务会计报告	10年	
9	年度财务会计报告	永久	

续表

序号	档案名称	保管期限	备注
四	其他会计资料		
10	银行存款余额调节表	10 年	
11	银行对账单	10 年	
12	纳税申报表	10 年	
13	会计档案移交清册	30 年	
14	会计档案保管清册	永久	
15	会计档案销毁清册	永久	
16	会计档案鉴定意见书	永久	

表 11-2 财政总预算、行政单位、事业单位和税收会计档案保管期限

序号	档案名称	保管期限			备注
		财政总预算	行政单位和事业单位	税收会计	
一	会计凭证				
1	国家金库编送的各种报表及交库退库凭证	10 年		10 年	
2	各收入机关编送的报表	10 年			
3	行政单位和事业单位的各种会计凭证		30 年		包括原始凭证、记账凭证和传票汇总表
4	财政总预算拨款凭证和其他会计凭证	30 年			包括拨款凭证和其他会计凭证
二	会计账簿				
5	日记账		30 年	30 年	
6	总账	30 年	30 年	30 年	
7	税收日记账（总账）			30 年	
8	明细分类、分户账或登记簿	30 年	30 年	30 年	
9	行政单位和事业单位固定资产卡片				固定资产报废清理后保管 5 年
三	财务会计报告				
10	政府综合财务会计报告	永久			下级财政、本级部门和单位报送的保管 2 年

续表

序号	档案名称	保管期限			备注
		财政总预算	行政单位和事业单位	税收会计	
11	部门财务会计报告		永久		所属单位报送的保管 2 年
12	财政总决算	永久			下级财政、本级部门和单位报送的保管 2 年
13	部门决算		永久		所属单位报送的保管 2 年
14	税收年报（决算）			永久	
15	国家金库年报（决算）	10 年			
16	基本建设拨、贷款年报（决算）	10 年			
17	行政单位和事业单位会计月、季度报表		10 年		所属单位报送的保管 2 年
18	税收会计报表			10 年	所属税务机关报送的保管 2 年
四	其他会计资料				
19	银行存款余额调节表	10 年	10 年		
20	银行对账单	10 年	10 年	10 年	
21	会计档案移交清册	30 年	30 年	30 年	
22	会计档案保管清册	永久	永久	永久	
23	会计档案销毁清册	永久	永久	永久	
24	会计档案鉴定意见书	永久	永久	永久	

注：税务机关的税务经费会计档案保管期限，按行政单位会计档案保管期限规定办理。

（三）会计档案的查阅和复制

各单位应建立健全的会计档案保管制度。各单位保存的会计档案不得借出，如有特殊需要，经本单位负责人批准，可以提供查阅或者复制，禁止会计档案人员在会计档案上涂画、拆封和抽换。单位因撤销、解散、破产或者其他原因而终止的，在终止和办理注销登记手续之前形成的会计档案，应当由终止单位的业务主管部门或财产所有者代管或移交有关档案管理部门代管。

（1）单位分立后原单位存续的，其会计档案应当由分立后的存续方统一保管，存续方存在多个的，其会计档案经各方协商后由其中一方代管或移交档案馆替管。各方可查阅、复制与其业务相关的会计档案，单位分立中未结清的会计事项所涉及的原始凭证，应当抽出由业务相关方保存，并按规定办理交接手续。

（2）单位因业务移交其他单位办理所涉及的会计档案，应当由原单位保管，承接业务单位可查阅、复制与其业务相关的会计档案,对其中未结清的会计事项所涉及的原始凭证,应当单独抽出由业务承接单位保存,并按规定办理交接手续。

(3) 单位合并后原各单位解散或一方存续其他方解散的,原各单位的会计档案应当由合并后的单位统一保管;单位合并后原各单位仍存续的,其会计档案仍应由原各单位保管。

(4) 建设单位在项目建设期间形成的会计档案,应当在办理竣工决算后移交给建设项目的接受单位,并按规定办理交接手续。

(5) 单位之间交接会计档案的,交接双方应当办理会计档案交接手续。移交会计档案的单位,应当编制会计档案移交清册,列明应当移交的会计档案名称、卷号、册数、起止年度、档案编号、应保管期限、已保管期限等内容。

(6) 交接会计档案时,交接双方应当按照会计档案移交清册所列内容逐项交接,并由交接双方的单位负责人负责监交。交接完毕后,交接双方经办人和监交人应当在会计档案移交清册上签名或者盖章。

(7) 我国境内所有单位的会计档案不得携带出境。驻外机构和境内单位在境外设立的企业的会计档案,应当按照《会计档案管理办法》和国家有关规定进行管理。

(四) 会计档案的销毁

保管期满的会计档案,可以按照以下程序销毁。

(1) 由本单位档案机构和会计机构一起提出销毁意见,编制会计档案销毁清单,列明销毁会计档案的名称、卷号、册数、起止年度、档案编号、应保管期限、已保管期限、销毁时间等内容。

(2) 单位负责人必须在档案销毁清册上签署意见。

(3) 按规定销毁会计档案时,应当由档案机构和会计机构共同派员监督销毁。国家机关销毁会计档案时,应当由同级财政部门和审计部门派员监督销毁,财政部门销毁会计档案时,应当由同级审计部门派员监督销毁。

(4) 监销人在销毁会计档案前,应按照会计档案销毁清册所列示内容核对所要销毁的会计档案是否符合要求;销毁后,应当在会计档案销毁清册上签名盖章,并将监督销毁情况报告本单位负责人。

需要说明的是,出现下列情况,会计档案不得销毁。

①对于保管期满但未结清的债权债务以及涉及其他未了事项的原始凭证不得销毁,应单独抽出,另行立卷,由档案机构保管到未了事项完结时为止。单独抽出立卷的会计档案,应当在会计档案销毁清册和会计档案保管清册中列明。

②正在项目建设期间的建设单位,其保管期满的会计档案不得销毁。由于这类会计档案是按项目进展情况形成的,记录和反映着建设项目的情况,该项目没有完工,其会计档案就不能销毁。因此,《会计档案管理办法》明确规定,正在建设期间的建设单位会计档案,无论其是否保管期满,都不得销毁,等到项目办理竣工决算后按规定的交接手续移交给项目的接受单位进行妥善保管。

练习题

一、单项选择题

1. 按现行规定,企业库存现金和银行存款日记账的保管期限为( )。
   A. 10 年　　　　　B. 25 年　　　　　C. 30 年　　　　　D. 永久

2. 以下会计档案的保管期限为永久保管的是( )。
   A. 年度财务会计报告　　　　　B. 季度财务会计报告
   C. 月份财务会计报告　　　　　D. 日记账

3. 依我国现行规定,高级会计师任职条件要求:若为大学本科毕业,应同时担任会计师职务满( )年。
   A. 5　　　　　B. 8　　　　　C. 6　　　　　D. 10

4. 会计工作组织形式一般为( )。
   A. 非集中核算　　　　　B. 科目汇总表
   C. 汇总记账凭证　　　　　C. 集中核算

5. 会计专业技术职务不包括( )。
   A. 总会计师　　　B. 会计员　　　C. 会计师　　　D. 助理会计师

6. 以下不属于会计岗位的有( )。
   A. 总会计师　　　B. 成本核算　　　C. 结算　　　D. 销售和利润核算

7. 会计工作的组织形式有集中核算和非集中核算,其选择的依据是( )。
   A. 企业组织结构的特点　　　　　B. 企业经济业务的特点
   C. 企业经济管理的需要　　　　　D. 会计准则的要求

8. 当年的会计档案在会计年度终了后,可由财务部门保管的期限是( )。
   A. 1 年　　　　　B. 3 年　　　　　C. 5 年　　　　　D. 15 年

9. 会计人员在审核原始凭证时发现有不真实、不合法的原始凭证时,正确的处理是( )。
   A. 不予处理　　　　　B. 无权自行处理
   C. 更正补充　　　　　C. 予以退回

10. 下列各项中,属于总会计师职责的是( )。
    A. 进行会计核算　　　　　B. 实行会计监督
    C. 拟定办理会计事项的具体办法　　　　　D. 组织编制和执行预算

二、多项选择题

1. 会计机构的总体任务有( )。
   A. 有效地进行会计核算
   B. 进行合理的会计监督
   C. 制定本单位的会计制度、会计政策
   D. 参与本单位各种计划的制定,并考核计划的执行情况

2. 企业一般设置的基本会计工作岗位有( )。

A. 总账报告岗位和出纳岗位

B. 资金管理岗位和结算岗位

C. 薪酬核算岗位和固定资产核算岗位

D. 材料核算岗位、成本核算岗位和销售和利润核算岗位

3. 总会计师的权限包括（　　）。

A. 制止权限　　　　　　　　　　B. 组织权限

C. 签署权限　　　　　　　　　　D. 用人权限和审批权限

4. 高级会计师的基本条件为（　　）。

A. 能较高系统地掌握经济、财务会计理论和专业知识

B. 具有较高的政策水平和丰富的财务会计工作经验，能担负一个地区、一个部门和一个系统的财务会计管理工作

C. 取得博士学位并担任会计师职务 2～3 年

D. 取得硕士学位、第二学士学位或研究生班结业证书或大学本科毕业并担任会计师职务 5 年以上；比较熟练掌握一门外语

5. 会计凭证作为会计档案，包括（　　）。

A. 原始凭证　　　B. 记账凭证　　　C. 汇总凭证　　　D. 其他会计凭证

6. 会计档案定期保管期限分为（　　）。

A. 3 年　　　　　B. 5 年　　　　　C. 10 年　　　　D. 30 年

7. 企业和其他组织会计档案的保管期限为 30 年的有（　　）。

A. 原始凭证　　　B. 记账凭　　　C. 总账　　　　D. 日记账

8. 财政总预算档案保管期限为 10 年的有（　　）。

A. 银行存款余额调节表　　　　　B. 银行对账单

C. 会计档案保管清册　　　　　　D. 会计档案销毁清册

9. 出纳岗位工作职责有（　　）。

A. 货币资金的收支　　　　　　　B. 货币资金的保管

C. 登记库存现金日记账　　　　　D. 登记银行存款日记账

10. 会计工作岗位可以（　　），但必须符合企业内部控制的原则。

A. 一人一岗　　　B. 一人多岗　　　C. 一岗多人　　　D. 多岗多人

三、判断题

（　　）1. 任何一个单位都应设置独立的会计机构，以保证会计核算的独立性。

（　　）2. 单位负责人是财务会计报告真实性的第一责任者。

（　　）3. 会计人员对于违反国家统一财政制度的收支，可以根据具体情况酌情处理。

（　　）4. 企业销毁会计凭证时，应由财政部门派员监督销毁。

（　　）5. 任何企业都应设置会计机构，以便进行会计核算。

（　　）6. 小型企业会计工作组织形式一般为集中核算。

（　　）7. 每年形成的会计档案，从封扎保管直至销毁的整个保管期间，都应由本企业会计部门保管。

(　　) 8. 会计工作组织形式中的集中核算形式是指将会计人员都集中在企业厂部财务会计部门办公和处理业务。

(　　) 9. 高级会计师的任职条件规定,若为大学本科毕业则需担任会计师 5 年以上。

(　　) 10. 各类会计档案都必须永久保存。

参 考 文 献

[1] 陈国辉，迟旭升. 基础会计 [M]. 第4版. 大连：东北财经大学出版社，2015.

[2] 刘永泽，陈文铭. 会计学 [M]. 第4版. 大连：东北财经大学出版社，2015.

[3] 全国会计从业资格考试研究中心. 会计基础 [M]. 北京：人民邮电出版社，2015.

[4] 张志康. 会计学原理. 大连：东北财经大学出版社，2011.

[5] 李海波. 会计学原理. 上海：立信会计出版社，2011.

[6] 綦好东，吕玉芹. 基础会计 [M]. 第2版. 北京：经济科学出版社，2013.

[7] 张捷. 基础会计 [M]. 第3版. 北京：中国人民大学出版社，2013.

[8] 申仁柏. 会计学基础 [M]. 成都：西南交通大学出版社，2015.

[9] 李占国. 基础会计学 [M]. 第2版. 北京：高等教育出版社，2015.

[10] 钱红光，代文，王芬. 基础会计 [M]. 大连：东北财经大学出版社，2015.

[11] 金艳红，高晨星. 会计学原理 [M]. 上海：上海财经大学出版社，2016.

[12] 刘智英. 会计基础 [M]. 北京：清华大学出版社，2015.

[13] 常洁. 会计基础 [M]. 大连：东北财经大学出版社，2017.